Elisabeth Schmierer

Kleine Geschichte der Oper

Mit 19 Abbildungen

Philipp Reclam jun.
Stuttgart

Umschlagabbildung:
Treppenhaus der Pariser Opéra (nach 1875)

Universal-Bibliothek Nr. 18154

Gesamtherstellung: Reclam, Ditzingen. Printed in Germany 2001
RECLAM und UNIVERSAL-BIBLIOTHEK sind eingetragene Marken
der Philipp Reclam jun. GmbH & Co., Stuttgart
ISBN 3-15-018154-2

www.reclam.de

Inhalt

Einleitung

Die Oper ist heute außerordentlich aktuell. Bedenkt man, dass die musikalische Avantgarde die Gattung nach dem Zweiten Weltkrieg aufs heftigste bekämpft hatte, so ist der Opernboom seit den 1980er-Jahren geradezu erstaunlich. Nicht nur eine gemäßigt moderne Richtung wartet mit neuen Bühnenwerken auf, sondern gerade die Avantgarde hat sich der Gattung verschrieben. Sowohl die älteren Komponistengenerationen der 1950er- und 60er-Jahre als auch die jüngeren sind an dieser Entwicklung beteiligt: die letzten zehn Jahre brachten über 500 Uraufführungen. Hinzu kommt eine laufende Erweiterung des Opernrepertoires durch Wiederentdeckungen aus der Vergangenheit. Wenig gespielte Werke bekannter Komponisten werden wieder aufgeführt, und Opern, die zu ihrer Zeit berühmt waren, jedoch der Vergessenheit anheim fielen, werden neu belebt.

Gewachsen ist ebenso das Interesse an den geschichtlichen Hintergründen der Oper und an einem Überblick auch über die neuesten Entwicklungen der Gattung bis in die Gegenwart. Beides bietet vorliegendes Buch, das dem Opernliebhaber, dem musikinteressierten Laien und dem Musikstudenten einen Einblick in die Geschichte der Gattung vermittelt. Dabei werden nicht nur die wichtigsten Ereignisse und Stationen der Operngeschichte behandelt, sondern auch Aspekte, die für das ›Gesamtkunstwerk‹ Oper eine bedeutende Rolle spielen. So werden Zusammenhänge mit politischen und kulturellen Ereignissen aufgezeigt, die Umstände der Produktion eines Werks, das Bühnenbild und die Inszenierung angesprochen. Die Wiederentdeckung unbekannten älteren Repertoires sowie der Opernboom stehen in engstem Zusammenhang mit operngeschichtlichen Forschungen, die in den letzten Jahrzehnten viele neue Erkenntnisse brachten. Es ist an der Zeit, diese in einer übergreifenden Darstellung einem breiteren Publikum zugänglich zu machen.

Vorliegende Operngeschichte orientiert sich nicht in erster Linie an Komponisten; vielmehr werden Grundzüge der Entwicklung der Gattung aufgezeigt, die im Blick auf die jeweilige Zeit nach verschiedenen Kriterien dargestellt werden. Im 17. und 18. Jahrhundert und in der ersten Hälfte des 19. Jahrhunderts sind die nationalen Operntypen und die sie prägenden Gattungen wesentlich. Ab der zweiten Hälfte des 19. Jahrhunderts entstanden einerseits neue Gattungen, andererseits vollzog sich eine Internationalisierung der Oper, die sich bereits seit der zweiten Hälfte des 18. Jahrhunderts angekündigt hatte. Die Entwicklung im 20. Jahrhundert ist nicht mehr auf der Basis von Gattungstypen zu beschreiben. Verschiedene Ausprägungen der Oper stehen jedoch in engem Zusammenhang zu gleichzeitigen Strömungen in anderen Künsten, und in der zweiten Jahrhunderhälfte richtet sich das Musiktheater – zumindest das progressive – nach den neuesten Richtungen der Avantgarde. Die übergreifenden Kapitel sind somit nach Zeitabschnitten, die Unterkapitel nach Gattungstypen, Produktionsumständen, bedeutenden Ereignissen der Operngeschichte, musikalischen Richtungen, kulturellen Strömungen usw. ausgerichtet. Die Überschriften nennen zudem die wichtigsten Komponisten, die dem Leser zusätzlich eine Orientierung ermöglichen. Die einzelnen Stationen der Operngeschichte werden durch die Behandlung von exemplarischen Werken aus der Operngeschichte anschaulich gemacht.

Ein Register der Werke, Personen, Orte und Sachbegriffe erlaubt einen direkter Zugriff auf gewünschte Information.

Die italienische Oper bis zur Mitte des 18. Jahrhunderts

Musik und Theater vor der Entstehung der Oper

Die Oper kam um 1600 und somit relativ spät in der Musikgeschichte auf: die abendländische Musik hatte in den 800 Jahren seit ihrer schriftlichen Fixierung bereits hohes künstlerisches Niveau erreicht, als die Gattung Oper erst geschaffen wurde. Zwar gab es schon zuvor Formen des Musiktheaters, die mit der Oper jedoch nicht vergleichbar waren: seit dem Mittelalter liturgische Dramen, im 15. und 16. Jahrhundert Mysterienspiele, Rappresentazioni sacre, Einlagen in Schauspielen sowie Intermedien zwischen den Akten eines Schauspiels. Wenn diese Formen die Entstehung der eigentlichen Oper um 1600 auch nicht direkt beeinflussten, so waren doch einige durch ihr Weiterbestehen für die neue Gattung im Laufe des 17. Jahrhunderts von Bedeutung. Deshalb soll der eigentlichen Operngeschichte ein kurzer Überblick über vorangehende Erscheinungen des Musiktheaters vorausgeschickt werden.

Liturgische Dramen entwickelten sich im 10. Jahrhundert innerhalb der Liturgie: zunächst die Auferstehungsgeschichte, dann die Weihnachtsgeschichte und anschließend die um diese Ereignisse gruppierten Geschichten wurden von Priestern und Mönchen dargestellt anstatt nur erzählt. Die Texte wurden, wie viele Teile des Gottesdienstes, gesungen. Das liturgische Drama entwickelte sich allmählich zum eigenständigen Schauspiel (13. und 14. Jahrhundert). Der Aufführungsort verlagerte sich zunächst vor das Kirchenportal und dann auf den Kirchplatz, die lateinische

Sprache wurde durch Volkssprache ersetzt, und die Organisation wurde nicht mehr von Klerikern, sondern von Bürgern, Patriziern und Zünften getragen. So entstand im 15. und 16. Jahrhundert das Mysterienspiel. Die Aufführungen bekamen oft den Charakter großer Volksfeste mit Umzügen, die viele Tage in Anspruch nahmen: das *Mysterienspiel über die Taten der Apostel* (Bourges 1536) beispielsweise dauerte 40 Tage. Mysterienspiele wurden meist auf einer großen Bühne im Freien aufgeführt, auf der alle Szenen gleichzeitig an verschiedenen Stellen aufgebaut waren (Simultanbühne). Von fliegenden Engeln über Feuer speiende Drachen bis zu Erdbeben wurde alles vor den Augen des Zuschauers dargeboten. Die Darstellung naiver Frömmigkeit in früheren liturgischen Dramen wich Episoden mit komischen Einschüben, heidnische Götter wurden eingeführt und sogar Kritik an der Kirche geübt. Der Text wurde nicht mehr gesungen, sondern rezitiert, und die Musik auf Einlagen reduziert, d. h. sie erklang nur an bestimmten Stellen, an der sie eigens motiviert war: so wurden Hymnen oder Teile der Liturgie gesungen, instrumentale Stücke wurden zu Tänzen gespielt, und instrumentale Signale ertönten beim Auftritt wichtiger Personen. In Italien, vor allem in Florenz, entstand die komplexere Rappresentazione sacra.

Für den weltlichen Bereich ist aus dem Mittelalter nur ein Beispiel bekannt: das Liederspiel *Le jeu de Robin et de Marion* (Neapel 1283/84) von Adam de la Halle besteht aus Liedern und einigen instrumentalen Stücken, die durch einen Dialog verbunden wurden. Ansonsten erlangte Musik zu weltlichen Schauspielen erst gegen Ende des 15. Jahrhunderts Bedeutung, als das antike Drama in Italien wiederbelebt wurde. Bei den Aufführungen zunächst lateinischer, dann ins Italienische übersetzter Dramen erklang Musik im Prolog und am Ende der Akte bzw. zwischen den Akten. In der Tragödie wurden vor allem die an den Aktschlüssen stehenden Chöre vertont.

In der Komödie entstanden die Intermedien. Dies sind Musikeinlagen zwischen den Akten, die oft in der Form kleiner Aufzüge oder Szenen gehalten waren. Personen und Stoff der Intermedien gehörten nicht zur eigentlichen Handlung: den Bürgern der Komödie traten Fabelwesen und Hirten in den Intermedien gegenüber. Der Stoff konnte jedoch in übergeordneter Weise auf die Komödie bezogen sein, indem beispielsweise deren Handlung kommentiert wurde.

Die Intermedien blühten im 16. Jahrhundert vor allem in Florenz, wo sie zur Hauptattraktion höfischer Feste wurden. Zunächst standen nur einzelne Gesänge zwischen den Akten; dann entwickelten die Intermedien eine szenische und musikalische Prachtentfaltung, die die Schauspiele, in die sie eingeschoben wurden, bald in den Hintergrund drängte. Die Musik war umso kunstvoller, je festlicher der Anlass war. Die sechs Intermedien zu Girolamo Bargaglias berühmter Komödie *La pellegrina* (1564) bildeten einen Höhepunkt; sie wurden anlässlich der Hochzeit des Großherzogs Ferdinand de' Medici in Florenz 1589 gespielt. Berühmte Komponisten – darunter Luca Marenzio, Emilio de' Cavalieri, Cristofano Malvezzi und Jacopo Peri – schrieben die Musik: kunstvolle fünf- und sechsstimmige Madrigale, mehrchörige Chornummern, Sologesänge und Instrumentalstücke. Die Intermedien zu *Pellegrina* hatten die Musik selbst zum Thema und standen somit in keinem engeren Zusammenhang zur Komödie; sie wurden denn auch einige Tage später als Intermedien zu einer anderen Komödie gegeben.

Standen die Intermedien der Komödie außerhalb der Handlung, so wurde hingegen die Musik in einer anderen Gattung, in der Pastorale, in die Handlung selbst integriert. Die Pastorale wurde in der zweiten Hälfte des 16. Jahrhunderts zum beliebtesten dramatischen Genre vor allem in Ferrara. Die Thematisierung des Hirtenlebens in der Natur und die Inszenierung von Fabelwesen hat sie mit den Stof-

Im letzten der prachtvollen Intermedien zu Girolamo Bargaglis *La pellegrina*, die anlässlich der Hochzeit Ferdinand de' Medicis 1589 in Florenz aufgeführt wurden, wird das *Hinabsteigen von Rhythmus und Harmonie* thematisiert (Stich von Epifanio d'Alfiano)

fen der Intermedien gemeinsam. Die erste Pastorale, *Il Sacrificio d'Abramo* (Ferrara 1554) von Agostino de' Beccari, verwendet Musik unter anderem an zentraler Stelle, nämlich in der Opferszene. Zu den berühmtesten Pastoralen der Zeit – Torquato Tassos *Aminta* (Ferrara 1573) und Giovanni Battista Guarinis *Pastor fido* (Ferrara 1586) – sind die ursprünglichen musikalischen Einlagen leider nicht erhalten geblieben. Ebenso ist die Musik zu einer frühen, sehr kurzen Pastorale verloren, die insofern interessant ist, als sie den gleichen Stoff wie die ersten Opern behandelt: Angelo Polizianos *La favola d'Orfeo* (Mantua, wahrsch. 1480) umfasst 406 Verse, von denen über die Hälfte gesungen wurde.

Es handelte sich um einfache einstimmige Lieder, die der Sänger – nicht selten der Textdichter selbst – entweder improvisierte oder für eine bestimmte Gelegenheit entwarf, wozu er sich selbst auf einem Saiteninstrument begleitete.

Zu erwähnen ist schließlich noch die Stegreifkomödie (Commedia dell'arte) in Italien, die im ganzen 16. Jahrhundert von volkstümlichen Vokalsätzen durchsetzt war. Am Ende des 16. Jahrhunderts entstand in Oberitalien zudem noch eine weitere Theatergattung mit Musik komischen Genres: die Madrigalkomödie, die aus einer Folge von Madrigalen besteht. Bedeutendstes Beispiel ist Orazio Vecchis Madrigalkomödie *L'Amfiparnaso* (Modena 1594), die Figuren der Commedia dell'arte verwendet.

Die ersten Opern der Musikgeschichte

(PERI, CACCINI, MONTEVERDI)

Das Verblüffende an der Entstehung der Oper ist, dass sie sich gerade nicht aus den oben aufgezeigten Formen der Theatermusik entwickelte. In den Intermedien diente die Musik der Prachtentfaltung, die den Sinnen Vergnügen bereiten sollte. Der Gelehrtenkreis der Florentiner Camerata, aus dem die ersten Opern hervorgingen, beabsichtigte jedoch etwas anderes: das antike Drama, das nach damaliger Ansicht gesungen vorgetragen wurde, sollte in seiner ursprünglichen Art wiederhergestellt werden. Die ersten Opern – Jacopo Peris *Dafne* (1598) sowie die beiden *Euridice*-Opern (1600 und 1602) Peris und Giulio Caccinis – waren somit keine Werke, in denen sich die Musik voll entfaltete, sondern – wie Peri im Vorwort der Partitur seiner *Euridice* (1600) schrieb – ein »Mittelding« zwischen Sprechen und Singen (*cantar recitando*).

Die Florentiner Camerata, die sich in den 70er- und 80er-Jahren im Haus des Grafen Giovanni de' Bardi und in den

90er-Jahren bei Jacopo Corsi traf, bestand aus Theoretikern, Literaten und Musikern (einige waren bereits an den berühmten Intermedien von 1589 beteiligt). Girolamo Mei und sein Schüler Vincenzo Galilei schufen durch ihre Theorien zur antiken Musik die Voraussetzung für die Entstehung der neuen Gattung. Ottavio Rinuccini schrieb die Libretti zu den ersten Opern. Emilio de' Cavalieri (dessen Musik zu seinen frühen Opern nicht erhalten ist), Peri und Caccini sowie Corsi (der die Oper *Dafne* begonnen hatte) waren die ersten Opernkomponisten. In diesem Kreis wurde die neue Art der Musik entworfen, die der antiken Art des Vortrags entsprechen sollte. Das *cantar recitando*, auch Monodie, Rezitativ oder Stile rappresentativo genannt, war ein instrumental begleiteter Sologesang und unterschied sich grundlegend von der vorherrschenden mehrstimmigen Kompositionsweise. Notiert sind lang gehaltene Bassnoten, über denen die Harmonien, eventuell nach beigefügter Bezifferung, ergänzt wurden. Dieser so genannte Basso continuo wurde von einem oder mehreren Tasten- bzw. Akkordinstrumenten sowie einem Bass-Streichinstrument gespielt. Die darüberliegende Singstimme ist in Anpassung an die Sprache rhythmisch und melodisch ziemlich frei komponiert, d. h. ohne einem festen Metrum zu folgen und ohne Beachtung der herkömmlichen Kontrapunktregeln. So konnten auch Dissonanzen zwischen Bass und Singstimme entstehen, die in herkömmlicher Kompositionsweise verboten waren. Rhythmus, Tempo und Melodik sollten die Affekte nachzeichnen, die im Text des Dichters angelegt waren. Die Musik sollte somit ganz dem Wort dienen. Peri und Caccini haben die neue Kompositionsweise nicht nur in ihren Opern umgesetzt, sondern im Anschluss an Galileis Ausführungen auch theoretisch begründet.

Im Sinne der Wiederbelebung der Aufführungsweise der antiken Tragödie waren die ersten Opern – im Unterschied zu vorangehenden Formen des Musiktheaters – vollständig in Musik gesetzte Dramen. Deren Sujets knüpften jedoch gerade nicht an die vornehmste der antiken Gattungen – die Tragödie –, sondern an die Pastorale an, die bereits zuvor Musik an zentralen Stellen der Handlung beinhaltete. Der pastorale Stoff eignete sich somit schon von der Tradition des 16. Jahrhunderts her besser zur Vertonung als die Tragödie mit ihren komplexen Dialogen. Polizianos *La favola d'Orfeo* von 1480 hat sicherlich ebenfalls zur Stoffwahl der ersten Opern beigetragen, die überwiegend Orfeo- bzw. Euridice-Opern sind. Deren Handlung, die Befreiung der durch einen Schlangenbiss getöteten Euridice durch Orfeo, erfuhr jedoch eine bezeichnende Änderung: statt des tragischen Schlusses bei Ovid (dessen *Metamorphosen* der Stoff entlehnt ist) nimmt Rinuccinis *Euridice* ein glückliches Ende (*lieto fine*). Die heitere Welt der Pastorale, die durch das naturhafte Hirtenmilieu geprägt war, sollte nicht getrübt werden.

Peris Komposition richtet sich streng nach den theoretischen Vorgaben des *cantar recitando*. Nur dort, wo auch im Schauspiel musikalische Einlagen stehen konnten, wird die Monodie aufgegeben: die Chöre jeweils am Ende der sechs Szenen der *Euridice* sind mehrstimmig vertont und der Prolog ist strophisch angelegt (d. h. jede Strophe des Textes hat dieselbe Musik). Das Konkurrenzwerk Caccinis auf dasselbe Libretto löst sich jedoch bereits vom reinen Sprechgesang, indem zahlreiche Koloraturen an dramatisch hervorgehobenen Stellen angebracht sind.

Betrachtet man die Tatsache, dass der gelehrte Kreis der Camerata Fiorentina eigentlich weniger eine neue Gattung schaffen wollte, als vielmehr eine alte erneuern, so ist das Resultat erstaunlich. Denn aus der rezitativisch vertonten Pastorale wurde im Lauf der Jahrhunderte eine musikalisch aufs reichste ausgestattete Gattung. Die Musik hat sich denn auch sehr schnell aus der dem Text dienenden Rolle befreit. Bezeichnend ist, dass gerade der Orpheus-Stoff zu Beginn gleich mit drei Werken vertreten ist: Orpheus ist der Prototyp des Sängers, der mit der Macht seines Gesangs sogar in die Unterwelt vorzudringen vermag. Diese Rolle wird jedoch erst in Claudio Monteverdis *L'Orfeo* (1607) vollkommen deutlich, dessen Libretto Alessandro Striggio d. J. verfasst hat. Nicht nur, dass in der Titulierung der Sänger in den Vordergrund gerückt wird und der Prolog nicht von der Tragedia (der Tragödie) wie bei Peri und Caccini, sondern von der Musica gesungen wird. Vielmehr ist die musikalische Gestaltung viel reicher als bei den vorab genannten Opern. Insbesondere Orfeos zentraler Gesang *Possente spirto / Mächtiger Geist*, mit dem er Caronte einschläfert und somit in die Unterwelt gelangt, ist nicht rezitativisch vertont, sondern steht in der Tradition der virtuosen Madrigalistik. *Possente spirito* ist das berühmteste Stück der Oper: Orfeo bietet mit virtuosen Koloraturen ein Höchstmaß an musikalischer Darstellungskraft auf, um Caronte zu überzeugen. Die musikalischere Konzeption zeigt sich jedoch auch an einer Vielzahl anderer Gestaltungsweisen. Neben die rezitativischen Partien treten madrigalische Sätze und Instrumentalmusik verschiedenster Art; die Oper beginnt mit einem Instrumentalstück, einer Toccata, die bereits eine Art Ouvertüre ist (die früheren Opern begannen direkt mit dem Prolog). Der erste Akt zeigt besonders deutlich die auch den weiteren Akten inhärente Anlage zu symmetrischer Gliederung: um Orfeos Gesang *Rosa del ciel / Rose des Himmels* gruppieren sich abwechselnd Rezitative und die Chöre. Vielfältiger als in den vorhergehenden Orpheus-Opern ist auch die Instrumentation. Flöten, Streicher und Zupfinstrumente repräsentieren die Hirtenwelt, Zinken, Posaunen und Regal die Unterwelt. Chitarrone, Laute, Harfe, Cembalo, Orgel und Regal werden zum Teil gleichzeitig als Continuogruppe eingesetzt.

Im Unterschied zur *Euridice* Rinuccinis hat Striggio das tragische Ende beibehalten: Orfeo, der nach dem Verlust Euridices allen Frauen abschwört, flieht vor den Bacchantinnen, die ein wildes Fest feiern. Monteverdi schafft jedoch einen Kompromiss. Orfeo wird von seinem Leid befreit, indem Apollo ihn in den Himmel erhebt, wo er in der Sonne und den Sternen das Ebenbild Euridices erblickt. Auch dieser Schluss erscheint als Apotheose der Musik, indem Apollo, Gott der Künste, den Prototyp des Sängers, Orfeo, verklärt.

An diesem Punkt – und weniger mit der bisherigen Absicht, die antike Tragödie wieder zu beleben – beginnt erst richtig die Geschichte der Oper: die Musik nimmt die für die Gattung konstituierende Rolle ein. Dem folgt auch die zweite Vertonung von Rinuccinis *Dafne* durch Marco da Gagliano anlässlich der Hochzeit des Erbprinzen Francesco mit Margherita von Savoyen 1608. In der erweiterten Librettofassung wird der Chor in die Handlung einbezogen und dessen Text in mehrstimmigen Madrigalen vertont. Bemerkenswert ist außerdem, dass das Vorwort Anmerkungen zur Aufführungspraxis beinhaltet, die als erste ausführlichere Regieanweisungen in der Operngeschichte gelten. Für eben diese Hochzeit hat auch Monteverdi seine Oper *L'Arianna* komponiert, von der nur das berühmte *Lamento d'Arianna* erhalten blieb, das Monteverdi später als fünfstimmiges Madrigal (1614) und als *Pianto della Madonna* (›Marienklage‹, 1640/41) bearbeitet hat.

Adels- und Fürstenoper in Rom im 17. Jahrhundert

(LANDI, MAZZOCCHI, ROSSI)

Die Oper entstand nicht am Hofe und somit zunächst nicht als eine die höfische Macht repräsentierende Kunst, sondern im Gelehrtenzirkel unter wissenschaftlichen Absichten. Sie wurde jedoch bald in den höfischen Bereich hineingetragen: Peris und Caccinis erste Opern wurden zu Hochzeiten oder höfischen Festen aufgeführt ebenso wie später Monteverdis

L'Orfeo und *L'Arianna* sowie Gaglianos *Dafne*. Aus einem Briefwechsel wissen wir, wie intensiv sich der Kronprinz von Mantua, Francesco Gonzaga, um das Zustandekommen der Uraufführung von Monteverdis *L'Orfeo* bemüht hat: Er bat seinen Bruder Ferdinand, der Beziehungen zum Medici-Hof hatte, zu Beginn des Jahres 1607 um gute Musiker aus Florenz. Ferdinando empfahl einen Schüler von Caccini, den Kastraten Giovanni Gualberto Magli, der zu Beginn des Karnevals in Mantua sein sollte. Magli traf jedoch verspätet ein und hatte zum Ärgernis von Francesco nicht einmal seine Rollen auswendig gelernt. Die Aufführung kam dennoch wie geplant am 24. Februar 1607 in der Karnevalszeit zustande, da Magli sich sein Repertoire schnell aneignete. Francesco berichtete am 1. März seinem Bruder vom Erfolg der Oper, äußerte seine Zufriedenheit über den Sänger und bat gleichzeitig um eine Verlängerung des Aufenthaltes von Magli zu einer weiteren Aufführung des *L'Orfeo*.

Außer durch dieses herausragende Ereignis von Monteverdis *L'Orfeo* sowie die Opernaufführungen für die Hochzeitsfeierlichkeiten des darauf folgenden Jahrs hat Mantua keine Rolle für die Entwicklung der Oper gespielt. Das Gleiche gilt für Florenz, dessen Bedeutung für die Operngeschichte im Wesentlichen auf die Entstehung der Gattung und einige wenige Werke in deren Nachfolge – *Medoro* (1619) von Gagliano, *La liberazione di Ruggiero* (1625) von Caccinis Tochter Francesca, *La Flora* von Gagliano und Peri (1628) – sowie einige komische Opern in der zweiten Jahrhunderthälfte beschränkt blieb. Hauptzentrum der Oper wurde in der ersten Hälfte des 17. Jahrhunderts Rom. Bereits 1600 – also im gleichen Jahr wie Peris *Euridice* – wurde dort *La rappresentazione di anima e di corpo / Das Spiel von Seele und Leib* (1600) von Cavalieri aufgeführt. Das Werk steht in der Tradition der Rappresentatione sacra; die herkömmlicherweise gesprochenen Partien sind jedoch rezitativisch vertont, und so ist wie in der Florentiner Oper das ganze Schauspiel in Musik gesetzt. Im Unterschied zur rezitativisch geprägten Florentiner Oper dominieren jedoch mehrstimmige Ensemblesätze und Chöre, die den Ablauf sehr abwechslungsreich gestalten. Die von Cavalieri vorgesehene szenische Aufführung wie auch seine Erläuterungen zur dramaturgischen Gestaltung im Vorwort des Partiturdrucks erklären das Werk als Oper und weniger – wie immer angenommen – als frühes Oratorium aufgrund seines moralisch-religiösen Themas und seiner Entstehung im Umfeld der Congregazione dell'Oratorio (Bruderschaft) Filippo Neris, der auch der Textdichter Agostino Manni angehörte. In den Räumen der Bruderschaft wurde das Werk auch aufgeführt. Thema der *Rappresentatione di anima e di corpo* ist die Auseinandersetzung der Tugend mit dem Laster, die auf mannigfache Weise ausgetragen wird. Der Text steht in der Nachfolge der im Spätmittelalter sehr beliebten Streit-Dialoge, die letztendlich auf die Fabel von Herkules am Scheideweg zurückgehen, in der sich Herkules zwischen Tugend und Wollust entscheiden muss.

Das Werk hat in zweierlei Hinsicht die weitere Entwicklung der römischen Oper bestimmt. Zum einen entstanden in der Folgezeit im päpstlichen Rom eine ganze Reihe moralisierender Opern, entweder in allegorischer Darstellung auf der Basis der antiken Mythologie wie Agostino Agazzaris *Eumelio* (Rom 1606) oder mit religiöser Thematik wie Stefano Landis *Il Sant' Alessio / Der heilige Alexius* (1632). Zum anderen wurde die im Unterschied zur Florentiner Oper abwechslungsreichere Gestaltung und die zunehmende Bedeutung der Chöre leitgebend für den römischen Operntypus. Als Domenico Mazzocchi am Schluss des Partiturdrucks seiner Oper *La catena d'Adone / Die Kette des Adonis* (Rom 1626) die »Langeweile des Rezitativs« kritisierte, war der Wandel zur Abwechslung längst vollzogen. Die rezitativische Gestaltung wurde beweglicher, das *cantar recitando* mit ariosen, d. h. mit melodiöseren Einschüben durchsetzt. Chöre waren nicht auf die Aktschlüsse beschränkt wie in der Florentiner Oper, sondern wurden auch innerhalb der Akte eingesetzt. Die Chöre wurden musikalisch reicher, d. h. sie wurden im polyphonen Madrigalstil gestaltet und nahmen an Umfang zu. Sologesänge und Ensemblesätze (Duos, Trios, Quartette) kamen zunehmend vor. Ausstattung und Bühneneffekte spielten eine immer größere Rolle.

Die genannten Merkmale prägen erstmals Landis *La morte d'Orfeo / Der Tod des Orpheus* (1619, keine Aufführung nachweisbar). Thematisiert wird hier nicht die Euridice-Handlung, sondern deren Fortsetzung: Orfeo, der den Tod Euridices beklagt und allen Frauen abschwört, wird auf Befehl Baccos von dessen Begleiterinnen, den rasenden Mänaden, getötet, weil er sich von deren Verführungskünsten nicht beeindrucken lässt. Die rezitativische Gestaltung wird den sehr gegensätzlichen Ausdrucksebenen – von pastoraler Stimmung zum Wüten der Mänaden – gerecht. Die umfangreichen, im kunstvoll madrigalischen Stil gehaltenen Chöre prägen nicht nur die Aktschlüsse, sondern fast den ganzen letzten Akt. Die Oper hat – wenn auch wenige – geschlossene Sologesänge wie die koloraturenreiche Strophenarie Orfeos am Beginn des zweiten Akts und Carontes Arie im fünften Akt.

Zwischen *La morte d'Orfeo* und Landis zweiter berühmter Oper *Sant' Alessio* sind drei Werke von Bedeutung: Filippo Vitalis *L'Aretusa* (Rom 1620), in der das Rezitativ durch Duos aufgelockert wird; Giacinto Cornacchiolis *La Diana schernita / Die verspottete Diana* (Rom 1629), die weitgehend dem rezitativischen Stil verhaftet bleibt und die bereits erwähnte Oper *La catena d'Adonis* von Mazzocchi, auf deren ariose Einschübe Mazzocchi eigens hingewiesen hat.

Träger der römischen Oper waren adlige Familien. Seit den 1630er-Jahren spielte die Familie der Barberini, aus der Papst Urban VIII. hervorging, die entscheidende Rolle. Unter ihrer Schutzherrschaft entwickelte sich die Oper zu

Der Palazzo Barberini in Rom war eines der bedeutendsten Bauwerke Lorenzo Berninis. Das angebaute Theater (links hinten) tritt gegenüber dem kolossalen Palast eher zurück, bot jedoch Platz für 3000 Besucher

voller Pracht. Der berühmte Baumeister Lorenzo Bernini, von dem auch das Opernhaus der Barberinis stammt, schuf Szenenbilder und Maschinerien. Librettist war Kardinal Giulio Rospigliosi, ein Freund der Barberini-Familie, späterer Papst Clemens IX. Die Kardinäle Antonio und Franceso Barberini ließen in ihrem Palast ein großes Theater erbauen, das über dreitausend Besuchern Platz bot. Zwischen 1642 und 1653 wurden hier sieben Opern aufgeführt. Durch die enge Verbindung zur Kirche ist es nicht verwunderlich, dass das Barberini-Theater mit einer geistlichen Oper eröffnet wurde: Landis *Il Sant' Alessio* (1632) geht auf das Leben des Heiligen Alexius im fünften Jahrhundert zurück, der nach der Hochzeit seine Familie verlässt, um in Askese zu leben und Gott zu dienen. Heiligenlegenden solcher Art waren in Rom beliebte Opernsujets, da sie im Zeitalter der Gegenreformation als Propaganda der Kirche dienten: das einst heidnische Rom wurde durch Gott ergebene Menschen zur Stadt des Christentums. So besingen die Engel im dritten Akt der Oper die glückliche Stadt, aus der solche Heilige hervorgehen. Die Oper enthält Ensembles und Sologesänge: drei strophische liedhaft-tänzerische Arietten, burleske Duette der Pagen und ein Terzett der Familie Alessios. Große Chorszenen bestreiten nicht nur die Aktschlüsse, sondern auch fast den ganzen dritten Akt. Neu sind die drei langen Instrumentalstücke: eine Sinfonia, die auf die spätere Ouvertüre vorausweist, steht jeweils am Beginn und zwischen den Akten. Bereits in *La morte d'Orfeo* gab es eine komische Szene: Caronte weigert sich, die Furien über den Unterweltsfluss zu schiffen, da diese kein Fährgeld bezahlen müssen. In *Sant' Alessio* wurden komische und tragische Elemente in der Oper verbunden, wie es in der Folgezeit generell üblich wurde.

Die Kirche beeinflusste die Oper auch hinsichtlich der Besetzung der Rollen. Schon in der Florentiner und Mantuaner Oper gab es Kastratenstimmen (so zum Beispiel den oben genannten Sänger Magli); in Rom war der Auftritt von Frauen auf der Bühne generell nicht erlaubt. In Mazzocchis *La catena d'Adone* sollten zuerst zwei berühmte Sängerinnen miteinander wettstreiten. Aus Angst vor einem Skandal wurden die Frauen jedoch schließlich durch Kastraten aus der päpstlichen Kapelle ersetzt. Bald wurden nicht nur Frauen-, sondern auch Männerrollen mit Kastratenstimmen besetzt.

Die römische Oper entwickelte sich im folgenden Jahrzehnt zum prunkvollen Ausstattungsstück, dessen Stoff und Handlung Rospigliosi ganz im Hinblick auf szenische Prachtentfaltung konzipierte. Michelangelo Rossis *Erminia sul Giordano / Erminia am Jordan* (1633) und Luigi Rossis *Il Palazzo incantato / Der verzauberte Palast* (1642) haben locker gefügte Handlungen, basierend auf Tassos und Ariosts Epen, deren Szenenfolge hauptsächlich der Abwechslung von Schauplätzen und Personen diente. Eine Vielzahl kurzer Arien, Ensembles und Chöre sorgen für musikalische Abwechslung.

1637 wurde die erste erhaltene komische Oper gespielt. *Chi soffre speri / Wer leidet, hoffe*, komponiert von Virgilio Mazzocchi und Marco Marazzoli auf ein Libretto von Rospigliosi, ist an die Commedia dell' arte angelehnt und kennt Dialekt sprechende Dienergestalten und Personen aus dem Alltagsleben. Ihr folgte eine zweite komische Oper, ebenfalls von Rospigliosi verfasst, *Dal male il bene / Aus dem Übel entsteht das Gute* (1653) mit Musik von Antonio Maria Abbatini und Marazzoli, die mit dem Gebrauch der natürlichen Stimmlagen und Parlando-Ton (plappernde Tonwiederholungen) bereits auf die spätere Buffa-Oper verweist. Komische Opern sind jedoch eher Ausnahmen und allenfalls in Florenz sind in der Folge von *Il podestà di Colognole / Der Bürgermeister von Colognole* (Florenz 1657) von Jacopo Melani einige Werke zu verzeichnen. Denn im 17. Jahrhundert wurden komische Szenen vorzugsweise in ernste Opern integriert; die Ausbildung der Gattung der heiteren Oper vollzog sich erst im 18. Jahrhundert.

Die interessanteste römische Oper – Luigi Rossis *Orfeo* (1647) – wurde nicht in Rom, sondern in Paris uraufgeführt. 1644 mussten die Barberinis emigrieren; Kardinal Antonio Barberini, von dem Rossi unterstützt wurde, war ein Freund des französischen Kardinals Mazarin, von dem der Auftrag zur Oper stammte. Mazarin beabsichtigte, die italienische Kultur in Frankreich einzuführen, und holte italienische Opernkomponisten nach Frankreich. *Orfeo* hat eine abwechslungsreiche, gegenüber manch anderen römischen Opern jedoch eher einfache Handlung, die trotz szenischer Prachtentfaltung dramaturgisch spannungsvoll konzipiert ist. Die zahlreichen Arien fungieren zum Teil als Einlagen, d. h. sie sind als tatsächliche Gesänge der Personen konzipiert, womit dem Gesetz der Wahrscheinlichkeit Rechnung getragen wird. Sowohl das Rezitativ als auch die Arien und Ensemblesätze sind äußerst vielfältig gestaltet; besonders bestechend sind große Tableauszenen, in denen Chor, Soloepisoden und Ensembles wechseln. Deutlich ausgeprägt sind verschiedene musikalisch-szenische Typen wie die Sommeil-Szene (Traumszene) am Ende des zweiten Akts und der auf den Schlangenbiss folgende Lamento-Chor (Klagechor). An diesen Operntypus hat später Lully mit seiner Tragédie en musique angeknüpft.

Die letzte Oper, die auf dem Barberini-Theater gespielt wurde (die Barberinis waren 1653 nach Rom zurückgekehrt), hatte nochmals ein moralisch-geistliches Sujet. Marco Marazzolis *La vita humana ovvero Il trionfo della pietà / Das menschliche Leben oder Der Triumph der Barmherzigkeit* (Rom 1656) thematisiert – ähnlich wie Cavalieris *Rappresentazione* – die Entscheidung zwischen sinnlichem Genuss und Gottergebenheit.

Zwar wurden in Rom auch nach der Schließung des Barberini-Theaters in anderen Adelspalästen und in den ersten öffentlichen Theatern Opern aufgeführt; die Opern stammten allerdings größtenteils von auswärtigen Komponisten. In Venedig und später in Neapel entwickelte sich die Gattung weiter fort.

Die Entstehung der Unternehmeroper in Italien im 17. Jahrhundert

(Monteverdi, Cavalli, Cesti, Scarlatti)

1637 beginnt ein neues Stadium in der Geschichte der Oper. Mit der Eröffnung des ersten öffentlichen Opernhauses, des Teatro San Cassiano in Venedig, setzte eine blühende Opernproduktion ein. Sie entsprach weniger den höfischen Erfordernissen, sondern war auf den Geschmack des Publikums ausgerichtet: die Besucher zahlten Eintritt, die Einnahmen mussten die Kosten der Ausgaben des Opernhauses decken. Die Unternehmeroper war entstanden, Venedig als Zentrum des Wirtschafts-, Geistes- und Musiklebens bot sich für diese neue Entwicklung geradezu an. Zwar wurden auch in anderen Städten Italiens öffentliche Opernhäuser gegründet, Venedig spielte jedoch die herausragende Rolle. Da die ersten Opernaufführungen durchschlagenden Erfolg hatten, wurden bald weitere Opernhäuser gegründet; das Teatro Santi Giovanni e Paolo wurde 1639, das Teatro San Moisè 1640 eröffnet; bis zum Ende des Jahrhunderts entstanden weitere sechs Opernhäuser. Die Opernhäuser waren Logentheater, d. h. das Publikum war nach sozialen Schichten getrennt. Die Logen waren für die Aristokratie reserviert, alle anderen Schichten drängten sich im Parkett. Gründer der Opernhäuser waren Adelsfamilien, die miteinander wetteiferten.

Übernommen wurde zunächst der römische Operntypus, der jedoch nach und nach den Anforderungen der auf das Publikum abgestimmten Unternehmeroper angepasst wurde. Die Handlung musste spannend sein, das heißt die Helden wurden in ein Netz von Intrigen verstrickt. Dazu waren vor allem historische und weniger pastorale Stoffe geeignet, wenn auch mythologische Themen weiterhin verwendet wurden. Um eine mythologische Handlung dem Publikum näher zu bringen, wurden »accidenti verissimi«, d. h. Szenen aus dem Alltagsleben, eingefügt. Götter und mythologische Figuren wurden zunächst in den Prolog verbannt, der dann aber um die Jahrhundertmitte ebenfalls verschwand. Das Publikum wollte mit Witz unterhalten werden: so blieben komische Figuren und Handlungselemente nicht mehr nur Randerscheinungen wie in der römischen Oper, sondern drangen bis ins Zentrum der Handlung vor. Um die Handlung stringenter zu gestalten, wurde die fünfaktige Oper auf drei Akte reduziert. Da im Unterschied zum meist einmaligen Ereignis der höfischen Oper eine

Oper mehrmals und zudem eine viel größere Anzahl an Opern aufgeführt wurden (rund 350 Opern bis zum Ende des Jahrhunderts), musste rationalisiert werden.

Für die nach wie vor prächtige Ausstattung, die für den Erfolg einer Oper äußerst wichtig war, wurden somit die Dekorationen, Maschinen und Kostüme mehrfach verwendet. Eine venezianische Oper war mit durchschnittlich zwölf abwechslungsreichen und kontrastierenden Bühnenbildern im Unterschied zu nur etwa fünf in Schauspielen sehr reich ausgestattet. So bildeten sich standardisierte Bildtypen aus wie Garten, Straße, Platz, Saal, Hof, Kerker, Fluss (Hafen), Wolken, Treppen, Grotten, Turm, Zimmer oder auch Theater auf dem Theater. Je nach den Bedürfnissen der einzelnen Opern konnten Details verändert werden, oder verschiedene Bilder konnten miteinander kombiniert werden. Wie schon in der römischen Oper kamen neue Bühnentechniken zur Anwendung, um der Schaulust des Publikums gerecht zu werden. Die Bühnenmaschinerie wurde mit Bühnenwagen und Flugmaschinen zu höchster Vollendung entwickelt: sie dienten der Mobilisierung von Requisiten oder dem Schweben von Darstellern. Schnelle Verwandlungen des gesamten Bühnenbildes oder von Teilen des Bühnenbildes, beispielsweise die Darstellung des Einstürzens von Grotten, gehörten ebenfalls zu den beliebten Szeneneffekten. Der berühmte, in Venedig und später in Paris tätige Giacomo Torelli erfand neue Bühnentechniken, mit denen alle Kulissen gleichzeitig bewegt werden konnten.

Im Zuge der Rationalisierung bildete sich auch ein festes Handlungsschema heraus, das auf Szenentypen wie Verkleidungs-, Wahnsinns- und Ombra-Szene (Geistererscheinung) basierte. Aus wirtschaftlichen Gründen wurde auf den Opernchor verzichtet, das Orchester wurde reduziert. In den Mittelpunkt traten dafür die Sänger. Sie glänzten nun nicht mehr nur im Rezitativ, sondern vor allem mit Arien und Liedern, die sich als eigenständige, abgeschlossene

Stücke vom Rezitativ abhoben. Damit bahnte sich die musikalisch wichtigste Neuerung an, die für die Oper des 18. Jahrhunderts konstitutiv wurde: die Trennung von Rezitativ und Arie.

Die erste öffentlich aufgeführte Oper war *L'Andromeda* (Musik nicht erhalten) von Francesco Manelli und Benedetto Ferrari, mit der 1637 das Opernhaus San Cassiano eröffnet wurde. Zwei weitere Opern derselben Musiker, *La maga fulminata / Die getötete Zauberin* (1638) und *L'Armida* (1639), folgten. Manelli und Ferrari, die aus Rom kamen, vermittelten den Venezianern allerdings noch den römischen Operntypus. An diesen knüpften zunächst auch die Komponisten an, die für den weiteren Verlauf der venezianischen Oper eine wichtige Rolle spielten: Claudio Monteverdi und Francesco Cavalli.

Monteverdi war seit 1613 in Venedig als Kapellmeister an San Marco. Es spricht für seinen Ruhm, dass das Teatro San Moisè 1640 mit seiner über 30 Jahre zuvor geschriebenen Oper *L'Arianna* eröffnet wurde. Im selben Jahr wurde dessen neu komponierte Oper *Il ritorno d'Ulisse in patria* (wahrsch. Teatro San Cassiano) aufgeführt, 1641 folgte *Le nozze di Enea con Lavinia / Die Hochzeit Eneas mit Lavinia* (Musik verloren) und 1643 *L'incoronazione di Poppea / Die Krönung der Poppea* (Teatro San Giovanni e Paolo). Gerade von dem herausragendsten Opernkomponisten der Zeit sind nur drei Opern erhalten – er hat eine ganze Anzahl mehr komponiert –, und seine Autorschaft für die beiden Spätwerke wurde zudem bezweifelt. Die Zweifel sind inzwischen beseitigt, doch muss bei Beurteilung gerade der *L'incoronazione* die Besonderheit der Unternehmeroper gegenüber der höfischen Oper in Betracht gezogen werden. *L'Orfeo*, die höfische Oper, liegt in einer gedruckten Partitur vor, quasi als Dokument des höfischen einmaligen bzw. nur wenige Male wiederholten Ereignisses. Im Zuge der Opernunternehmen entstand hingegen eine andere Praxis der Aufführung von Opern, das Stagione-System: die gleiche Oper wurde eine ganze Karnevalsaison hindurch fast jeden Abend aufgeführt. Zudem wurden Opern auch in Operntheater anderer Städte übernommen, und so musste eine Oper oft umgearbeitet werden, um anderen Bedingungen (anderen Sängern, einer anderen Ausstattung usw.) zu genügen. Dass Monteverdis *L'incoronazione* in zwei voneinander abweichenden Abschriften überliefert ist, stellt somit weniger ein Authentizitätsproblem dar, als dass unterschiedlichen Situationen entsprochen wurde. Nach der Aufführungsserie in Florenz eröffnete die Oper 1651 die Reihe öffentlich aufgeführter Opern in Neapel. Die beiden Fassungen dokumentieren, dass die Oper kein abgeschlossenes Werk darstellte, sondern flexibel war, um verschiedenen Anforderungen gerecht werden zu können.

Die Bedeutung von Monteverdis späten Opern liegt weniger in Errungenschaften im formalen Bereich, sondern in der Ausdrucksfähigkeit seiner Musik. Er verwendete die Mittel der Wortausdeutung seiner Madrigale, um Situationen und Charaktere plastisch, abwechslungsreich und ausdrucksvoll zu gestalten. Dabei benutzte er auch Musik aus seinen Madrigalen für entsprechende textliche Situationen. *Il ritorno d'Ulisse* nach dem Libretto von Giacomo Badoaro knüpft an den Typus der römischen Oper an. Das Rezitativ ist noch bestimmend, es wird jedoch in höchst abwechslungsreicher Weise durch die Einfügung arioser Partien mit zum Teil madrigalesken Wendungen ausgestaltet. Auffällig ist, dass die tugendhaften Charaktere, Penelope und Ulisse, mit rezitativischen Monologen eingeführt werden, die Freier hingegen bei ihrem ersten Auftritt liedhafte Stücke singen; in der römischen Oper waren geschlossene liedhafte Formen meist komischen Charakteren bzw. Dienerrollen vorbehalten. Chöre kommen zwar noch vor, sind jedoch im Unterschied zur römischen Oper von eher untergeordneter Bedeutung. Monteverdis spätere Oper *L'incoronazione di Poppea,* deren Libretto von Giovanni Francesco Busenello erstmals ein historisches Sujet hat, zeigt auch formal neue

Tendenzen. Geschlossene Formen sind nicht mehr primär den Dienerrollen zugewiesen, sondern auch den Hauptcharakteren. Sie stehen für die Darstellung menschlicher Leidenschaften, fast schon in programmatischer Absicht gemäß dem Sujet der Oper. *Il ritorno* preist die Tugend der Treue, während in *L'incoronazione* die Leidenschaft siegt: Nerone verbannt seine Gattin Ottavia, um seine Geliebte Poppea zu seiner Frau zu nehmen und veranlasst den warnenden Philosophen Seneca zum Selbstmord. Die Oper schließt mit einem Liebesduett; ein solcher Abschluss wurde in der venezianischen Oper der Folgezeit üblich.

In Monteverdis Opern wurde zwar vorbereitet, was dann venezianischer Standard wurde; sie bilden jedoch durch ihre Ausdruckshaftigkeit und ihren Abwechslungsreichtum auch eine Ausnahme. Der bedeutendste Opernkomponist im Venedig der 1650er- und 60er-Jahre war Francesco Cavalli, ein Schüler Monteverdis, der fast 30 Opern für venezianische Bühnen schrieb. Er debütierte in der Nachfolge der Manelli-Ferrari-Truppe am Teatro S. Cassiano mit *Le nozze di Teti e Peleo / Die Hochzeit von Teti und Peleo* (1639); seine letzte Oper für Venedig, *La pazzia in trono / Die Verrücktheit auf dem Thron* wurde 1660 aufgeführt. Cavallis Œuvre bestimmte somit die Entwicklung der venezianischen Oper von ihren Anfängen bis zu ihrer Blüte, als sie exportiert und überall imitiert wurde. Seine berühmtesten, auch heute wieder aufgeführten Opern sind *Didone* (1641), *Egisto* (1643), *Ormindo* (1644), *Giasone* (1648), *Calisto* (1651), *Xerse* (1655), *Erismena* (1655), *Ipermestra* (1658) und *Ercole amante / Der liebende Herkules* (Paris 1662). Seine wichtigsten Librettisten waren Busenello, Giovanni Faustini und Nicolò Minato. Cavallis Schaffen beruht – bei individuellen Besonderheiten einzelner Werke – im Wesentlichen auf den oben genannten Merkmalen der venezianischen Oper. Nehmen wir *Ormindo* als Beispiel für eine typische Intrigen- und Verwechslungshandlung, wie sie Giovanni Faustini, Librettist von *Ormindo*, für das venezianische

Intrigendrama generell geschaffen hat. Ormindo und der Fürst Amida lieben beide Erisbe, die Gattin von König Hariadeno. Amida wird jedoch von der Fürstin Sicle geliebt, die von ihm verlassen wurde. Aus Unzufriedenheit über ihr Schicksal, mit einem alten Herrscher verheiratet zu sein, umgarnt Erisbe zuerst Ormindo und dann Amida. Erisbes und Amidas Zusammenkunft wird jedoch von der als Wahrsagerin verkleideten Sicle gestört, die Amida den Verrat an seiner früheren Geliebten aus der Hand liest. Daraufhin entschließt sich Erisbe, lieber mit Ormindo zu fliehen. Fortuna treibt das Schiff jedoch in den Hafen zurück, Hariadeno befiehlt die Vergiftung der beiden Flüchtlinge. Nachdem beide den angeblichen Todestrank getrunken haben, erfährt der König, dass Ormindo sein Sohn ist. Der Diener Osman hat jedoch nur einen Schlaftrunk gereicht, Hariadeno vereint die Erwachenden und übergibt Ormindo sein Reich. Um das *lieto fine* zu vervollständigen, vermählen sich außerdem Amida und Sicle sowie das Dienerpaar Osman und Mirinda. Der Hauptstrang der Handlung wird immer wieder unterbrochen durch rezitativisch oder liedhaft vertonte Dialoge der Diener, die die Handlung kommentieren.

Zu Beginn der 50er-Jahre sah sich Cavalli einem Rivalen gegenüber: Antonio Cesti, dessen erste Oper *Alessandro vincitor di se stesso / Alexander als Sieger über sich selbst* 1651 in Venedig aufgeführt wurde. Cesti war allerdings nicht lange in Venedig, er wurde Mitte der 50er-Jahre am Innsbrucker Hof engagiert und komponierte seit 1666 Opern für den Wiener Hof, wo seine berühmteste Oper, *Il pomo d'oro / Der goldene Apfel* (1668) aufgeführt wurde. Das Werk war zwar eine Hofoper, die für die Hochzeit Leopolds I. mit Margarete Theresia von Spanien geplant war; nach der Uraufführung wurde sie jedoch ein ganzes Jahr hindurch auch vor nicht-höfischem Publikum gespielt, so dass zumindest ihre Darbietung einer Unternehmeroper entsprach. Als Hochzeitsoper war sie allerdings äußerst prunkvoll gestaltet. Der berühmte Architekt Lodovico

Burnacini, der auch die 22 Bühnenbilder schuf, wurde beauftragt, ein Opernhaus zu bauen, das jedoch nicht rechtzeitig fertiggestellt wurde, weshalb sich die Aufführung hinauszögerte. Die Oper dauerte acht Stunden und sollte an zwei Tagen dargeboten werden. Das Sujet ist um das Urteil des Paris zentriert. Discordia soll auf Geheiß Plutos unter den Göttern Zwietracht stiften und wirft deshalb einen goldenen Apfel, der der Schönsten gehören soll. Giunone, Venere und Pallade streiten sich um ihn, Giove ernennt den als unverdorbenen Hirten lebenden Paris als Richter. Paris entscheidet sich für Venere, die ihm die schöne Helena verspricht. Daraus entsteht ein handlungsreiches Geflecht der sich gegenseitig bekriegenden Göttinnen, deren Streiterei damit endet, dass Giove den goldenen Apfel Margarete zuspricht, durch die zwei große Monarchien, Österreich und Spanien, vereint werden sollten. Die Bearbeitung des Stoffs zeigt somit, wie die politische Aktualität in die Handlung einer Oper einbezogen wurde.

Eine der erfolgreichsten Opern des 17. Jahrhunderts, *L'Orontea* (sie wurde 18 Jahre später nochmals in Neapel aufgeführt mit dem Vermerk »musica rinovata«) ist nicht, wie bislang angenommen, Cestis erste venezianische Oper, sondern wurde 1656 in Innsbruck uraufgeführt. Im Unterschied zu der dem Cavalli'schen Typus nahe stehenden Oper *Alessandro* zeichnet sich in *L'Orontea* noch mehr der Kontrast zwischen deklamatorischem Rezitativ und Arien bzw. Ariosi ab, die die verschiedenen Funktionen von erzählter Handlung einerseits und Affektdarstellung andererseits erfüllen. Die geschlossenen Formen bekommen somit größeres Gewicht. Cesti brillierte außerdem mit seinen komischen Szenen.

In der Nachfolge Cavallis standen die Komponisten Pietro Andrea Ziani, Antonio Sartorio, Giovanni Legrenzi, Carlo Pallavicino, dann Carlo Francesco Pollarolo und Marc Antonio, die seit den 1660er-Jahren hervortraten. Die Haupthandlung wurde mit Nebenhandlungen überladen, komische Charaktere traten so sehr in den Vordergrund, dass auch die Hauptcharaktere (Personen aus Mythologie und Geschichte) dadurch oft ins Lächerliche gezogen wurden. In der musikalischen Gestaltung bekamen die Arien immer größeres Gewicht. Gegen Ende des Jahrhunderts wurde die Arienform typisiert: es entstand die Da-capo-Arie, die bis in die 70er-Jahre des 18. Jahrhunderts die beherrschende Form der italienischen ernsten Oper wurde.

Der bedeutendste italienische Opernkomponist um 1700 war Alessandro Scarlatti. Er gilt zwar als Gründer der neapolitanischen Oper, die im 18. Jahrhundert die Entwicklung der Gattung bestimmte. Von seinen 66 erhaltenen Opern sind jedoch ungefähr zwei Drittel in anderen Städten aufgeführt worden, und nur eine Oper ist wirklich typisch für das neapolitanische Idiom, obgleich auch Scarlatti an der Umarbeitung importierter Werke für den neapolitanischen Geschmack beteiligt war. Zu einigen späteren Opern Scarlattis schuf der berühmte Architekt Filippo Juvarra die Bühnenbilder. Er schuf Bühnendekorationen von architektonischer Komplexität und stellte neuartige barocke Kulissenbauten auf die Bühne, häufig asymmetrische Bühnenbilder.

Scarlatti begann seine Karriere in Rom, wo er mit seiner zweiten Oper, *Gli equivoci nel sembiante / Die scheinbaren Missverständnisse* (1679), außerordentlichen Erfolg hatte. Da in Rom öffentliche Theater aufgrund päpstlicher Restriktionen ein Risiko bedeuteten, und die Möglichkeiten für Opernkomponisten somit beschränkt waren, ging Scarlatti 1684 nach Neapel, um eine Stelle als Kapellmeister am Hofe anzunehmen. Um die Jahrhundertwende erlebte er den Höhepunkt seiner Karriere als Opernkomponist. *La caduta de' Decemviri / Der Fall der Decemviri* (1697), die auch in London aufgeführt wurde, markiert eine neue Entwicklung seines Opernschaffens. Er begann die Zusammenarbeit mit dem berühmtesten Librettisten der Zeit, Silvio Stampiglia. Der Oper voran geht erstmals der für das

18. Jahrhundert bestimmende Typus der dreiteiligen italienischen Ouvertüre (Opernsinfonia), bestehend aus einem Allegro, einem kurzen langsamen Mittelsatz und einem abschließenden tanzhaften Presto. Ansonst folgt die Oper generellen Tendenzen in der strengen Trennung zwischen Rezitativ und Arie bzw. Duett und dem Vorhandensein einer großen Anzahl an Arien (ungefähr 60), die bei Scarlatti außerordentlich ausdruckshaft sind. Da die Zukunft der Oper in Neapel aufgrund politischer Umstände unsicher schien, ging Scarlatti 1702 nach Rom zurück. 1707 wurden zwei Opern in Venedig aufgeführt, die jedoch wenig Erfolg hatten. Der Librettist Girolamo Frigimelica Roberti orientierte sich an der französischen Tragödie, und infolgedessen hatten *Il Mitridate Eupatore* und *Il trionfo della libertà / Der Sieg der Freiheit* fünf Akte statt drei, enthielten Ballette und hatten keine komischen Szenen. Die Opern standen somit bereits im Sinne der kommenden Opernreformen. Wahrscheinlich war der Misserfolg jedoch eher durch Scarlattis anspruchsvolle, nicht dem popuären Geschmack entsprechende Musik bedingt, die auch nach seiner Rückkehr nach Neapel 1709 kritisiert wurde. Die meisten seiner späten ernsten Opern, darunter auch seine letzte Oper *La Griselda* (1721), hatte Scarlatti deshalb in Rom zur Aufführung gebracht, wo das Publikum seine Werke zu schätzen wusste.

Die metastasianische Opera seria

(VINCI, HASSE)

Um 1700 kam es zu einem Ereignis, das sich in der Operngeschichte des 18. Jahrhunderts noch öfters wiederholen sollte: eine erste Opernreform fand statt. Die italienische Oper war gegen Ende des 17. Jahrhunders zum bunten Spektakel geworden: Ernste und komische Szenen, mythologische, fantastische, historische und realistische Elemente waren gemischt, die Haupthandlung wurde von zahlreichen Nebenhandlungen in den Hintergrund gedrängt. Eine solche, nahezu pasticcioartige Reihung war immer stärker der Kritik ausgesetzt. Somit wurde Vereinheitlichung, Seriosität und Regelhaftigkeit angestrebt, und als Orientierung diente die klassizistisch-französische Tragödie. Interessant ist, dass etwa gleichzeitig die Franzosen verstärkt Merkmale der italienischen Musik übernahmen, so dass eine erste Annäherung zwischen den konträren Typen der französischen und italienischen Oper stattfand.

Obgleich sich bei einigen Librettisten wie Girolamo Frigimelica Roberti, Silvio Stampiglia, Pietro Pariati u. a. ein allmählicher Übergang zu dem neuen Ideal vollzog, steht vor allem Apostolo Zeno für die Reform. Er schrieb ausführliche Vorworte zu seinen Libretti, um auf die Neuerungen seiner Dramen hinzuweisen. Diese Neuerungen bestanden im Wesentlichen aus einer Beschränkung der zuvor überhand nehmenden Personenzahl und Nebenhandlungen, auf der Eliminierung von Göttergestalten und damit auch des Wunderbaren sowie der Verbannung komischer Figuren und Elemente, womit der Typus der rein ernsten Oper entstand. Die Stoffe stammten nach wie vor aus der antiken Mythologie und der Geschichte.

Zenos Bestreben wurde durch einen Literaten fortgeführt, der zum berühmtesten Librettisten der Operngeschichte avancierte: Pietro Metastasio. Er machte sich in Neapel als Librettist einen Namen und trat 1730 die Nachfolge Zenos am Wiener Hof an. Seine Libretti waren die bedeutendsten und am häufigsten vertonten Operntexte des 18. Jahrhunderts (einige Dramen wurden mehr als 60-mal vertont). Sie prägten seit den 1720er-Jahren das Modell der ernsten italienischen Oper, das Dramma per musica, das heute Opera seria genannt wird. Die Epoche wird nach ihrem berühmten Librettisten auch als Metastasianische Oper bezeichnet.

Die Illustration in der Gesamtausgabe der Werke Metastasios von 1781 zeigt eine der berühmtesten Szenen aus *Olimpiade*: Megacle, der für seinen Freund den Sieg errang, hat erfahren, dass als Preis seine Geliebte Aristea ausgesetzt war. Er beschließt, sich umzubringen

Metastasio bearbeitete in seinen 27 Libretti ausschließlich historische und mythologische Stoffe. Die bedeutendsten und meistvertonten Dramen sind *Alessandro nell'Indie*, *Didone*, *Catone in Utica*, *Semiramide*, *Artaserse*, *Olimpiade*, *Demofoonte*, *La clemenza di Tito*, *Il re pastore* und *Attilio Regolo*. Das Modell der Dramen Metastasios ist streng schematisiert. Sie sind dreiaktig, die Zahl der Szenen pro Akt schwankt zwischen 10 und 15. Handlung und kontemplative Partien sind streng getrennt. Die Handlung wird in Rezitativen vorangetrieben, das Ende jeder Szene gipfelt in einer Arie, die den Affekt der singenden Person zum Ausdruck bringt (Wut, Verzweiflung, Rache, Liebe usw.) oder der Reflexion dient: hier steht die Handlung still und die Musik kann voll zur Wirkung kommen. Die ersten und zweiten Akte enden häufig mit einem Duett oder einem Terzett, der dritte mit einem Chor. Die Anzahl der Personen ist meist auf sechs beschränkt: einen Herrscher, ein Primarier- und ein Sekondarierpaar, zwischen denen sich die Intrige des Dramas abspielt, sowie einen Diener, der oft als Hauptintrigant in den Konflikt verwickelt ist.

Auch die Arie hat eine feste Form, die sich seit der zweiten Hälfte des 17. Jahrhunderts entwickelt hatte, die dreiteilige Da-capo-Form. Zugrunde liegt meist ein zweistrophiger Arientext, wobei jede Strophe vier Zeilen hat. In einem ersten Teil wird die erste Textstrophe zwei- bis viermal vorgetragen; darauf folgt ein kontrastierender Mittelteil mit dem Text der zweiten Strophe; der dritte Teil ist identisch mit dem ersten und wird deshalb nicht notiert (da capo al fine); der Sänger kann und soll bei der Wiederholung jedoch Verzierungen anbringen. Diese Arienform hatte sich in den 30er-Jahren des 18. Jahrhunderts zum Schema verfestigt, und blieb bis in die 70er-Jahre die vorherrschende Arienform der Opera seria. Die Ausdruckskunst der Arien beruht auf stilisierten Affekten, die mit Mitteln der auf die Musik übertragenen barocken Rhetorik gestaltet wurden.

Mit der Opernreform wandelte sich auch die szenische Gestaltung. Die pompösen Szeneneffekte, die die venezianische Oper des 17. Jahrhunderts und die französische Oper auch noch des 18. Jahrhunderts prägten, wichen in der italienischen Opera seria einer Vereinfachung, die der Opernkonzeption Metastasios entsprach. Während Zeno noch auf einer wirksamen Szenerie bestand und modische Tendenzen wie Exotismus und Furcht erregende Szenarien wie Gräber, unterirdische Gewölbe und schaurige Landschaften szenisch realisiert haben wollte, war für Metastasio allein der sinnvolle Bezug zwischen Handlung und Bühnenbild wichtig. Der Ort des Geschehens musste dem Dialog und den Affekten der Protagonisten entsprechen, auf Wahrscheinlichkeit der Ausstattung wurde Wert gelegt. Metastasios Szenenanweisungen enthalten nicht nur genaue bühnentechnische Hinweise, sondern zielen sogar auf die malerische Qualität des Bühnenbildes, die im 18. Jahrhundert Bedeutung erlangte.

Die Dramen Metastasios wurden in ganz Europa (außer in Frankreich) vertont. Zu Beginn des Jahrhunderts war Neapel der Ausgangspunkt. Da die Stadt jedoch wirtschaftlich schwach war, emigrierten Komponisten und Sänger nach Norditalien und nach ganz Europa. Umgekehrt reisten Fürsten, Adlige und Komponisten nach Italien, um Opern anzuhören oder Kompositionsunterricht zu nehmen. Zu den bekanntesten der zahlreichen Komponisten der ersten Jahrhunderthälfte gehören Johann Adolf Hasse, Georg Friedrich Händel, Giovanni Battista Pergolesi, Leonardo Vinci, Leonardo Leo, Nicola Porpora, Antonio Vivaldi, Karl Heinrich Graun, Baldassare Galuppi, Giovanni Battista Lampugnani und Domingo Terradellas. In ihren Vertonungen wird deutlich, dass die Opera seria trotz Schematisierung keineswegs starre Formen hervorbrachte, sondern durch außerordentlichen Reichtum innerhalb der Formschemata geprägt war: die Arien zeichnen sich durch großen Abwechslungsreichtum (*chiaroscuro*) und Vielfalt der Affekte aus. Unter der Vielzahl der Komponisten seien zwei der bekanntesten, Vinci und Hasse (auf Händel wird später eingegangen), als Beispiel angeführt.

Der neapolitanische Komponist Leonardo Vinci gilt als Schöpfer eines neuen melodischen Stils, einer regelmäßigen Periodizität, d. h. symmetrischer Zwei- und Viertaktgruppen. Dieser neue Stil wurde von Theoretikern der zweiten Hälfte des 18. Jahrhundert als beispielhaft für italienische Opernmusik im Unterschied zur französischen angeführt. Vinci übte Einfluss auf weitere Komponisten, insbesondere Pergolesi und Hasse aus, die als seine Schüler gelten. Noch in den späten Werken von Händel ist sein Einfluss zu spüren. Vinci debütierte mit einer Opera buffa und schrieb zunächst nur komische Opern für Neapel. Mit dem Erfolg einer Opera seria 1722 wandte er sich ganz dieser Gattung zu, und kam vor allem in Rom und Venedig zu Ruhm. Er arbeitete eng mit Metastasio zusammen und vertonte alle seine frühen Libretti, meist als Erster. Ein Rivale erwuchs ihm in dem ebenfalls berühmten Opernkomponisten Nicola Porpora. Rivalitäten unter Opernkomponisten wurden im 18. Jahrhundert durch ein beliebtes ›Spiel‹, nämlich durch die Vertonung des gleichen Librettos ausgetragen. *Didone abbandonata / Die verlassene Dido* wurde 1725 in der Vertonung Porporas, 1726 in der Vertonung Vincis in Rom aufgeführt. Das Libretto ist das erste Opernlibretto Metastasios und eines der berühmtesten und meistvertonten (rund 80 Vertonungen). Schon zuvor war es ein beliebtes Opernsujet (Vertonungen von Cavalli, Purcell, Scarlatti, Desmarest), und auch nach Metastasio wurde es mehrfach in Musik gesetzt (*Didon* von Piccinni, *Les Troyens* von Berlioz). Der Stoff stammt aus der *Aeneis* des Vergil. Aeneas kommt nach seiner Flucht aus Troja nach Karthago. Die karthagische Königin Dido, die die Hand des Maurenkönigs Iarba ausgeschlagen hatte, verliebt sich in ihn durch das Eingreifen der Göttin Venus. Aeneas muss jedoch seinem Schicksal folgen und zieht nach Rom weiter. Die verlassene Dido nimmt sich das Leben. Diese einfache Handlung wurde bei Metastasio im Sinne eines Intrigendramas erweitert: Dem Primarierpaar Didon und Aeneas sind – anstelle eines Sekondarierpaars – zwei vergeblich Liebende zugesellt: Iarba, der Dido liebt, und Didos Schwester Selene, die ebenfalls Aeneas liebt. Iarba versucht mit allen Mitteln, Dido zu gewinnen und benutzt dazu deren intriganten Confidente (Vertrauter oder Diener) Osmido: Sie planen ein Attentat auf Aeneas, das Iarbas tugendhafter Confidente Araspe verhindert. Dido wiederum versucht mit allen Mitteln, Aeneas von seiner Abreise abzuhalten; sie gibt vor, Iarba zu heiraten, um Aeneas eifersüchtig zu machen. Das Drama schließt – als eines der wenigen Metastasios – wie im antiken Stoff mit einem tragischen Schluss (*tragico fine*): Aeneas reist ab, Iarba zündet Karthago an, Dido stirbt in den Flammen.

Für die Vertonung Vincis hat Metastasio acht neue Arientexte geschrieben, die auf bereits komponierte Arien von Vinci abgestimmt werden mussten. Eine solche Umtextierung (Parodieverfahren) war gängige Opernpraxis: ein Komponist konnte somit erfolgreiche Arien für die Aufführung von verschiedenen Opern verwenden. Wichtig war dabei die Abstimmung von Textstruktur und Gesang. Im Gegensatz zur französischen Oper, in der die Musik dem Drama untergeordnet sein sollte, galt die italienische Oper als musikbetont. Das heißt, dass die Arien die wesentliche Komponente der Gattung bildeten, die Rezitative waren zweitrangig. Um die Sänger brillieren zu lassen, wurden immer mehr virtuose Koloraturen einkomponiert. Das italienische Publikum unterhielt sich denn auch während der Rezitative, lauschte ergriffen den Arien, um bei glänzender Darbietung in tosenden Beifall auszubrechen. Metastasio allerdings hat seine Dramen keineswegs nur als Träger einer Abfolge von Arien konzipiert; vielmehr hatte für ihn die Handlung mit ihren moralisierenden Tendenzen gleich große Bedeutung.

Der deutsche Komponist Johann Adolf Hasse begann seine Karriere in Italien, hatte Unterricht bei Porpora und Alessandro Scarlatti in Neapel, und stand seit Beginn der 30er-Jahre im Dienst des Dresdner Hofes. Hasse war Metastasios Texten besonders verpflichtet. Nicht nur, dass er von 1743 bis 1771 dessen Texte als Erster vertonte und nahezu alle seine Dramen in Musik setzte, sondern er hielt sich auch streng an die ästhetischen Prinzipien des metastasianischen Dramas, selbst nach den um 1750 einsetzenden Opernreformen. Bei der Vertonung von *Attilio Regolo* (Dresden 1750) richtete er sich bis ins Detail nach den Vorschlägen Metastasios, die ihm der Dichter zuvor in einem Brief mitgeteilt hatte. In *Attilio Regolo* steht nicht die Liebesintrige im Vordergrund, sondern die Darstellung der Tugend des Regolo. Der in karthagische Gefangenschaft geratene Regolo wird nach Rom zurückgesandt, um den Senat zu einem Friedensangebot und Gefangenenaustausch aufzufordern unter der Bedingung, dass bei Nichtannahme Regolo nach Karthago zurückkehren und dort den Tod empfangen müsse. Regolo fordert den Senat jedoch auf, sein Leben nicht zu schonen und in Besinnung auf Tugend und ruhmreiche Vergangenheit gegen Karthago zu kämpfen. Diesem Entschluss bleibt er – trotz Protests des Volkes, seiner Kinder und seiner Diener – standhaft treu. Metastasio forderte nun, dass die Ausführungen Regolos über Ruhm, Ehre und die Verpflichtungen gegenüber dem Vaterland im Recitativo accompagnato vertont werden sollten. Das Recitativo accompagnato wurde im Unterschied zum üblichen Recitativo secco nicht nur von Generalbassinstrumenten, sondern von einem ausgearbeiteten Orchestersatz begleitet und konnte somit auch innerhalb der Handlung Affekte der Protagonisten zum Ausdruck bringen oder Handlungsvorgänge untermalen. So kam den Ausführungen Regolos besonderes Gewicht zu, der eigentliche Gehalt des Dramas wurde kompositorisch verdeutlicht. Metastasio hatte sich ansonst gegen das immer beliebter werdende Recitativo accompagnato ausgesprochen, das nur an hervorgehobenen Stellen verwendet werden sollte. Hasse hat sich danach auch in seinen späten Opern gerichtet.

Die Opera buffa als neues Genre

(VINCI, TELEMANN, PERGOLESI, LEO)

Das heitere Pendant zur Opera seria, die Opera buffa - in der zeitgenössischen Terminologie zunächst Commedia dell'musica, dann Dramma giocoso per musica genannt – entstand in der ersten Hälfte des 18. Jahrhunderts. Zwar wurde die erste komische Oper bereits 1637 aufgeführt. Im 17. Jahrhundert waren Opern mit rein komischen Stoffen jedoch eine Ausnahme, denn komische Szenen und Figuren waren in ernste Opern integriert. Nach 1700 verschwanden im Zuge der Reformbestrebungen solche Szenen und Figuren aus dem Zusammenhang der ernsten Haupthandlung; aufgrund der Beliebtheit komischer Elemente lebten sie jedoch als eigenständige Stücke weiter, die zunächst als Intermezzi zwischen den Akten dargeboten wurden. Aus solchen Intermezzi, die zunehmend auch ohne die ernste Oper aufgeführt wurden, bildete sich seit 1730 die neue Gattung der Opera buffa heraus. In Neapel entstand bereits im ersten Jahrzehnt des 18. Jahrhunderts eine abendfüllende Commedia per musica, die durch ihre Popularität eine Konkurrenz zur ernsten Oper darstellte: sie wurde im neapolitanischen Dialekt gespielt. Das immense Repertoire ist heute nur durch die Libretti bekannt, die Musik ist bis auf wenige Ausnahmen verschollen. Die Sujets und Personen stammen aus der italienischen Stegreifkommödie, der Commedia dell'arte, und wurden auch von den entsprechenden Ensembles aufgeführt. Die Commedia dell'arte beruhte auf standardisierten Handlungsverläufen und Figuren: dem Pantalone, einem alten reichen Geizhals, der gerne eine junge Schönheit ergattern will; dem Dottore, einem gelehrten schwatzenden Pedanten; dem schlauen Diener Brighella, einem Intriganten; dem geistreichen und gerissenen Arlecchino; dem prahlsüchtigen Militärhauptmann Capitano; der koketten Dienerin Colombina. Dargestellt wurden realistische Szenen aus dem Alltagsleben.

Leonardo Vinci dominierte die komische Bühne in Neapel mit Dialektkomödien, von denen nur eine, *Li zite 'ngalera / Die Jungfer auf der Galeere* (1722) erhalten ist. Auch Hasse hat vor allem in seiner neapolitanischen Zeit zu dem Gattungstypus beigetragen. Herausragende Komponisten der Opera buffa der ersten Hälfte des 18. Jahrhunderts sind Giovanni Battista Pergolesi und Leonardo Leo; als deutscher Komponist ist Georg Philipp Telemann zu nennen, dessen Intermezzo *Pimpinone oder Die ungleiche Heirat* (Hamburg 1725) auch heute noch aufgeführt wird.

Pimpinone ist eine Bearbeitung der *Intermezzi comici musicali Pimpinone* (1708) des geschätzten venezianischen Opernkomponisten Tomaso Albinoni und steht somit in der Tradition der venezianischen Intermezzi, deren Stoffkreis um Persiflagen auf die Opera seria und Sujets aus den Komödien Molières erweitert wurde. Das Kammermädchen Vespetta (mit Zügen der Colombina) sucht sich einen reichen Ehemann und kokettiert mit dem ältlichen und eitlen Pimpinone, einem typischen Pantalone, der aber auch an Molières *Der eingebildete Kranke* erinnert. Pimpinone stellt sie als seine Dienerin ein. Auf vielmaliges Androhen Vespettas, ihn zu verlassen, heiratet er sie. Als Gattin nimmt sie sich nun jede Freiheit heraus, der betrogene Pimpinone muss sie resignierend ertragen.

La serva padrona / Die Magd als Herrin (Neapel 1733) – eingeschoben in Pergolesis eigene Opera seria *Il prigioniero superbo / Der stolze Gefangene* – ist vor allem deshalb so berühmt, weil sie um die Jahrhundertmitte den Buffonistenstreit in Paris auslöste. Die Handlung greift auf das gleiche Schema wie diejenige von *Pimpinone* zurück: der Dienerin Serpina gelingt es, den wohlhabenden Uberto zu überlisten und ihn zu einer Heirat mit ihr zu überreden. Dass *La serva padrona* überhaupt nach Paris gelangte, liegt allerdings an ihrem vorangegangenen spektakulären Bühnenerfolg, der vor allem durch die sich von der Opera seria unterscheidende musikalische Gestaltung bewirkt wurde, die den Bedingungen der Handlung, den drastisch-realistischen und komischen Wirkungen, erstmals vollkommen gerecht wurde. Das Intermezzo wurde in ganz Italien, in den 1740er-Jahren auch im deutschen Sprachraum, aufgeführt.

Leos Commedia per musica *Amor vuol sofferenza / Lieben heißt Leiden* (Neapel 1739) ist kein Intermezzo, sondern eine dreiaktige abendfüllende komische Oper. Die Handlung dreht sich um die in der Commedia per musica üblichen amourösen Verwicklungen: Ridolfo ist in die als Dienerin verkleidete Eugenia verliebt, die ihrem Geliebten Alessandro nachgereist ist, der aber wiederum Camilla nachstellt. Der aus Lucca stammende Fazio gibt vor, Eugenia heiraten zu wollen. Ihm macht Vastarella schöne Augen, um Moscas Eifersucht zu erregen. Nach Intrigen und Auseinandersetzungen finden die Paare Alessandro/Eugenia, Ridolfo/Camilla und Vastarella/Mosca schließlich zusammen; Fazio muss erkennen, dass er überflüssig ist. Fazio ist eine typische Buffo-Rolle: ein gutmütiger Wirrkopf, der Konfusion stiftet; seine diesbezüglichen Arien sind Beispiele für einen komischen Stil, der in spätere Opere buffe aufgenommen wurde. Vorwiegend herrschen jedoch – in Anlehnung an die Opera seria – ernste und sentimentale Arien vor; Ridolfo, noch eine Kastratenrolle, hat Arien heroischen Charakters.

Später kamen in der Opera buffa nur noch natürliche Stimmlagen vor, also keine Kastratenrollen. Es entwickelte sich ein typischer Buffa-Stil, der sich von der Musiksprache der Opera seria unterschied. Das Rezitativ bestand oft aus parlandoartigen schnellen Silbenrepetitionen, dem buffonesken Plappern. Die geschlossenen Nummern waren einfacher und kürzer, Da-capo-Arien wurden in parodistischer oder ernsthafter Absicht verwandt zur Darstellung höhergestellter Personen. Die bevorzugten Formen wurden die zweiteilige Cavatina mit gegensätzlichen oder ähnlichen Teilen und Strophenlieder. Die Entwicklung einer eigenen musikalischen Sprache und eigenen Formen machten die Opera buffa zum gleichwertigen Genre neben der Opera seria.

Die französische Oper bis zur Mitte des 18. Jahrhunderts

Französisches Musiktheater vor der Entstehung der französischen Oper: Ballet de cour und Comédie-ballet

(LULLY, CHARPENTIER)

Frankreich nimmt in der Operngeschichte eine Sonderstellung ein. Während in anderen Ländern Europas im 17. und 18. Jahrhundert der italienische Operntypus übernommen wurde, entstand in der zweiten Hälfte des 17. Jahrhunderts eine vollkommen eigenständige französische Operngattung. Bereits zuvor existierte in Frankreich jedoch eine eigene Form des Musiktheaters: das Ballett. Dieses außerordentlich beliebte Genre wurde dann in die französische Oper integriert und bildete selbst noch im 19. Jahrhundert eines ihrer wichtigsten Bestandteile.

Das Ballet de cour (Hofballett) entstand im späten 16. Jahrhundert aus Tanzdarbietungen bei höfischen Festen. Gegenüber diesen besaß das Ballet de cour eine einheitliche dramatische Handlung. Eines der ersten und zugleich bedeutendsten Hofballette war *Circe ou Le balet comique de la Royne / Circe oder komisches Ballett der Königin* von Balthasar de Beaujoyeulx, Lambert de Beaulieu und Jacques Salmon (Paris 1581), dem eine stringente Handlung zugrunde lag. Nach der Jahrhundertwende wurde die Handlungseinheit von Hofballetten jedoch zugunsten bunt zusammengefügter Entrées wieder aufgegeben. Das Ballett bezog seine Beliebtheit auch daraus, dass König und Adlige bei den Aufführungen selbst mittanzten. Das Ballet de cour besteht aus gesungenen oder gesprochenen Kommentaren zu Beginn jeden Akts, einem Libretto mit meist mythologischem Stoff, das unter den Zuschauern verteilt wurde, und einer beliebig großen Anzahl vokal und instrumental ausgeführter Entrées, d. h. einer unter einem Thema vereinigten Gruppe von Tänzen, die die Akte in Szenen unterteilen; als Abschluss folgte ein *grand ballet*.

Die italienische Oper fand allerdings auch am französischen Hof Eingang. Der kulturelle Kontakt zu Italien bestand seit den Anfängen der Oper. Die Gattin des französischen Königs Heinrich IV. war Maria de' Medici, und zu deren Hochzeit im Jahre 1600 erklang in Florenz Peris *Euridice*. Maria de' Medici holte italienische Künstler an den französischen Hof, Baumeister, italienische Komödiantentruppen, den Komponisten Caccini und den Librettisten Rinuccini. In den 1640er-Jahren förderte Kardinal Mazarin, der die Regentschaft für Ludwig XIV. übernahm, die italienische Kultur und ließ zum ersten Mal italienische Opern in Paris aufführen. Zwischen 1645 und 1647 wurden vier Opern gespielt, darunter Cavallis Oper *Egisto* (1646) und vor allem Luigi Rossis Oper *Orfeo* (1647), die eigens für Paris komponiert wurde. Mazarin holte auch den berühmten italienischen Maschinenmeister Torelli nach Paris, der für eine prunkvolle und abwechslungsreiche Szenerie zu sorgen hatte. Während des Aufstands der Fronde musste Mazarin Paris verlassen; danach setzte er jedoch seine Bemühungen um die italienische Oper fort. 1653 wurde *Le nozze di Teti e di Peleo / Die Hochzeit von Thetis und Peleus* (1653) von Carlo Caproli gegeben, und zur Hochzeit von Ludwig XIV. im Jahre 1660 verpflichtete er nochmals Cavalli nach Paris. 1660 wurde zunächst dessen *Serse* (Uraufführung 1654), 1662 die eigentliche Hochzeitsoper *Ercole amante / Der liebende Herkules* aufgeführt. *Ercole amante* war bereits auf den französischen Geschmack abgestimmt: sie enthielt Ballettszenen.

Der Komponist dieser Ballettszenen war Jean-Baptiste Lully, der Schöpfer der französischen Oper. Lully war zwar auch Italiener, er kam jedoch bereits im Alter von 14 Jahren nach Frankreich und machte sich als Tänzer und Komponist einen Namen. Sein gemeinsamer Auftritt mit Ludwig XIV. im *Ballet de la nuit / Nachtballett* (1653) war der Beginn seiner Karriere am Hof. Lullys Musik war zunächst italienisch geprägt; er wandte sich jedoch nach dem Tod Mazarins 1661, nachdem die Förderung italienischer Musik unterblieb, dem französischen Idiom zu. Lully hatte sich zunächst dem Ballet de cour gewidmet; er verwandelte zusammen mit dem Schriftsteller Isaac de Benserade das Ballet de cour, das inzwischen aus einer bunten Zusammenstellung von Tänzen und burlesken Szenen bestand, wieder zu einem einheitlichen und dramatisch stringenten Werk. Auch nach Entstehung der französischen Oper hat Lully die Gattung weiterhin gepflegt.

In Kombination mit der literarischen Gattung der Comédie entstand zunächst das Comédie-ballet in der Zusammenarbeit von Lully und Jean-Baptiste Molière. Es verknüpft die klassische gesprochene Komödie mit dem Ballet de cour: Musik und Tanz sollen die Handlung sinnvoll ergänzen. Molière schuf dazu Intermedien, die in enger Beziehung zur Handlung der Komödie standen. Diese Intermedien wurden mit dem Formenrepertoire der italienischen Oper, d. h. mit Rezitativen, Airs, Duetten, Terzetten, Chören und Instrumentalstücken vertont, wobei die Musik immer dominierender wurde. Höhepunkte der Gattung bilden *Monsieur de Pourceaugnac* (1669), *Le bourgeois gentilhomme / Der Bürger als Edelmann* und *Les amants magnifiques / Die Liebenden* (beide 1670) sowie *Le malade imaginaire / Der eingebildete Kranke* (1673). Zur letztgenannten Komödie schuf Marc-Antoine Charpentier die Musik. Charpentiers Intermedien, die erst jüngst wiederentdeckt und aufgeführt wurden, bieten eine große musikalische Vielfalt. Mit Ausnahme von Charpentiers Werk blieb das Comédie-ballet bis zu Lullys Tod allerdings auf die Werke Molières und Lullys beschränkt. Später wurden die Intermedien zu Molières Komödien zum Teil mehrfach neu vertont.

Der Prototyp der französischen Oper: Lullys Tragédie en musique

Das Jahr 1673 markiert ein nahezu ebenso bedeutendes Ereignis in der Operngeschichte wie die Entstehung der Gattung rund 80 Jahre zuvor: die erste französische Oper, *Cadmus et Hermione / Kadmos und Hermione* von Jean-Baptiste Lully, wurde in Paris uraufgeführt. Die Tragédie en musique, wie die Oper in Frankreich im 17. Jahrhundert genannt wurde, war ein ganz neuer Typus des Musiktheaters, eine Tragödie, die vollständig in Musik gesetzt wurde. Die Nähe zur literarischen Gattung, die zur selben Zeit mit Jean Racine ihre Blüte erfuhr, unterschied die Tragédie en musique grundsätzlich vom Ballet de cour, jedoch auch von der italienischen Oper, die in der zweiten Hälfte des Jahrhunderts zum bunten Spektakel tendierte. Der grundsätzliche Unterschied zur italienischen Oper besteht darin, dass Ballette in die Handlung eingefügt wurden. Lullys langjährige Beschäftigung mit den Ballets de cour sowie den Comédie-ballets haben sich auf die neue Gattung ausgewirkt.

Dem bedeutenden operngeschichtlichen Ereignis aber gingen politische Entscheidungen voraus, die erst die Grundlage dafür schufen. 1669 hatte Ludwig XIV. dem Schriftsteller Pierre Perrin das Privileg erteilt, nach italienischem Vorbild eine Akademie zur Förderung einer genuin französischen Oper zu gründen. Perrins Unternehmen scheiterte jedoch, und so erhielt Lully 1672 das Privileg: Es räumte ihm das alleinige Recht zur Gründung eines Opernhauses und zur Aufführung von Opern ein. Damit wurde der Komponist sozusagen zum ›absoluten Herrscher‹ über das Musiktheater und konnte potentielle Rivalen ausschließen. Er gründete denn auch im selben Jahr die Académie royale de musique, das erste Opernhaus in Paris, das – wenn auch seit der Revolution unter anderem Namen – bis ins 20. Jahrhundert wichtigster Aufführungsort französischer Opern blieb. Zur Einweihung wurde noch keine Tragédie en musique, sondern eine Pastorale gegeben, *Les fêtes de l'Amour et de Bachus*, die in aller Eile aus schon bestehenden erfolgreichen Stücken und einigen neuen Musiknummern zusammengestellt wurde. Im Vorwort des Librettos wurde jedoch bereits ein »prächtigeres Schauspiel«, nämlich *Cadmus et Hermione*, angekündigt.

Lully erwies sich, im Unterschied zu Perrin, als geschäftlich und künstlerisch äußerst erfolgreich. Sein Schaffen umfasst 14 zwischen 1673 und 1686 komponierte Tragédies en musique. Die bekanntesten, die auch heute noch aufgeführt werden, sind *Alceste* (1674), *Atys* (1676), *Phaéton* (1683), *Roland* (1685) und *Armide* (1686). Der Stoff der Tragédies en musique stammt meist aus der griechischen Mythologie, jedoch auch aus Ovids *Metamorphosen* wie *Phaéton* und *Atys* oder aus Torquato Tassos Epos *Das befreite Jerusalem* wie *Roland* und *Armide*. Fast alle Libretti sind von dem bereits durch seine Tragödien bekannten Philippe Quinault verfasst, den Lully nach dem Erfolg seiner ersten Tragédie en musique dazu verpflichtete, ihm jährlich ein Libretto zu liefern. Das Sujet bestimmte allerdings Ludwig XIV. selbst, und Lully forderte meist zahlreiche Änderungen in Quinaults Textfassung.

Was sind die Merkmale der Tragédie en musique? Obgleich sie als Tragödie betrachtet wurde, unterschied sie sich auch in ihrer nur textlichen Fassung von ihrem literarischen Pendant, da sie zugleich den besonderen Bedingungen des Musiktheaters entsprechen musste, die ihrerseits eng an die Funktion der Oper geknüpft waren. Sie diente neben der Unterhaltung und dem Vergnügen der Selbstdarstellung des Absolutismus und sollte – in Frankreich noch mehr als an anderen Höfen Europas – Macht und Reichtum repräsentieren. Eine prächtige Ausstattung, in der neben der Musik und dem Bühnenbild vor allem der Tanz eine wichtige Rolle spielte, war deswegen bedeutsam. Ludwig XIV. hatte sich mit der Inauguration der Oper zugleich ein Instrument seiner absolutistischen Macht geschaffen.

Im Unterschied zur klassischen Tragödie galt die Einheit des Ortes und der Zeit nicht: die prächtige Ausstattung, d. h. eine Vielfalt an Bühnenbildern bedingte, dass auch der Ort des Geschehens wechselte und damit die Einheit der Zeit aufgegeben wurde. Die einzelnen Szenen sind kürzer als in der gesprochenen Tragödie, denn komplizierte, ausführliche Dialoge sollten vermieden werden zugunsten einfacherer Dialoge und Sentenzen, die auch staatstheoretische Grundsätze beinhalten konnten. Der auffälligste Unterschied bestand darin, dass das Wunderbare (»le merveilleux«), das seit Corneille aus der Tragödie ausgeschlossen war, ein bedeutendes Moment der Tragédie en musique bildete: das Auftreten von Göttern, Halbgöttern, Magiern, Faunen und anderen Fabelwesen bot Gelegenheit für eine prachtvolle Szenerie mit raffinierten Maschineneffekten. Die Handlung beinhaltete trotz Konzentration auf einen Hauptstrang mehr oder weniger eng geknüpfte Nebenhandlungen und Episoden. Wie die Tragödie und im Unterschied zur dreiaktigen italienischen Oper hatte die Tragédie en musique fünf Akte, die durch einen Prolog erweitert wurden. Der Prolog übernahm eine besondere Funktion: Er diente ausdrücklich der Verherrlichung Ludwigs XIV., der von mythologischen Figuren dargestellt wurde.

Nehmen wir den Prolog von *Atys* als Beispiel, der – wie die meisten Prologe – das Königslob mit aktuellen politischen Bezügen verbindet. Der Gott der Zeit und der Chor der Stunden ehren Ludwig XIV. als den größten Helden aller Zeiten und prophezeien ihm ewigen Ruhm. Parallel zur Darstellung Ludwigs XIV. als römischer Feldherr auf zeitgenössischen Gemälden wird er vor allem für seine Heldentaten geehrt. Flora, die Göttin der Blüte, erscheint zu früh im Jahr, um dem König vor dem nächsten Kriegszug zu huldigen (die Aufführung der Oper fand am 10. Januar statt, im Frühjahr wurde der 1672 begonnene Krieg gegen die Niederlande fortgeführt). Melpomene, die Muse der Tragödie, will Flora verdrängen, denn auch sie hat es eilig, das fol-

Die zweite Partiturausgabe von Lullys Tragédie en musique *Atys* von 1709 illustriert am Beginn die Szenerie des Prologs, den Palast der Zeit. Die Mittelstimmen wurden im 17. und in der ersten Hälfte des 18. Jahrhunderts in der Partitur oft nicht notiert gende Schauspiel, nämlich *Atys*, zur Aufführung zu bringen, bevor der König sich wieder seinen kriegerischen Taten zuwendet. Am Schluss des Prologs wird in herkömmlicher Weise eine poetologische Maxime zum Ausdruck gebracht: Flora und Melpomene sollen sich auf Wunsch der Göttin Kybele, Hauptfigur in *Atys*, zusammentun, um die große Kunst mit der »reinen und frischen Schönheit der Natur« zu vereinen.

Der Prolog ist szenisch und musikalisch reich ausgestattet: Er beginnt und endet mit einer Ouvertüre, die auf dem von Lully geschaffenen französischen Typus beruht: Einem feierlichen, in punktiertem Rhythmus stehenden ersten Teil folgt ein schneller, tänzerischer zweiter, dem sich ein kurzer Schlussteil im Charakter des ersten anschließt. In der Handlung des Prologs wechseln – ähnlich wie in den musikalischen Teilen der Comédie-ballets und Ballets de cour – Rezitative mit Chören, Duetten und Airs. Die Protagonisten kommen nicht allein auf die Bühne, sondern stets mit großem Gefolge, während instrumentale Tänze gespielt werden. Melpomene befindet sich in Begleitung der bedeutendsten Helden der Antike, die pantomimisch ihre Streitigkeiten austragen.

Die folgende Handlung thematisiert den Konflikt zwischen Ruhm und Liebe, der in immer wieder anderer Konstellation alle Tragédies en musique Lullys bestimmt. Atys, Günstling von Phrygiens König Célénus, gibt vor, der Liebe gegenüber gleichgültig zu sein. In Wahrheit aber liebt er Sangaride, die seine Liebe auch erwidert, jedoch Célénus heiraten soll. Atys seinerseits wird von der Göttin Kybele geliebt, die deshalb ihn anstatt Célénus zu ihrem Hohenpriester erwählt. Als sich Atys für Sangaride entscheidet, zieht er den Hass von Célénus und die Eifersucht von Kybele auf sich. Kybele verspricht Célénus, ihn zu rächen, und beraubt Atys seines Verstands. Dieser tötet daraufhin Sangaride, die er für ein Ungeheuer hält. Als er sich seiner Tat bewusst wird, ersticht er sich. Kybele verwandelt den Sterbenden in eine Pinie. Die moralische Maxime ist offensichtlich: Wer über der Liebe die Ehre vergisst (Atys hintergeht seinen Gönner), erleidet ein schreckliches Schicksal, kann aber auch geläutert werden wie Roland in der gleichnamigen Oper.

Für die Darlegung des Konflikts spielt das Rezitativ eine wichtige Rolle, das weite Teile des Dialogs in der Oper bestreitet. Lully gilt als Meister des französischen Rezitativs. Er hatte sich bei der Komposition vor allem am Vortrag der Schauspieler der Tragödie orientiert, insbesondere an der Deklamation Marie Champmeslés, die die Lieblingsinterpretin Racines war. Racine hatte die Deklamation auf dem Theater reformiert, und Lully soll, erst nachdem er Champmeslé gehört hatte, die Inspiration zur Schaffung seiner besonderen Art der Oper, der in Musik gesetzten Tragödie, überhaupt bekommen haben: Die französische Sprache galt zuvor als für die Oper ungeeignet, weshalb bis dahin nur Tanzgattungen wie Comédie-ballet und Ballet de cour entstanden. Lullys Gestaltung des Rezitativs orientiert sich eng am Sprechtonfall: »Mein Rezitativ ist nur zum Sprechen gemacht«, ist eine seiner immer wieder zitierten Aussagen. Dies heißt jedoch nicht, dass er nur eine gesanglich überhöhte Deklamation komponiert hat. Vielmehr zeigen seine Rezitative eine subtile künstlerische Gestaltung, die über eine korrekte Deklamation hinaus Nuancen der Affekte der Protagonisten zum Ausdruck bringt. Zudem geht das rezitativische Singen an besonders hervorgehobenen Stellen in kurze Airs über. Sie folgen ohne Unterbrechung auf das Rezitativ und unterscheiden sich hauptsächlich durch fließenden Duktus, gleich bleibenden Takt (der im Rezitativ oft wechselt), Wiederholungen und oft abgerundete Gestaltung, d. h. die Melodik des Anfangs kehrt am Schluss wieder. Die Airs führen entweder den Dialog fort oder tragen eine Maxime vor. In der dritten Szene des ersten Akts singt Atys auf den Satz der noch nichts von seiner Liebe wissenden Sangaride »Ihr liebt nicht und rühmt euch damit« die berühmt gewordene Air *L'amour fait trop verser de pleurs / Die Liebe lässt zu viele Tränen fließen.* Duette, Terzette und Quartette sind – im Wechsel mit rezitativischen Partien – oft zur Steigerung der dramatischen Situation eingesetzt. Bedeutend sind auch die Instrumentalstücke (Symphonies), die – letztlich von der italienischen Oper übernommene – musikalische Topoi ausgeprägt haben: Pastoral-, Schlummer-, Lamento-, Sturm-, Kriegs- und Jagdszenen, die von den Nachfolgern Lullys musikalisch verfeinert wurden. Ein berühmtes Beispiel ist die Schlummerszene in der vierten Szene des dritten Akts von *Atys*: Kybele verlockt Atys mit angenehmen Träumen (»songes agréables«) über die Wonnen ihrer Liebe und erschreckt ihn mit düsteren Träumen (»songes funestes«), falls er ihr Werben verschmäht.

Von den herkömmlichen Gattungen des französischen Musiktheaters wurden die Ballette in die Tragédie en musique übernommen. Das Ballet de cour, das als eigenständige Gattung verschwand, als sich Ludwig XIV. vom Tanz abwandte, lebte in den Divertissements der Oper weiter: in den Tanz- und Festszenen, meist am Ende der Akte, die in die Handlung integriert waren. Am Ende des ersten Akts von *Atys* ist das Divertissement durch das schon am Aktbeginn angekündigte Herabsteigen (Descente) der Göttin Kybele motiviert, für die ein Fest gefeiert wird. Chöre und Instrumentalstücke, auf die getanzt wurde, wechseln mit Airs und kürzeren rezitativischen Partien.

Im Unterschied zur italienischen Oper, deren Repertoire ständig erneuert wurde, war die französische Oper von einer gewissen Konstanz geprägt: Lullys Tragédies en musique bestimmten das Repertoire des Pariser Opernhauses weit über dessen Tod 1687 hinaus. Als Erfinder und Klassiker der Gattung wurden seine Werke bis in die zweite Hälfte des 18. Jahrhunderts gespielt. Die Tragédie en musique wurde zu einer Operngattung, die gegenüber der ganz Europa bestimmenden italienischen Oper ihre eigene Tradition bewahrte.

Die Tragédie en musique nach Lully und die Auflockerung der Gattung in den Opéra-ballets

(CHARPENTIER, CAMPRA)

Da Lully das alleinige Recht zur Aufführung von Opern hatte, war das Repertoire der Académie royale bis 1687 ausschließlich von seinen Werken bestimmt. Nach seinem Tod traten zunächst seine Söhne Louis und Jean-Baptiste sowie seine Schüler als Opernkomponisten hervor. Sie kamen jedoch trotz mancher Eigenständigkeit und trotz des Erfolgs einiger Opern dem Renommee Lullys nicht gleich. Der bedeutendste Komponist nach Lully war André Campra, der eine neue Operngattung, das Opéra-ballet schuf. Die Tragédie en musique blieb jedoch – mit Lullys Opern im Repertoire und weiteren neuen Kompositionen – die beherrschende Operngattung. Die nach dem Tod Lullys entstandenen Tragédies en musique waren jedoch immerhin erfolgreich genug, dass sie bis in die zweite Jahrhunderthälfte im Repertoire blieben. Sie lehnen sich meist eng an Lullys Operntypus an, bringen darüber hinaus jedoch auch Neuerungen wie eine Verfeinerung in der Instrumentation und die Ausarbeitung bestimmter Szenentypen. Sie zeichnen sich generell durch reichere musikalische Gestaltung aus, vor allem bei Charpentier und Campra, und führen – als wichtigstes Merkmal – den italienischen Stil ein.

Die meisten Opernkomponisten nach Lully sind heute zwar wenig bekannt, haben jedoch einiges für die Entwicklung der französischen Oper geleistet. Pascal Collasse, der als Schüler Lullys Instrumentationsarbeiten für diesen vornahm, vollendete dessen Oper *Achille et Polyxène* (1687) und komponierte insgesamt neun Tragédies en musique. In seinem berühmtesten Werk, *Thétis et Pélée* (1689), ist vor allem die Sturmszene im zweiten Akt bedeutend, deren Szenentypus im 18. Jahrhundert prägend wurde. Marin Marais hatte sich mit seiner berühmten Sturmszene in *Alcione* (1706) daran orientiert. Marais war ein berühmter Gambist unter Lully und Leiter des Opernorchesters von 1695 bis 1710. Henry Desmaret war wahrscheinlich ebenfalls Schüler Lullys. Seine Karriere als Opernkomponist wurde jedoch abrupt beendet, als er aufgrund einer Liebesaffäre aus Frankreich fliehen musste. Seine erfolgreichste Oper, die bis 1762 gespielt wurde, ist *Iphigénie en Tauride* (1704/11), die nach Desmarets Flucht von Campra vollendet und zur Aufführung gebracht wurde. André Cardinal Destouches war Schüler Campras und wurde von Ludwig XIV. hoch geschätzt. Er war bereits von seinem ersten Werk, *Issé* (1697), begeistert, und erklärte, seine Musik sei ihm der einzige Ersatz für seinen geschätzten Komponisten Lully. *Omphale* (1700) diente – neben den Opern Lullys – noch um die Jahrhundertmitte als Beispiel für typisch französische Opernkomposition. 1694 wurde die Oper einer Frau aufgeführt: *Céphale et Procris* von Elisabeth Claude de Laguerre, die bei Madame de Montespan, der Mätresse Ludwigs XIV., angestellt war.

Die größte Eigenständigkeit gegenüber Lully besaß dessen ehemaliger Rivale Marc-Antoine Charpentier. Dass seine einzige Tragédie en musique, *Médée* (1693), nach ihrer Uraufführung sehr schnell aus dem Repertoire verschwand, ist keineswegs durch mangelnde Qualität bedingt, sondern in zu ausgeprägten Neuerungen gegenüber der Musik Lullys begründet. Charpentier war in Italien gewesen (das hatte Lully seinen Schülern streng verboten), und somit bestimmte auch der italienische Stil partiell seine Musik. Dies führte zu einer Verstärkung der Ausdrucksmittel auf melodischer, harmonischer und instrumentatorischer Ebene und somit zur Steigerung der dramatischen Affekte: häufiger und intensiver als Lully geht Charpentier an hervorgehobenen dramatischen Stellen aus rezitativischem in einen melodischeren Tonfall über. Oft wird der musikalisch-dramatische Verlauf zum Szenenende hin gesteigert, das dann mit einem Air, einem Duett oder Chor schließt. Die Melodik selbst ist durch die Verwendung größerer Intervalle ausdrucksreicher, auffällige harmonische Wendungen stehen im Dienst der dramatischen Situation.

Eine Synthese französischer und italienischer Idiome erwies sich jedoch als wegweisend für die französische Musik im frühen 18. Jahrhundert. Deren programmatische Ausprägung manifestierte sich zwar nicht in einer Oper, sondern in Instrumentalwerken von François Couperin wie *Les goûts réunis ou Nouveaux Concerts* (1724) und *Les nations* (1726). Stellvertretend für die französische Musik stand für Couperin der Opernkomponist Lully in *L'Apothéose de Lully* (1725), während für die italienische Musik Corelli, der Meister der Sonate und des Concerto grosso, in *L'Apothéose de Corelli* (1724) eintrat. Vorausgegangen waren – aufgrund steigender Beliebtheit des italienischen Idioms – theoretische Auseinandersetzungen um den Vorrang der italienischen oder französischen Musik, wie sie während des ganzen 18. Jahrhunderts über in Frankreich prägend werden sollten. Abbé François Raguenet gab in seiner umfangreichen Abhandlung *Parallèle des Italiens et des Français en ce qui regarde la musique et les opéras* (›Gegenüberstellung der Italiener und der Franzosen in Bezug auf die Musik und die Oper‹, Paris 1702) der italienischen Musik den Vorrang; darauf erfolgte eine umfangreiche Erwiderung zur Verteidigung der französischen Oper von Jean Laurent Le Cerf de la Viéville (*Comparaison de la musique Italienne et de la musique Française*, ›Vergleich der italienischen und französischen Musik‹, 3 Bde., 1704–06).

Dass die französische Musik überhaupt für das italienische Idiom durchlässig wurde, steht mit generellen kulturellen Veränderungen um die Jahrhundertwende im Zusammenhang. Schon vor dem Tod Ludwigs XIV. im Jahre 1715 wich der pompöse Stil einer leichteren und graziöseren Gestaltung: auf die repräsentative französische Staatskunst des Hofmalers Charles Le Brun folgten die Fêtes galantes Antoine Watteaus und Nicolas Lancrets. Die italienische Musik galt als leicht, und so gewann auch sie an Beliebtheit; Konzerte mit italienischer Musik wurden gegeben und Sammlungen mit italienischen Arien ediert. Parallel zu Watteaus neuer Bildgattung der Fêtes galantes entstand aber auch eine neue Operngattung, das Opéra-ballet, als deren Schöpfer Campra gilt. Campra hat auch zwei Tragédies en musique komponiert, *Hésione* (1700) und *Tancrède* (1702), die von Rameau gepriesen wurden. Letztere zeichnet sich vor allem durch ihre sehr differenziert komponierten tonmalerischen Partien für Kriegs-, Sturm-, Lamento- und Pastoralszenen aus. Campras eigentliches Verdienst liegt aber in der Schöpfung der neuen Gattung. Das Opéra-ballet entsprach als Verselbständigung der Divertissements (Balletteinlagen) aus der Tragédie en musique dem veränderten Geschmack: Lullys Konzeption der Tragédie en musique als gesungenes Drama machte einer Vorstellung Platz, in der Musik und Tanz die erste Rolle einnahmen. Statt einer durchlaufenden Handlung haben alle Akte (meist zwei oder drei gegenüber den fünf der Tragédie en musique) eigene Sujets, die unter einer übergreifenden Idee im Titel zu einem abendfüllenden Werk zusammengezogen werden. Die Aktion ist auf ein Minimum reduziert, das Rezitativ zurückgedrängt.

Mit *L'Europe galante* (1697) schuf Campra zusammen mit seinem Librettisten Houdar de La Motte ein erstes Beispiel und bleibendes Modell der Gattung. Das Werk besteht aus Ouvertüre, Prolog und vier mit *La France, L'Espagne, L'Italie* und *La Turquie* überschriebenen Entrées, die jeweils amouröse Episoden mit der in dem im jeweiligen Land typischen Auffassung von der Liebe wiedergeben. Der Prolog setzt den Rahmen: Discorde, die Zwietracht, will Europa mit Krieg überziehen, während Venus den Sieg Amors verkündet. Ein ähnliches Sujet besitzt auch *Les fêtes vénitiennes* (1710), ein weiteres berühmtes Werk der Gattung, in dem Campra u. a. nach eigenen Angaben Airs und

Symphonies aus den Opern der bekanntesten Komponisten (Lully, Destouches und Marais) verwendete. Die Leichtigkeit des Stoffs und die episodenhafte Anlage bewog den zeitgenössischen Schriftsteller Jean-Louis de Cahusac nicht umsonst zum Vergleich mit Watteau, der überdies *Les fêtes vénitiennes* als Bildsujet wählte.

Campras Musik ist im Vergleich zu derjenigen Lullys reicher gestaltet; der Gebrauch entlegener Tonarten, die Harmonik und Intervalle sind im Dienst der Affektdarstellung eingesetzt. In der Melodik zeigt sich der italienische Einfluss: sie ist gesanglicher und koloraturenreicher als die stark deklamatorisch-textorientierte Melodik Lullys. Viele Arien lehnen sich an die italienische Da-capo-Form an. Als ästhetischer Grundsatz seines Œuvre kann seine eigene Formulierung im Vorwort zu seinem ersten Kantatenbuch gelten: »Ich habe so gut ich konnte versucht, die Feinheit der französischen Musik mit der Lebhaftigkeit der italienischen zu verbinden.«

Erweiterung des Typus: Rameaus Tragédies lyriques

Jean-Philippe Rameau ist neben Lully der zweite herausragende Vertreter der klassischen französischen Oper. Weder Campras Opéra-ballets noch Werke anderer Komponisten in der ersten Hälfte des 18. Jahrhunderts konnten den Opern Lullys den Rang streitig machen, die das Repertoire auch noch bis in die zweite Jahrhunderthälfte dominierten. Rameaus Tragédies lyriques wurden erstmals als ernsthafte Konkurrenz empfunden. So bildeten sich in Paris zwei Parteien, die Anhänger Rameaus und die Anhänger Lullys, die ihre Protagonisten verteidigten und die Werke des anderen heftig kritisierten.

Rameau begann mit der Komposition von Opern erst im Alter von 50 Jahren. Vorausgegangen war die vergebliche

Suche nach einem Librettisten sowie die Ablehnung seiner Oper *Samson* nach einem Libretto von Voltaire, deren religiöser Stoff vom damaligen Operndirektor als ungeeignet empfunden wurde. Im Hause seines Mäzens La Pouplinière lernte Rameau schließlich Abbé Simon-Joseph Pellegrin kennen, der das Libretto zu seiner ersten Oper schuf. Rameau schrieb sieben Tragédies lyriques – im 18. Jahrhundert wurde der Begriff ›Tragédie en musique‹ durch ›Tragédie lyrique‹ ersetzt –, von denen nur vier zu seinen Lebzeiten aufgeführt wurden: *Hippolyte et Aricie* (1733), *Castor et Pollux* (1737/54), *Dardanus* (1739/44) und *Zoroastre* (1749/56). Aufgrund der schwindenden Macht des Königtums in Frankreich nach Ludwig XIV. dienten Rameaus Opern, und vor allem der Prolog, weniger der Verherrlichung des Königs; in *Zoroastre* und späteren Opern wurde der Prolog deshalb auch weggelassen. Weitere Bühnenwerke Rameaus sind vier Pastorales héroiques *(Zaïs*, 1748; *Naïs*, 1749; *Acanthe et Céphise*, 1751; *Daphnis et Eglé*, 1753), die sich von der Tragédie lyrique hauptsächlich durch pastoralen Stoff, durch leichteren Charakter und durch Dreiaktigkeit unterscheiden. Singulär in der französischen Tradition ist die Comédie lyrique *Platée* (1745/49); sie folgt dem Schema der Tragédie lyrique, basiert jedoch auf einem komischen Stoff. Auch Lullys Gattung des Comédie-ballet ist bei Rameau noch mit einem Werk, *La Princesse de Navarre* (1745/63), vertreten. Zu seinen erfolgreichsten Bühnenwerke zählen die sechs Opéra-ballets, unter denen *Les Indes galantes* (1735) und *Les fêtes d'Hébé* (1739) Höhepunkte der von Campra geschaffenen Gattung darstellen. Rameau hat in diesen beiden Werken der primär tanzbestimmten leichten Gattung wieder einen dramatischen Akzent verliehen.

Worin besteht der musikalische Reichtum der Opern Rameaus? Die Rezitative sind im Unterschied zu Lully vor allem durch harmonische Komplexität, weite Sprünge, verminderte Intervalle und kantable Wendungen geprägt; sie sind somit wesentlich ausdrucksintensiver gestaltet. Die

Bühnenbild der Wiederaufnahme von Rameaus *Dardanus* 1760. Der Kupferstich zeigt die berühmte Kerkerszene, in der sich die auf dramatischen Effekt zielende Musik Rameaus, repräsentiert durch Dardanus' Monolog *Lieux funeste / Schrecklicher Ort*, mit dem szenischen Ambiente bestens vereint

Airs zeichnen sich durch formale Vielfalt aus, die von kurzen ariosen Sätzen über zweiteilige und dreiteilige Formen bis zu längeren Arien italienischer Prägung mit Koloraturen in Da-capo-Form reichen. Solche längeren Arien wurden in Frankreich ›Ariette‹ genannt; in Italien hingegen meinte ›Arietta‹ eine kurze Arie. Da sie die Handlung durch ihre Länge verzögerten, wurden sie meist in den musik- und tanzbestimmten Divertissements platziert; die kürzeren Airs hingegen waren in den rezitativischen Dialog integriert. Auch die Chöre sind sehr vielgestaltig. Sie dienen einerseits mit Ausrufen, Reflexionen, Erwiderungen und Aufforderungen innerhalb des Dialogs der Kommentierung und Fortführung der Handlung. Andererseits finden sich neben solchen kurzen Einwürfen ausgedehnte polyphone Chorsätze wie beispielsweise der die Rückkehr des Theuseus preisende Chor *Que ce rivage retentisse / Das Ufer erschalle* am Ende des dritten Akts von *Hippolyte*. In den Divertissements, die bei Rameau meist durch die Handlung motiviert sind, wurde eine große Variabilität an Tanztypen von Sarabanden, Gavotten und Menuetten bis zu volkstümlichen Rigaudons, Musettes und Tambourins wie auch Ariettes und längere Chorsätze eingesetzt. Besonders hervorzuheben sind jedoch Rameaus Orchestersätze. Sie beruhen auf traditionellen Topoi (Sturm-, Jagd-, Schlummer-, Pastoral-, Schlacht-, Lamento-Szenen), die jedoch äußerst differenziert ausgearbeitet sind: eine reiche Palette an Orchesterfarben und kontinuierliche dynamische Gestaltung verleihen eine charakteristische Prägung, die das jeweilige Handlungsgeschehen unterstreicht. Besonders berühmt ist die Sturmmusik aus *Hippolyte*, die Hippolytes Verschwinden im Meer begleitet. Am weitesten von der Tradition Lullys entfernt sind die Ouvertüren, die nicht mehr als beliebig austauschbare Instrumentalstücke dem Drama voranstehen, sondern mit ihm verbunden sind. In *Hippolyte, Castor, Platée* werden Motive aus der Ouvertüre wieder aufgegriffen, manchmal wird die Ouvertüre in die erste Szene hinein fortgeführt, und *Zoroastre* wird mit einem frühen Beispiel einer Programmouvertüre eröffnet. Alle diese Komponenten führen jedoch nicht, wie Rameau oft vorgeworfen wurde, zu einer Vernachlässigung der dramatischen Situation zugunsten der Musik. Vielmehr hat Rameau erweiterte musikalische Mittel gerade zur Vertiefung des dramatischen Ausdrucks eingesetzt. Rameaus überlegene und effektive Handhabung der beschriebenen musikalischen Mittel ist unter anderem darin begründet, dass er auch einer der bedeutendsten Musiktheoretiker der Zeit war, dessen Schriften die moderne Harmonielehre begründeten.

Rameaus Tragédies lyriques lösten in den 30er- und 40er-Jahren den ersten großen opernästhetischen Streit in Paris aus, die so genannte Querelle des Lullistes. Die Anhänger Lullys sahen die französische Operngattung – die gegenüber der italienischen Oper nationale Identität und Eigenständigkeit verbürgte – gefährdet: sie sollte sich nicht durch die Dominanz des Musikalischen der italienischen Oper annähern. Der Streit begann mit der Aufführung von *Hippolyte et Aricie* 1733 und währte fast 20 Jahre lang. Interessant ist, dass auch in Opernwerken selbst die konträren Positionen thematisiert wurden. So treten im Prolog der Tragédie lyrique *Scanderberg* (1735) von François Rebel und François Francœur Melpomene (die Muse der tragischen Dichtung) und Polymnie (die Muse der hymnischen Dichtung) gegen La Magie (die Zauberei) auf, die sich ganz auf ihre eigenen Künste verlässt und auf Szenen bei Rameau wie etwa den Seesturm in *Hippolyte* anspielt. Die beiden Musen kontern hingegen mit der lullistischen Ästhetik der primär durch das Drama bestimmten Gattung. Beide Positionen sind auch musikalisch verdeutlicht: die der Musen mit schlichtem Gesang, die von La Magie mit komplexem Instrumentalsatz.

Der Streit flammte immer wieder auf, je mehr Erfolge Rameaus Werke zu verbuchen hatten. Parallel zur theoretischen Debatte wurden zwischen Werken von Rameau immer wieder Opern von Lully aufgeführt, um dessen Priorität zu behaupten. Mitte der 40er-Jahre hatte Rameau zwar den öffentlichen Rang Lullys erreicht, was die Lullisten allerdings gerade aufforderte, immer wieder gegen ihn zu polemisieren.

Die Argumente, die den Streit bestimmten, sind jedoch – ähnlich wie die der metastasianischen Reform der italienischen Oper – bereits zuvor geprägt: der Streit um die französische und italienische Musik am Jahrhundertanfang lieferte den Stoff für alle französischen Operndebatten des 18. Jahrhunderts. Bereits der Verteidiger der italienischen Musik Raguenet bezeichnete die Air als wichtigsten Bestandteil der Oper, was der italienischen Konvention entsprach und von den Anhängern Rameaus zur Verteidigung seiner kunstvollen Airs aufgenommen wurde. Von den Anhängern Lullys wurde hingegen das Argument Le Cerfs aufgegriffen, dass die Musik im Dienst der Sprache stehen müsse: den gesprochenen Worten solle Lebendigkeit und Gefühlsintensität verliehen werden, was als besondere Qualität der Rezitative Lullys galt. Für die Lullisten war das Rezitativ am wichtigsten, für die Ramisten die Airs, aber auch Chöre und Instrumentalstücke.

Obgleich die Nähe Rameaus zur italienischen Opernmusik hervorgehoben wurde, war der französische Operntypus Mitte des 18. Jahrhunderts noch weiter vom italienischen entfernt als zur Zeit Lullys. Er unterscheidet sich durch die Angleichung von Rezitativ und Arie, den häufigen Einsatz des Chores und die Divertissements (Tanzszenen) grundsätzlich von der italienischen Oper, die im Wesentlichen aus streng voneinander getrennten und musikalisch kontrastierenden Rezitativen und Arien besteht. Eine Synthese beider Operntypen zeichnete sich erst im Verlauf der zweiten Jahrhunderthälfte ab.

Die Oper in England
im 17. und 18. Jahrhundert

Masques und Semi-Operas
im 17. Jahrhundert
(PURCELL)

Das Musiktheater in England unterscheidet sich im 17. Jahrhundert von der Entwicklung der Oper in Italien, Frankreich und dem deutschen Sprachbereich. Weder wurde der italienische oder französische Operntypus übernommen – wie beispielsweise an deutschen Höfen –, noch wurde – wie in Frankreich – ein eigener nationaler Operntypus geschaffen, der von Dauer war. Vielmehr wurde zunächst eine Gattung weiter gepflegt, die aus dem 16. Jahrhundert stammte, die Masque, die mit den Ballets de cour in Frankreich vergleichbar ist. Eine Masque bestand aus fünf Tanzepisoden; wie in Frankreich tanzten die Adligen mit, hier nach strengem Schema: Sie bestritten die ersten drei Tanzepisoden und nahmen sich in der vierten Tanzepisode Partner aus dem Publikum. Die fünfte Episode war meist komischen Charakters und wurde von professionellen Tänzern ausgeführt. Die frühen Masques hatten ein übergeordnetes Thema; später kamen komplexe, allegorische Themen hinzu, die der Verherrlichung des Königs dienten. Die Masques waren jeweils für bestimmte Gelegenheiten komponiert und wurden nur einmal aufgeführt. Musikalisch bestanden die Masques aus Tänzen, die sich in der Typik oft an französische Tänze anlehnten, sowie aus Chören und schlichten Sologesängen.

Versuche in den 1670er-Jahren, die italienische oder französische Oper in England einzuführen, schlugen fehl. Der bedeutendste englische Poet der Zeit, John Dryden, erklärte, die englische Sprache eigne sich nicht für Opernkompositionen nach italienischem Modell. Dennoch entstand eine englische Operngattung, die allerdings nur von kurzer Dauer war (1663 bis etwa 1710) und im Unterschied zur italienischen Oper und zur französischen Tragédie lyrique nicht durchkomponiert war. Die Semi-Opera war ein Schauspiel mit vier oder mehr Episoden bzw. Masques, die Gesang, Tanz, Instrumentalmusik und szenische Effekte enthielt. Deren Hauptcharaktere hatten ausschließlich Sprechrollen, während Geister, Feen, Hirten oder Götter nur sangen oder tanzten. Die Stücke waren meist Tragikomödien und bestanden oft aus Adaptationen früherer Schauspiele, u. a. von Shakespeare. Geschaffen wurde die Gattung von dem Schauspieler und Manager Thomas Betterton, der ein Äquivalent zu den Comédie-ballets Lullys etablieren wollte. *The Tempest / Der Sturm* (1674), eine Shakespeare-Adaptation mit der Musik von fünf Komponisten – darunter Matthew Locke – war ein erster großer Erfolg.

Nachdem die Gattung seit 1677 nicht weiter gepflegt wurde, trat zu Beginn der 90er-Jahre der heute einzige bekannte englische Opernkomponist seiner Zeit, Henry Purcell, mit einer Reihe von Werken hervor. Purcell war der erste Komponist, der 1689/90 alleine den Auftrag zur Komposition einer Semi-Opera erhielt, was für sein Renommee spricht, zuvor waren es immer mehrere Komponisten, die an einem Werk beteiligt waren. *Dioclesian* (1690; Libretto von Thomas Betterton) war sehr erfolgreich. Dryden bot Purcell daraufhin eine weitere Vorlage an: *King Arthur or The British Worthy* (1691) wurde sehr populär und wird heute wieder gespielt. Es folgten zwei weitere Semi-Operas, *The Fairy Queen* (1692; nach Shakespeares *Ein Sommernachtstraum*) und *The Indian Queen* (1695; Libretto von Dryden und Robert Howard). Nach Purcells Tod wurde die Semi-Opera noch einige Jahre fortgeführt und verzeichnete mit *The Island Princess* (1699), an der wiederum mehrere Komponisten beteiligt waren, nochmals großen Erfolg. Die Gattung verschwand dann aus theaterpolitischen Gründen, nachdem 1705/06 die italienische Oper eingeführt wurde.

Freilich gab es auch einige durchkomponierte englische Opern im 17. Jahrhundert; die berühmteste ist Purcells *Dido and Aeneas* (1689; Libretto von Nahum Tate). Vorausgegangen waren einige Werke, an denen sich Purcell orientiert haben könnte: die »English Opera« *Psyché* (1675; Text von Thomas Shadwell) von Matthew Locke, die mit Rezitativen und Ariosi einer durchkomponierten Oper sehr nahe kommt; John Blows *Venus and Adonis* (1684 oder 85), die noch als Masque bezeichnet wurde, jedoch durchkomponiert ist; die »Opera, or Representation in Musick« *Albion and Albanius* (1685; Text von Dryden), deren Musik durch den am englischen Hofe tätigen französisch-katalanischen Komponisten Luis Grabu komponiert wurde.

Von Purcells *Dido and Aeneas* ist nur eine Aufführung zu seinen Lebzeiten bekannt: in einer Mädchen-Schule in Chelsea, in der auch Blows *Venus and Adonis* gespielt worden war. Eine öffentliche Aufführung fand 1700 in London durch Bettertons Truppe statt als Einfügung in einer Bearbeitung von Shakespeares *Maß für Maß* (die Oper dauert ohne die Ausführung aller Ballette nur eine Stunde). *Dido and Aeneas* weist bei aller musikalischen Individualität Purcells formale Ähnlichkeiten vor allem mit der französischen Oper auf. Die Arien sind einfach gehalten, ohne Koloraturen. In Tates Libretto sind 17 Ballette vorgesehen, bei der Ausführung aller Ballette ist die Oper abendfüllend, die Wiederholung von Chören verleiht ihr eine symmetrische Gliederung. Zwei Arien der Oper sind besonders bekannt, Didos *Ah Belinda* in ausgeschriebener Da-capo-Form, die bald nach Purcells Tod veröffentlicht wurde, und das Lamento aus dem dritten Akt *When I am laid in earth / Wenn man mich in die Erde gelegt hat*, das über einem ostinaten

Bassmodell komponiert ist. Der Prolog, der in einer anderen Fassung auch als Epilog existiert, könnte sich auf die Glorious Revolution von 1688 beziehen, indem Phoebus und Venus Wilhelm von Oranien und Mary – und somit die neue politische Ordnung – darstellen. Tate hat jedenfalls in einem Gedicht auf eine solche Deutung hingewiesen: James II. sei Aeneas, der durch Teufel und Hexen falsch geleitet wird, die den römischen Katholizismus repräsentieren, Dido symbolisiere das britische Volk.

Die Einführung der italienischen Oper in der ersten Hälfte des 18. Jahrhunderts

(HÄNDEL)

1705 wurde eines der berühmtesten Theater Londons eröffnet, The Queen's (später King's) Theatre in the Haymarket. Unter der Leitung von John Vanbrugh trat es in Konkurrenz zu dem schon bestehenden Theater an Drury Lane unter Christopher Rich, wo eine Reihe von Semi-Operas aufgeführt worden waren. Beide Theater wetteiferten nun mit der Aufführung von italienischen Opern in der Originalsprache und in englischer Sprache. Vanbrugh gelang es, 1707 die alleinigen Rechte zur Aufführung von Opern zu erhalten; das Genre war jedoch in England noch nicht populär genug, und sein Unternehmen – das im Wesentlichen von Subskribenten getragen wurde – ging schnell bankrott. Geschlossen wurde dennoch nicht das prachtvolle neuere Haymarket-Theater, sondern Drury Lane. An Haymarket sollten nun an vier Abenden englische Schauspiele gegeben werden, zwei Abende waren für italienische Opern reserviert. 1710/11 wurden allerdings wieder Schauspiele an Drury Lane gegeben, während an Haymarket primär Opernaufführungen stattfanden.

1711 konnte ein beträchtlicher Erfolg verzeichnet werden, als Händels *Rinaldo* gegeben wurde. Dies markiert den Beginn einer Epoche in der englischen Operngeschichte, die wesentlich durch diesen Komponisten bestimmt war. Georg Friedrich Händel wird, je nach Sichtweise, als deutscher oder englischer Komponist bezeichnet. Er hat jedoch im Wesentlichen weder deutsche noch englische Opern komponiert, sondern italienische, deren Etablierung in der Kultur Londons sein primäres Interesse galt. Händel war nicht nur ein äußerst erfolgreicher Komponist von Opern, Oratorien und Instrumentalmusik, sondern auch ein hervorragender Organisator, was aufgrund der Unternehmer-Struktur der Opern- und Konzertveranstaltungen in London auch notwendig war. Händel blieb ab 1712 in England und wurde 1727 englischer Staatsbürger.

Die italienische Oper in England zu etablieren, war nach wie vor schwierig. Bis 1719 hatten italienische Opern noch keinen durchschlagenden Erfolg aufzuweisen, Händels nächste Opern für England, *Il pastor fido / Der treue Hirte* (1712), *Teseo* (1713), *Silla* (1713) und *Amadigi* (1715) blieben ohne größere Wirkung. Erst als eine eigens für die Etablierung der italienischen Oper vorgesehene Institution gegründet wurde, die Royal Academy of Music, hatte das Genre Erfolg. Die Royal Academy war ein Unternehmen, das sich finanziell weitgehend selbst trug, wenn es auch durch einen jährlichen Betrag von König Georg I. unterstützt wurde. Das Unternehmen war eine Kapitalgesellschaft, die von Subskriptionen getragen wurde und deren Direktoren von den Subskribenten gewählt wurden. Händel hatte eine bedeutende Position inne, denn er war zunächst Vorstand des Orchesters und später für die musikalischen Aufführungen allein verantwortlich. 1719 wurde er beauftragt, Sänger zu engagieren. Die erste Saison wurde 1720 eröffnet mit Giovanni Portas *Numitore*, Händels *Radamisto* und einem Arrangement von Domenico Scarlattis *Narciso*.

In den ersten Jahren der Akademie hatte allerdings nicht Händel, sondern der ein Jahr zuvor engagierte Giovanni

Bononcini den meisten Einfluss. Dessen Opern *Crispo* und *Griselda* waren 1721 mit großem Erfolg aufgeführt worden. Händel gewann zunächst aufgrund der politischen Situation an Bedeutung. Durch eine jakobitische Konspiration 1722 gerieten alle Katholiken unter Verdacht, so dass es für die Direktion schwierig wurde, den katholischen Bononcini weiterhin zu unterstützen. Händel siegte jedoch auch in musikalischer Hinsicht: zwei in der Saison 1723/24 aufgeführte Opern Bononcinis wurden durch Händels *Giulio Cesare* (1724) in den Schatten gestellt.

Seit der Spielzeit 1725/26 gab es Rivalitäten zwischen den zwei berühmtesten Sängerinnen der Epoche, die beide nach London verpflichtet worden waren: Faustina Bordoni und Francesca Cuzzoni. Obgleich Händel versuchte, für jede der Sängerinnen passende Arien zu komponieren – besonders gelang ihm dies in *Admeto* (1727) –, verstanden sie sich immer schlechter, so dass es sogar während einer Aufführung zu Auseinandersetzungen kam. 1728 geriet die Royal Academy in eine Krise, da die Sänger immer höhere Gagen forderten, und zudem die Konkurrenz-Gattung der Semi-Opera mit der berühmten *Beggar's Opera* (1728 am Theater Lincoln's Inn Fields aufgeführt) – eine Parodie auf Händel – außerordentlichen Erfolg zu verzeichnen hatte.

Da Subskribenten absprangen, wurde eine zweite Academy gegründet. Händel engagierte neue Sänger und änderte zudem das Repertoire: Er schob zwischen den Aufführungen seiner eigenen Opern, die nun fast ausschließlich das Programm beherrschten, italienische Pasticci, Zusammenstellungen aus verschiedenen Opern, ein. Doch politische Oppositionelle – Adlige, die Georg II. absetzen und den Prinzen von Wales als König einsetzen wollten – versuchten Händels Macht, die auch auf der Unterstützung durch den König basierte, zu untergraben und gründeten 1733 ein neues Opernunternehmen, die so genannte Nobility-Opera, mit Porpora als Direktor und Händels ehemaligen Sängern. Händel gab jedoch nicht auf, suchte sich neue Sän-

Die Karikatur von Marco Ricci zeigt Faustina Bordoni und den Kastraten Senesino (d. i. Francesco Bernardi), die zusammen mit Francesca Cuzzoni bis zur Auflösung der Royal Academy 1728 die Stars am King's Theatre in London waren

ger, und die beiden konkurrierenden Unternehmen versuchten, sich gegenseitig zu überbieten. 1734 verpflichtete die Nobility-Opera den berühmten Sänger Farinelli, Händel hingegen engagierte eine französische Balletttruppe. Er bekam zudem das Angebot, zwei Abende in dem 1732 eröffneten neuen Theater in Covent Garden Opern zu spielen. Trotz Aufbietung aller Kräfte war das Interesse des englischen Publikums an italienischen Opern nicht stark genug, so dass 1737 die Nobility-Opera aufgeben musste. Auch Händels Versuche in anderen Gattungen (1736 vertonte er Drydens Ode *Alexander's Feast*) konnte die Situation nicht retten. Bis 1741 hatte Händel noch Aufführungen am King's Theatre, dann gab es auch hier nicht mehr genügend Subskribenten. Er wandte sich dem mehr Erfolg versprechenden Oratorium zu.

Händel hat 42 Opern komponiert, die aufgrund der anhaltenden Händel-Renaissance mittlerweile fast alle in Einspielungen vorliegen. Die berühmteren sind: *Rinaldo* (1711), *Radamisto* (1720), *Ottone* (1723), *Giulio Cesare* (1724), *Tamerlano* (1724), *Rodelinda* (1725), *Alessandro* (1726), *Poro* (1731), *Ezio* (1732), *Orlando* (1733), *Arianna* (1734), *Alcina* (1735), *Giustino* (1737), *Serse* (1738) und *Deidamia* (1741). Händel komponierte seine italienischen Opern in London zunächst in jenem Stil weiter, den er in Italien in den 1710er-Jahren gelernt hatte. Die musikalische Struktur seiner Arien zeichnet sich jedoch im Unterschied zu seinen italienischen Zeitgenossen durch außerordentliche musikalische Dichte aus und dient der Auslegung des Textes. Zu wenig wurde bislang beachtet, dass Händel in seinen späteren Opern eigentlich Entwicklungen der zweiten Jahrhunderthälfte bereits in den 30er-Jahren vorweggenommen hat, nämlich den Ansatz zu einer Synthese italienischer und französischer Opernkomposition. Denn seit der Einführung des französischen Balletts 1734 hat Händel verstärkt französische Elemente in seine Opern integriert, unter anderem auch Chöre, das Ineinanderübergehen von Arie und Rezitativ (in *Serse*) und die Verwendung kürzerer Arienformen sowie liedhafter Sätze. Der Wechsel zwischen Komik und Tragik in späten Werken wie *Giustino*, *Serse* oder *Deidamia* deutet auf eine Vermischung der Gattungen am Ende des 18. Jahrhunderts voraus.

Opernfehden und Opernreformen in der zweiten Hälfte des 18. Jahrhunderts

Die Opera seria zwischen Konsolidierung und Erneuerung

(TRAETTA, JOMELLI, GLUCK, HASSE, PICCINNI, MOZART)

Die zweite Hälfte des 18. Jahrhunderts ist die große Zeit der Opernfehden und Opernreformen, der Annäherung zwischen den nationalen Operngattungen – der französischen und der italienischen Oper – sowie der Annäherung zwischen der ernsten und heiteren Gattung. Im Bereich der italienischen Opera seria gab eine berühmte Schrift den Anlass zu Reformwerken: Francesco Algarottis *Saggio sopra l'opera in musica* (›Abhandlung über die Oper‹, 1755). Die Kritik, die Algarotti übte, war dabei nicht gegen das metastasianische Dramma per musica als solches gerichtet, sondern vor allem gegen dessen musikalische Umsetzung. Die vielen Koloraturen der Arien würden nicht dem musikalischen Ausdruck, sondern nur der technischen Brillanz der Stimmen dienen; zierliche Sopranarien, von Kastraten ausgeführt, seien Herrscherfiguren nicht angemessen; die häufige und beliebige Wiederholung von Sätzen und einzelnen Worten in den Arien wirkten unwahrscheinlich; die langen Ritornelle würden die Spontaneität der Gefühle unterbrechen; die Musik sei überbetont und der Text würde zu wenig beachtet werden. Algarotti wies auf die positiven Momente der französischen Oper hin, die Drama, Tanz und Musik aufeinander bezog; sie sollten Eingang in die italienische Oper finden. Die geforderte Synthese französischer und italienischer Operntraditionen vollzog sich im Bereich der italienischen Oper jedoch nur ganz allmählich.

Die ersten so genannten Reformopern bestanden zunächst nur aus einer Übereinanderschichtung der beiden Traditionen. Die früheste, in Reaktion auf Algarottis Reformschrift geschriebene Oper war Tommaso Traettas *Ippolito ed Aricia* (Parma 1759), in der französische Divertissement-Szenen in die herkömmliche italienische Seria-Struktur interpoliert wurden. Die instrumentalen Tänze hierzu wurden von Rameaus Oper einfach übernommen – Tanzsätze stammten auch in der Tragédie lyrique nicht immer vom Komponisten der Oper selbst – die Chorsätze hat Traetta in enger Anlehnung an Rameau neu komponiert. Obgleich die Aufführung ein herausragendes kulturelles Ereignis war, griff die Reform nicht auf die Entwicklung der Opera seria insgesamt über, wie es etwa bei der Übernahme von Metastasios Dramen der Fall gewesen war, sondern blieb auf wenige Werke und wenige Städte beschränkt. Dazu gehörten außer Parma, wo Traetta ein Jahr später eine weitere Reformoper, *I tintaridi / Die Zwillinge* (1760), nach Rameaus *Castor et Pollux* komponierte, außerdem Stuttgart, Mannheim und Wien. In Stuttgart hat Niccolò Jommelli seine Opern *Fetonte* (1768; nach dem Libretto von Jean-Baptiste Lullys *Phaëton*, 1683) und *Ifigenia in Tauride / Iphigenie auf Tauris* (1764) nach französischem Modell komponiert, in der Chöre, Ensembles und szenische Effekte gegenüber der Arien-Rezitativ-Struktur dominieren. In Mannheim wurden unter anderem ebenfalls Opern von Traetta und Jommelli aufgeführt. Diese reformerischen Werke wurden letztlich jedoch durch die Persönlichkeit überstrahlt, die lange Zeit allein im Vordergrund der Opernreformen stand: Christoph Willibald Gluck. Auch wenn seine herausragende Stellung als Opernreformator in der Forschung inzwischen relativiert wurde, ist er doch in zweierlei Hinsicht von außerordentlicher Bedeutung. Erstens komponierte er für beide Traditionen gleichberechtigt: einige seiner reformierten Opere serie wurden in reformierte französische Tragédies lyriques umgearbeitet, nachdem Gluck 1774 nach Paris gerufen worden war. Zweitens verstand er es, mit seinen Stellungnahmen zur Reform der Opera seria für sein Œuvre wirkungsvoll zu werben und in Paris durch Briefe und Pamphlete das Publikum für sich einzunehmen. Gluck verdankt sein Renommee als Opernreformer aber vor allem den besonderen Umständen in Wien nach der Jahrhundertmitte.

Gluck hatte wie die meisten seiner Zeitgenossen seine Ausbildung in Italien erhalten und mit der Aufführung von Opere serie bereits Erfolge erzielt. *La Semiramide riconosciuta / Die wiedererkannte Semiramis* (Wien 1748), *La clemenza di Tito / Die Milde des Titus* (Neapel 1752) und *Il re pastore / Der König als Hirte* (Wien 1756) gehören zu den reiferen, jedoch noch vorreformerischen Werken. Letztere Oper entstand im Auftrag des Grafen Giacomo Durazzo, der ab 1754 als Hoftheaterintendant die Leitung der kaiserlichen Theater in Wien übernommen hatte und in den späten 50er-Jahren zum Anhänger der Opernreform wurde. Dem Beispiel der Parmeser folgend, bearbeitete Durazzo Lullys berühmtes *Armide*-Libretto (Lully/Quinault; 1686) und holte für die Vertonung Traetta nach Wien. Die Uraufführung 1761 war ein großer Erfolg, und so fand das Streben nach einer Opernreform rege Fortsetzung. Im Februar 1761 kam der Literat Raniero da Calzabigi nach Wien, der einige Zeit in Paris verbracht hatte, und bereits ein Libretto mitbrachte, das sich für die Opernreform eignete: die von ihm verfasste Azione teatrale *Orfeo ed Euridice*, die Glucks erste berühmte Reformoper wurde (Wien 1762).

Die Wahl gerade dieses Stoffs ist nicht erstaunlich, da Algarotti in seinem *Saggio* auf Rinuccinis für Monteverdi verfasstes *Euridice*-Libretto (1607) verwiesen und es als Paradigma eines mythologischen Opernsujets gerühmt hatte. Als unmittelbares Vorbild diente Calzabigi und Gluck freilich nicht Monteverdis Oper, sondern die Tragédie lyrique. Deren Merkmale konnten sich mit der Gattung der Azione teatrale – so die Bezeichnung des *Orfeo* – besser mischen als mit dem Dramma per musica, da sie bereits Chöre und mythologische Sujets enthielt. So entstand eine wirkliche Synthese von italienischer und französischer Tradition, indem Ballettszenen eingebunden wurden, die Chöre als Dialogpartner der Solisten auftraten und kurze Arien im deklamatorischen Stil bevorzugt wurden. Zudem zeigt sich in einigen der wichtigsten Szenen besonders deutlich das Vorbild von Rameaus Tragédies lyriques: das Motiv der Höllenfahrt sowie der Kontrast von Dämonen- und Elysiumsszene gehen auf Rameaus *Castor et Pollux* zurück. Letzteres ist die zentrale Szenenkonstellation im *Orfeo*: in der italienischen Opera seria wäre der Kontrast durch zwei Arien mit gegensätzlichen Affekten dargestellt worden; hier wurden in Anlehnung an die französische Oper zwei gegensätzliche Tableaus geschaffen. Ein Tableau (Bild) besteht im Gegensatz zur Folge kurzer Szenen der italienischen Oper aus mehreren zusammenhängenden Nummern (Chören, Arien, Rezitativen, Tänzen), die in sich ein geschlossenes Ganzes bilden. Das Dämonentableau hier besteht in beiden Opern aus Tanz und Chor der Furien beim Eintritt des Protagonisten in die Hölle und einer Besänftigung der Dämonen. Das unmittelbar daran anschließende Kontrasttableau, das Elysium, wird durch eine Arie der Protagonisten eingeleitet, auf die der Chor und der Tanz der glücklichen Schatten folgen. Orfeo singt hier eine der berühmtesten Arien Glucks, *Que puro ciel / Welch reiner Himmel*; sie bildet den ersten deklamatorischen Monolog in der italienischen Oper seit Monteverdi. Dies ist insofern erstaunlich, als es sich um eine Parodiearie handelt, d. h. sie basiert auf Arien aus früheren Opere serie Glucks. Das Parodieverfahren, die Übernahme von Arien aus früheren Opern in spätere, war ein üblicher Vorgang der italienischen Opernkomposition, und Gluck hat von diesem Verfahren regen Gebrauch gemacht. Bei der Übernahme in spätere Reformwerke findet bei Gluck allerdings oft eine tiefgreifende Umarbeitung statt.

Gluck schuf im Anschluss an *Orfeo* noch zwei weitere italienische Reformopern auf Libretti Calzabigis: *Alceste* (Wien 1767) und *Paride ed Elena* (Wien 1770). *Alceste* ist als Reformoper jedoch vor allem durch das Vorwort berühmt, in dem reformerische Vorstellungen dargelegt werden. Die Argumente bilden allerdings nichts anderes als eine knappe Zusammenfassung von Algarottis Reformideen, die dieser im *Saggio* ausführlich dargelegt hatte. Wenn dieses Vorwort auch stark überbewertet wurde, so ist es doch beispielhaft für Glucks Fähigkeit, nicht nur durch die Kompositionen selbst, sondern auch durch ästhetische Äußerungen zur Wirksamkeit seiner Reformopern beizutragen.

Reformopern waren allerdings eher die Ausnahme als die Regel. In den meisten Städten Italiens und ganz Europas wurde die Opera seria wie üblich weiter gepflegt. Selbstverständlich gab es auch in dieser Operngattung im Lauf der Zeit Änderungen und Weiterentwicklungen, die aber weitaus weniger spektakulär waren.

Hasse gilt als Komponist, der sich besonders eng an Metastasios Auffassungen anlehnte. Der von Metastasio befürwortete, etwas häufigere Gebrauch von Accompagnato-Rezitativen seit *Attilio Regolo* (1750) bedeutete allerdings eine wichtige Entscheidung zugunsten der dramaturgischen Funktion der Musik; da Handlung und Affekt nun nicht mehr streng getrennt sind, können auch innerhalb der Handlung Affekte der Protagonisten zum Ausdruck gebracht werden. Der Komponist, der diese Entwicklung weiterführte, ohne die grundlegenden Prinzipien der Opera seria aufzugeben, war Niccolò Jommelli. Er war von 1753 bis 1769 am Stuttgarter Hof tätig, nachdem er sich in Italien bereits Ruhm erworben hatte. Es gilt als sein Verdienst, das Orchester bewusst als dramatischen Ausdrucksfaktor eingesetzt zu haben. Hatte in der italienischen Oper die Singstimme Priorität, so kam nun – wie schon in Händels Opern – der Orchesterpart als gleichberechtigtes Ausdrucksmittel hinzu. In Jommellis Accompagnato-Rezitativen wurde die Musik auch für die Handlung des Dramas nutzbar gemacht.

Zwischen 1770 und 1774 vollzog sich eine grundlegende Neuerung in der italienischen Oper, die Abkehr von der Da-capo-Arie. Sie lässt sich vor allem an Niccolò Piccinnis Œuvre deutlich nachvollziehen. In seinen 1770 komponierten Opere serie *Didone abbandonata / Die verlassene Dido*, *Catone in Utica / Cato in Utica*) und *Cesare in Egitto / Cäsar in Ägypten*) kommen bereits verstärkt einfache zwei- und dreiteilige Formen vor, weitaus die Mehrzahl der Arien weist jedoch noch den älteren Typus der Da-capo-Arie auf. Dies ist in den Opern von 1774, *L'Olimpiade* und *Alessandro nell'Indie / Alexander in Indien*) anders: die Da-capo-Form ist dort vollständig verschwunden. Die neueren Arienformen waren weitaus vielfältiger als die herkömmliche Da-capo-Arie, und konnten somit den textlich-dramatischen Bedingungen besser entsprechen. Dieser Wandel in der Arienkomposition wurde auch von einem Zeitgenossen Piccinnis, Saverio Mattei, beschrieben, der sich dabei gerade auf Piccinnis *Alessandro nell'Indie* bezog. Matteis Abhandlung erschien bezeichnenderweise in einer Ausgabe der Dramen Metastasios von 1779; dies bedeutete aber nichts anderes, als dass dessen Vorlagen ebenso gut neueren Gestaltungsweisen der Opera seria offenstanden, zumal dann, wenn sie wie in den meisten Fällen bearbeitet wurden.

Der berühmteste Opernkomponist der zweiten Jahrhunderthälfte ist freilich Wolfgang Amadeus Mozart. Im Gegensatz zu seinem heutigen Renommee hatte er zu seinen Lebzeiten allerdings viel geringeren Erfolg und musste hinter Komponisten zurückstehen, die heute nur wenig bekannt sind. Die Ursache hierfür ist der hohe Anspruch von Mozarts Musik seit seinen reiferen Werken, die in ihrer Differenziertheit diejenige seiner Zeitgenossen weit übertraf und somit den Hörer oft überforderte.

Mozart hat mit seinen Jugendwerken, die zwischen seinem 11. und 16. Lebensjahr entstanden, bereits alle üblichen

Gattungen erprobt: mit *Apollo und Hyacinthus* (Salzburg 1767) das Intermedium, mit *Bastien und Bastienne* (komp. 1768) das Singspiel, mit *La Finta semplice* (Salzburg 1769) die Opera buffa, mit *Ascanio in Alba* (Mailand 1771) und *Il sogno di Scipione* (Salzburg 1772) die Azione teatrale und mit *Mitridate, re di Ponto* (Mailand 1770) und *Lucio Silla* (Mailand 1772) die Opera seria. Er hatte vor der Komposition seiner ersten Oper bereits viele Erfahrungen gesammelt, vor allem durch seine große Reise nach Paris und London (1763–66), wo er Johann Christian Bach kennen gelernt hatte. Mozarts Jugendwerke zeigen sein außerordentliches Talent, stehen jedoch ganz in der Konvention der jeweiligen Gattung. Die beiden als Auftragswerke für Mailand entstandenen Opere serie entsprechen den jeweils neuesten Tendenzen der Oper in Italien: *Mitridate* enthält noch überwiegend Da-capo-Arien, während in *Lucio Silla* gemäß des Wandels in der Arienkomposition auch kürzere und vielfältigere Arienformen vorkommen. Die Einbeziehung des Chors in einigen Szenen geht auf die Anknüpfung an französische Traditionen zurück, die zu dieser Zeit nichts Besonderes mehr war.

Eine Synthese von französischer Tragédie lyrique und italienischer Opera seria findet bei Mozart erst neun Jahre später in seinem Dramma per musica *Idomeneo, re di Creta / Idomeneo, König von Kreta* (München 1781) statt. Wie bei den meisten reformerischen Werken war weniger der Komponist als der Auftraggeber für die Konzeption ausschlaggebend, in diesem Fall Kurfürst Karl Theodor von Mannheim – er war 1778 nach München übergesiedelt –, an dessen Hof französisch-italienische Synthesebestrebungen besonders beliebt waren. Mozart war mit solchen Bestrebungen inzwischen bestens vertraut, denn er hatte 1778 in Paris die ästhetischen Auseinandersetzungen um französische und italienische Oper sowie Aufführungen von Tragédies lyriques Glucks und Piccinnis miterlebt. *Idomeneo* stellt eine gelungene Synthese der beiden Operngattungen dar. Die französische Tradition zeigt sich in Divertissements, Seesturmszenen, Erscheinungen von Göttern und Ungeheuern, während die Arien im Sinne der Affektkontraste der Opera seria komponiert sind. Die französische Textvorlage, Campras *Idomenée* (1712), wurde im Sinne der Opera seria auf drei Akte verkürzt und mit einem *lieto fine* versehen. Die Qualität der Oper liegt jedoch weniger in dieser Synthese begründet, die 1781 nichts Neues mehr war, sondern in der differenzierten musikalischen Charakterisierungskunst Mozarts. Sie zeigt sich vor allem in dem berühmten Quartett *Andrò ramingo e solo / Einsam werde ich in die Irre wandern*, in dem er nicht nur die verschiedenen Gefühlslagen der Charaktere intensiv nachzeichnet, sondern im zweiten Teil des Quartetts die dramatische Situation mit musikalischen Mitteln aufs äußerste verdichtet.

La clemenza di Tito / Die Milde des Titus (Prag 1791), Mozarts letzte Opera seria, die zur Krönung Kaiser Leopolds II. aufgeführt wurde, folgt hingegen den im späten 18. Jahrhundert üblichen Prinzipien der konventionellen italienischen Oper. Metastasios Libretto wurde von dem Wiener Hofdichter Caterino Tommaso Mazzolà auf zwei Akte konzentriert, die Arien reduziert, sowie Elemente der Opera buffa, d. h. Ensembles und große Handlungsfinali eingefügt. Ausgedehnte Finalszenen, die auf den Einfluss der Opera buffa zurückgehen, gab es bereits in Johann Christian Bachs *Temistocle* (Mannheim 1772); in die Opera seria neapolitanischer Prägung hatten sie mit Paisiellos *Pirro* (Neapel 1787) Eingang gefunden. Einen Höhepunkt von Mozarts Kunst, Situationen in differenziertester Weise musikalisch-dramatisch nachzuzeichnen, stellt Vitellias letzte Arie *Non più di fiori vaghe catene / Nicht länger darf von Hymen ich hoffen* dar, in der sie beschließt, sich schuldig zu bekennen, um Sesto zu retten. In einer komplizierten formalen Anlage – der Überlagerung einer zweisätzigen Form mit einer Rondoform – wird die Wiederholung in den schnellen zweiten Satz integriert, so dass Vitellias im langsamen Satz dargebrachter Entschluss umso stärker bekräftigt erscheint. Der Stoff der Oper ist typisch für die Aufklärung: er stellt die Verherrlichung eines vernünftigen und weisen Herrschers dar, als der Leopold II. erscheinen sollte. Tito vergibt zuerst Sesto, der einen Anschlag auf ihn verübt hat, und dann Vitellia, die Sesto zu diesem Anschlag aus Eifersucht angestiftet hatte.

Die Opera buffa und Gattungskonvergenzen im späten 18. Jahrhundert

(PICCINNI, GALUPPI, HAYDN, PAISIELLO, MOZART, CIMAROSA, MARTIN Y SOLER)

Die Jahrhundertmitte bildet nicht nur eine Zäsur für die Opera seria, sondern auch für die Opera buffa. Die Wandlung der Gattung ist vor allem auf einen Librettisten zurückzuführen, Carlo Goldoni, dessen Rang dem Metastasios gleichkommt. Er hat 69 Buffo-Libretti verfasst. Seine ästhetischen Vorstellungen führten auch in dieser Gattung zu einer Reform. Die Opera buffa sollte nicht mehr nur der Belustigung dienen, sondern das Publikum sittlich-moralisch erziehen. Die Herzen der Zuschauer sollten durch Tugend gewonnen werden und nicht durch Verspottung von Geiz, Angeberei, Ehebruch oder Verführungskunst. Dazu war es notwendig, neben den Figuren der Commedia dell'arte verstärkt tugendhafte Charaktere der bürgerlichen Welt einzuführen, die Mezzo-caratteri oder Parti semiserie. Zur Ermöglichung pathetischer Affekte und Situationen wurden Adlige integriert (Parti serie). Die Opera buffa verfügte somit über ein breites Spektrum unterschiedlichster Charaktere, und war somit weitaus abwechslungsreicher als die Opera seria gestaltet. Hinzu kamen die handlungsreichen und musikalisch vielfältigen Finali, ausgedehnte Szenen durch Aneinanderreihung mehrerer Nummern am

Schluss der Akte, in denen größere Handlungsabschnitte in ihrer Veränderung vertont wurden.

Goldonis Intentionen lassen sich beispielhaft an der erfolgreichsten Opera buffa der zweiten Jahrhunderthälfte aufzeigen: *La buona figliuola / Das gute Mädchen* (Rom 1760) von Niccolò Piccinni, dem berühmtesten Komponisten von Opere buffe in den 1760er-Jahren. Die Parti serie und semiserie nehmen hier die Hauptrollen ein, die typischen Figuren der Commedia dell'arte haben nur untergeordnete Funktion. Die Gärtnerin Cecchina liebt ihren Dienstherrn, den Marchese, der sie trotz des Standesunterschiedes heiraten will. Die eifersüchtige Sandrina verrät das Liebespaar bei der Schwester des Marchese, deren Verlobter Armidoro daraufhin droht, aus Gründen der Ehre die Verlobung zu lösen. Cecchina wird deshalb aus dem Dienst entlassen. Auch der Marchese verstößt sie, da die Intrigantinnen Sandrina und Paoluccia behaupten, sie habe ein Verhältnis mit dem Bauern Mengotto. Im zweiten Akt soll Cecchina von Armidoro in die Nachbarstadt entfernt werden, Mengotto rettet sie; der Marchese, der inzwischen sein Unrecht eingesehen hat, nimmt Cecchina jedoch wieder zu sich. Ein deutscher Soldat, Talgiaferro, berichtet dem Marchese, dass Cecchina in Wirklichkeit die Tochter eines Barons sei, die beim Rückzug der Österreicher verlorenging. Der dritte Akt enthüllt den Personen der Oper allmählich die wahre Identität Cecchinas, einer standesgemäßen Heirat steht nichts mehr entgegen.

Cecchina ist – im Unterschied etwa zur *Serva Padrona* Pergolesis – nicht mehr die listige Dienerin, die ihren Herrn zur Heirat bewegen will, sondern eine tugendhafte Person (Parte semiseria). Sie liebt ihren Herrn wirklich, ist sich aber bewusst, dass die Liebe wegen des Standesunterschieds eigentlich unerfüllbar bleiben muss. Ihrem aufrichtigen Charakter gemäß sind die Arien durch große Ausdrucksintensität bestimmt, so beispielsweise die bekannteste, in zweiteiliger Form komponierte Arie *Una povera ragazza /*

Ein armes Mädchen. Die Arien der Parti serie – der Marchesa und des Armidoro – sind hingegen Da-capo-Arien, Armidoro ist noch eine Kastratenrolle, während der Marchese als Ausdruck seiner Zuneigung zu Cecchina Semiseria-Arien hat. Eine typische Buffo-Rolle hat Tagliaferro, dessen deutsch-italienisch-französisches Kauderwelsch eine beliebte Posse der Buffa darstellt. Auch Sandrina und Paoluccia sowie der Bauer Mengotto sind Buffo-Figuren mit kurzen Arien und häufig plapperndem Parlando-Ton. Die bedeutendsten Neuerungen sind jedoch die ausgedehnten Finali, in denen die sich zuspitzende Intrige aufs Wirkungsvollste auskomponiert ist. Das Finale des ersten Akts hat die häufig vorkommende Form des Kettenfinales: Die Abschnitte der Intrigantinnen Sandrina und Paoluccia kehren in einer Art Refrain analog zur Intrige ständig wieder, wobei nach und nach alle Figuren eingespannt werden. Das zentrale Missverständnis zwischen Marchese und Cecchina als Resultat der Intrige wird musikalisch durch die Vertauschung der Phrasen der Figuren verdeutlicht.

Vor Piccinnis *Buona figliuola* hatte in den 1750er-Jahren Baldassare Galuppi (auch »il Buranello« genannt) großen Erfolg mit seinen Opere buffe. Er begann 1749 die Zusammenarbeit mit Goldoni und vertonte 18 seiner Libretti. In seinem berühmtesten Dramma giocoso, *Il filosofo di campagna / Der Philosoph vom Land* (Venedig 1754), sind die auf der Typik der Commedia dell'arte basierenden Parti buffe (der komische Alte, das schlaue Dienstmädchen, der Notar) noch prägend. Neuen Vorstellungen folgt die Rolle des Bauern Nardo, genannt der Philosoph, ein Parte semiseria: er proklamiert die Genügsamkeit des Landlebens, von der er schließlich auch seine auf eine gute Partie bedachte Nichte Lena überzeugt. Die beiden Parti serie der Oper sind durch ihr Pathos bestimmt und nicht durch ihren Gesellschaftsstand: die bürgerliche Eugenia, Tochter des komischen Alten Tritemio, liebt gegen den Willen ihres Vaters den Adligen Rinaldo. Die Intrige basiert auf der Unwissenheit Tritemios, hinter dessen Rücken das Seria-Paar sowie Nardo und Tritemios Dienstmädchen Lesbina heiraten. Die Oper hat bereits zwei längere, als Steigerung aufgebaute Finalszenen im ersten und zweiten Akt.

Die Verknüpfung von Parti serie, semiserie und parti buffe sowie die Komposition von ausgedehnten Finalszenen wurde in der zweiten Jahrhunderthälfte generell üblich. Joseph Haydn hat in seinem Opernschaffen einerseits sämtliche Einflüsse der Zeit aufgenommen, seine Wirkung blieb andererseits weitgehend auf den Uraufführungsort, Schloss Eszterháza, beschränkt. Eine Ausnahme ist das Dramma eroico-comico *Orlandino paladino / Ritter Roland* (Esterháza 1782), das auf vielen europäischen Bühnen gespielt wurde. Trotz der großen Vielfalt seiner heiteren Opern, die auch die französische Tradition einbeziehen, stehen Haydns Bühnenwerke hinter den Errungenschaften seiner Instrumentalmusik zurück. So hat Haydn auch keine Opera buffa mehr komponiert, nachdem er Mozarts Opern kennen gelernt hatte.

Das Neue an den Finali war, dass auch die Handlung und Dialoge musikalisch kompakt gestaltet wurden, die in der Opera seria und der früheren Opera buffa nur rezitativisch vertont wurden. Giovanni Paisiello ging in seiner bekanntesten Opera buffa, *Il barbiere di Siviglia / Der Barbier von Seviglia* (St. Petersburg 1782), einen Schritt weiter, indem er auf ausgedehnte Secco-Rezitative verzichtete und die Handlung stattdessen in den Nummern unterbrachte. Dieses Verfahren war allerdings durch einen Sachzwang bedingt: die Zarin Katharina II., an deren Hof Paisiello von 1776 bis 1784 tätig war, verlangte absolute Kürze, da sie die Länge der meisten Opern verabscheute. Beispielhaft für ein solches Vorgehen ist die Introduktion des ersten Akts. Eine Introduktion (Einleitung) bestand früher aus einer Arie oder einem kürzeren Ensemble, wurde jedoch nach und nach zum ausgedehnteren Szenenkomplex erweitert. Der Conte singt eine sehr kurze Cavatine (zweiteilige Arie), in der er seine Situation erläutert: er reist inkognito und will Rosina für sich gewinnen, die unter der Obhut ihres eifersüchtigen Vormundes steht. Darauf folgt kein erläuterndes Rezitativ, sondern die Auftrittsarie des Figaro, der ein besonderer Trick zugrunde liegt: Er ›komponiert‹ seine Arie im Moment des Vortrags, gerät daher ins Stocken, und so ergibt sich ein fließender Wechsel zwischen Rezitativ und Arienabschnitten. Unmittelbar im Anschluss erfolgt ein Duett, das die Wiedererkennungsszene zwischen Figaro und Conte darstellt und mit der Einweihung Figaros ins Intrigenspiel endet. *Il barbiere* beruht auf der beliebten Komödie von Pierre-Auguste-Caron de Beaumarchais, die später auch Rossini vertont hat.

Wie die Beispiele gezeigt haben, zeichnet sich die Opera buffa gegenüber der ersten Jahrhunderthälfte zum einen durch die Annäherung an die Ernsthaftigkeit und an die Charaktere der Opera seria, zum anderen durch die Integration von Handlung und Musik aus. Beide Tendenzen gipfeln in der zweiten Jahrhunderthälfte in Mozarts *Don Giovanni.*

Mozarts vorangehende Opere buffe entsprechen ganz dem Stand der jeweiligen Zeit. *La finta semplice / Die vorgeblich Einfältige* (Salzburg 1769), eine dreiaktige Opera buffa auf einen bearbeiteten Text Goldonis ist ein Jugendwerk, das der Konvention der Opera buffa mit Parti serie, semiserie und buffe sowie längeren Finali folgt. *La finta giardiniera / Die Gärtnerin aus Liebe* (München 1775), die den Beginn einer neuen Schaffensperiode in Mozarts Bühnenwerken kennzeichnet, hat eine musikalische Gestaltung, die in zunehmendem Maße dramatische Funktionen erhält. Diese Tendenz wird in *Le nozze di Figaro / Figaros Hochzeit* (Wien 1786; Libretto von Lorenzo Da Ponte nach Beaumarchais' berühmter Komödie *La folle journée ou Le mariage de Figaro*, 1778, Uraufführung Paris 1784) fortgeführt, deren Finalszenen eine äußerste musikalisch-dramatische Differenziertheit aufweisen, die den spannungsvollen

Der Theaterzettel zur Uraufführung von Mozarts *Le Nozze di Figaro* am 1. Mai 1786 im Burgtheater in Wien bezeichnet die Commedia per musica als »italiänisches Singspiel«, um sie in die Nähe des von Kaiser Joseph II. unterstützten deutschen Singspiels zu setzen

und verwickelten Handlungsverlauf nicht nur unterstützt, sondern in hohem Maße intensiviert.

Die Oper Mozarts, die nun tatsächlich Konventionen der Opera buffa überschreitet, ist *Il dissoluto punito ossia Il Don Giovanni / Der bestrafte Wüstling oder Don Giovanni* (Wien 1787; Libretto von Lorenzo Da Ponte). Die Annäherung zwischen Opera buffa und Opera seria wird hier zu einem Höhepunkt geführt. Dies zeigt sich im nochmals gesteigerten Anspruch der kompositorischen Faktur, in der Seriosität des Konflikts und im Vorliegen einer inneren Handlung statt der üblichen, ganz auf Handlungsreichtum basierenden Intrige der Buffa. Der Konflikt konzentriert sich auf die Vergeltung des Mordes an Donna Annas Vater einerseits und um die Verführungsversuche Don Giovannis andererseits. Diese beiden Handlungsstränge kreuzen sich zwar ständig, was aber letztendlich zu keiner Konsequenz führt. Es wird keine Intrigenhandlung entwickelt, vielmehr stehen sich Donna Annas tugendhafter Charakter und die Freveltaten Don Giovannis quasi als übergeordnete Ideen des Dramas gegenüber. Auf Donna Annas Rachearie *Or sai che l'onore / Nun weißt du, wer die Ehre mir rauben wollte* folgen denn auch keine Taten, um Don Giovanni zu verfolgen, sondern der Konflikt wird erneut exponiert in der Gegenüberstellung der verlassenen Donna Elvira mit Don Giovanni. Dies geschieht in der Arie *Ah chi mi dice mai / Ah, wer will mir erzählen*, die Kontemplation und Handlung miteinander verbindet: die Klagen Donna Elviras werden durch spöttische Kommentare des lauschenden Don Giovanni und seines Dieners Leporello unterbrochen. Der Konflikt wird somit nicht durch die beteiligten Personen gelöst, sondern durch eine überirdische Macht. Der Auftritt des steinernen Gastes löst ein, was den tugendhaften Protagonisten verwehrt blieb.

In der Differenziertheit der kompositorischen Gestaltung bot Mozart außergewöhnliche Mittel auf. Beruht die Introduktionsszene – die die Ermordung des Komturs zum Inhalt hat – noch auf konventionellen Modellen, die verdichtet werden, so zeigt das Finale des Akts eine vollkommen neuartige Gestaltung. In der Ballszene werden drei verschiedene Tänze – ein Menuett, ein Kontertanz und ein Deutscher – übereinander geschichtet, gespielt von drei verschiedenen Orchestern. Durch die unterschiedlichen Taktarten entsteht ein polymetrischer Satz, der musikalisch die verschiedenen Ebenen des szenischen Geschehens widerspiegelt. Donna Anna tanzt mit Don Ottavio ein Menuett. Zum Kontertanz beginnt Don Giovanni mit Zerlina zu tanzen. Nach dem Einsatz des Deutschen zwingt Leporello

Masetto ebenfalls zu tanzen. Die Ablenkung der Personen durch die Tänze nutzt Don Giovanni, um Zerlina zu entführen.

Im Finale des zweiten Satzes werden hingegen subtil Zitate aus anderen Opern eingebracht: ein Ausschnitt aus dem ersten Finale von Martín y Solers *Una cosa rara*, ein Ausschnitt aus der Arie *Come un agnello / Wie ein Lamm* aus Sartis *Fra i due litiganti il terzo gode* und schließlich der Beginn der Arie *Non più andrai, farfallone amoroso / Du wirst nicht mehr, verliebter Falter* aus Mozarts eigener Oper *Figaro*. Die Zitate weisen auf die kommende Handlung hin: zumindest das letzte Zitat ist eine deutliche Anspielung darauf, dass Don Giovannis Verhalten Konsequenzen haben wird.

Sieht man die Errungenschaften des *Don Giovanni*, so mutet *Così fan tutte ossia La scuola degli amanti / So machen's alle oder Die Schule der Liebenden* (Wien 1790), Mozarts dritte Oper nach einem Libretto Da Pontes und seine letzte Opera buffa, traditionell an. Dies ist vor allem durch den Stoff bedingt, der sich in die Tradition der Buffa einfügt, und somit die Thematik der Verführung im Gegensatz zu *Don Giovanni* von der leichten Seite nimmt. Die Spannung von *Così fan tutte* resultiert während des ganzen Stücks aus der Ungewissheit, ob die Verführung von Dorabella und Fiordiligi gelingt. Indem Guglielmo und Ferrando ihren Bräuten vergeben, heben sie auch die Moral auf, an der *Don Giovanni* scheitert. *Così fan tutte* war ein Auftrag für Wien, und Mozart hatte sich wohl bemüht, um des Erfolgs willen eine Oper zu schreiben, die sich mehr in den üblichen Bahnen bewegte.

Im späten 18. Jahrhundert sind vor allem noch zwei Opere buffe von Bedeutung. Domenico Cimarosas *Il matrimonio segreto / Die heimliche Ehe* (Wien 1892) ist eine der wenigen Opern des 18. Jahrhunderts, die neben Mozarts Werken kontinuierlich bis heute gespielt wurden. Cimarosa wurde oft mit Mozart verglichen; verschiedene Arten der musikalischen Darstellung des Komischen weisen jedoch auf Rossini voraus, wie Tonrepetitionen in sehr schnellem Tempo, ostinate Rhythmik und ausgiebiges Singen auf einzelnen Wortsilben.

Solche einzelnen szenischen Effekte hatten zur damaligen Zeit jedoch eine größere Wirkung als Mozarts differenzierte Musik. So wurde dessen *Figaro* von einer Oper des spanischen Komponisten Vicente Martín y Soler in den Schatten gestellt, die erst jüngst wieder ins Repertoire der Bühnen aufgenommen wurde. *Una cosa rara ossia Bellezza ed onestà / Ein seltener Fall oder Schönheit und Tugend* (Wien 1786), die zuvor allenfalls durch das Zitat in der Schlussszene von Mozarts *Don Giovanni* bekannt war, hatte zu ihrer Zeit außerordentlichen Erfolg. Denn zum einen basierte das Libretto auf einer spanischen Komödie, die Da Ponte bearbeitet hatte, und spanische Sujets waren in Wien modern. Zum anderen enthält die Oper viele, musikalisch effektvoll ausgestaltete Situationen mit Nummern in volkstümlichem Kolorit, zahlreiche Jagd- und Schäferszenen, einen Walzer und eine mandolinenbegleitete Seguidilla im Finale des zweiten Akts. Neben der Tendenz der Opera buffa zu musikalisch-dramatischer Einheit und Synthetisierung mit der Opera seria existierte fortwährend auch das leichtere Genre, das seine Wirkung und seinen Erfolg aus momentanen Effekten bezog.

Synthese von italienischer und französischer Oper: Die französische Oper vom Buffonistenstreit bis zum Jahrhundertende

(ROUSSEAU, DUNI, PHILIDOR, GRÉTRY, MONSIGNY, CHERUBINI, LE SUEUR, GLUCK, PICCINNI, VOGEL, SALIERI)

Während Reformen der italienischen Oper ohne großen Widerspruch stattfanden, ereigneten sich in Frankreich zahlreiche Opernquerelen. Bereits vor dem berühmten Buffonistenstreit (1752) gab es Auseinandersetzungen – am Jahrhundertbeginn um französische und italienische Musik und in den Jahren zwischen 1735 und 1750 um Lullys und Rameaus Operntypus. Die Gründe für die heftigen Streitigkeiten lagen nicht immer nur im musikalisch-ästhetischen Bereich. Vielmehr ging es oft auch um politische Auseinandersetzungen, die unter dem Deckmantel des Ästhetischen geführt wurden. Vorraussetzung war, dass sich die Fehden auf einen Ort – Paris als kulturellem Zentrum – konzentrieren konnten. Sie prägten das kulturelle Klima der Stadt während des 18. Jahrhunderts in tiefgreifender Weise.

Der Buffonistenstreit wurde durch die Aufführung einer italienischen Opera buffa in Paris – Pergolesis *Serva padrona* – ausgelöst. Der Streit drehte sich wie schon am Jahrhundertbeginn um die Priorität französischer oder italienischer Musik bzw. französischer oder italienischer Oper. Es bildeten sich zwei Parteien: der konservative, die französische Oper verteidigende »Coin du Roi« (›Loge des Königs‹) und der progressive, die italienische Oper proklamierende »Coin de la Reine« (›Loge der Königin‹), dem die Enzyklopädisten um Denis Diderot, Jean le Rond d'Alembert, Jean-Jacques Rousseau, Friedrich Melchior Grimm und andere angehörten. Die Argumente des »Coin du Roi« wurden vor allem durch Rousseaus berühmte Abhandlung *Lettre sur la musique françoise* (›Brief über die französische Musik‹,

1753) geprägt. Rousseau behauptete, dass sich die italienische Sprache besser zur Vertonung eigne als die französische, da sie »sanft, klangvoll, harmonisch und wohlakzentuiert« sei. Die Einfachheit der italienischen Musik wurde gegenüber der Komplexität Rameauscher Harmonik und Polyphonie gerühmt, die nun beispielhaft für die französische Oper stand. Auf der politischen Ebene wurden die Anhänger der italienischen Musik mit antimonarchistischen Richtungen wie Republikanern, Anhänger der Fronde und Atheisten gleichgesetzt, während die Anhänger der französischen Musik die konservative Richtung vertraten. 1752 erschien zudem der erste Band der den Ideen der Aufklärung verpflichteten *Encyclopédie* Diderots und d'Alemberts.

Der seit 1752 währende Streit wurde 1754 durch die Ausweisung der italienischen Operntruppe beendet, da die Situation politisch zu brisant geworden war. Der Streit übte jedoch auf die Entwicklung der französischen Oper nachhaltigen Einfluss aus. Zwar wurden keine italienischen Opern importiert. Jedoch wurde die französische Schreibart eines Rameau – zuerst in der Opéra comique und später auch in der Tragédie lyrique – durch das italienische Idiom abgelöst, ohne dass sich allerdings der Aufbau der französischen Gattungen änderte.

Vorläufer der Opéra comique vor dem Buffonistenstreit waren die Comédies en Vaudeville, d. h. Theaterstücke mit einfachen Gesangseinlagen, die im Théâtre Italien und auf den Marktplätzen gespielt wurden. Die erste, vom Buffonistenstreit beeinflusste Oper hatte allerdings komponierte Rezitative, eine Ausnahme in der Gattung der Opéra-comique: Rousseaus *Devin du village / Der Dorfwahrsager* (1752), die vor seiner *Lettre* entstand, in der er die französische Sprache zur Vertonung ablehnte. Die Handlung ist im Sinne von Rousseaus Naturideal zu sehen und bildet einen bewussten Kontrast zu pastoralen Sujets bei Lully: Der Schäfer Colin, der sich einer vornehmen Dame gewidmet hat, wird des prunkvollen Lebens überdrüssig und kehrt zum einfachen Landleben mit der Schäferin Colette zurück.

Bleibt Rousseaus Kompositionsweise trotz Annäherung an das italienische Idiom der französischen Konvention verhaftet, so zeigen eine Reihe von Opéra comiques in den folgenden Jahren umso stärker den italienischen Einfluss. Der Italiener Egidio Romualdo Duni schuf mit *Le peintre amoureux de son modèle / Der in sein Modell verliebte Maler* (1757) ein Vorbild für die Gattung, indem er französische Sprachdeklamation mit italienischer Buffa-Melodik verband. Der außerordentliche Erfolg des Stücks veranlasste Duni, in Paris zu verweilen und zahlreiche weitere Opéra comiques zu komponieren. Unter den Franzosen prägten zunächst Pierre-Alexandre Monsigny und François-André-Danican Philidor den Wandel der Opéra-comique. Zu den herkömmlichen Vaudevilles kamen Lieder, Arien und Ensemblestücke hinzu, die musikalische Faktur wurde zunehmend anspruchsvoller. Eine herausragende Opéra comique ist Philidors *Tom Jones* (1765), die ein Accompagnato-Rezitativ, ein Septett als Finalszene und eine Differenzierung in verschiedene Charaktere wie in der Opera buffa aufweist.

Der bedeutendste Komponist der zweiten Hälfte des 18. Jahrhunderts ist André-Ernest-Modeste Grétry. Seit 1768, der Uraufführung seiner ersten Opéra comique *Le huron / Der Hurone*, blieben seine Opern über 50 Jahre ständig im Repertoire der Comédie italienne. Grétry hat die Gattung vor allem in dreierlei Hinsicht bereichert. Erstens wurde die Tendenz zur Synthese von italienischem und französischem Idiom weitergeführt. Zweitens hat er – parallel zur italienischen Opera buffa – die Gattungsschranken zwischen komischem und tragischem Genre aufgehoben. Drittens aber hat er das dramaturgische Modell für die wichtigste Gattung der Revolutionszeit, für die Rettungsoper, geschaffen.

Seine zweite Oper *Lucile* (1769) ist bereits eine Mischform zwischen Komischem und Tragischem. Grétrys Librettist Jean-François Marmontel, ein Verfechter der italienischen Oper, begründete hier ein neues Genre, ein »genre sentimental« in Parallelität zur Comédie larmoyante, dem bürgerlichen Rührstück des Sprechtheaters. Der Stoff ähnelt der *Buona figliuola* Piccinnis: Lucile, angeblich Tochter des reichen Landbesitzers Timante, will den reichen Dorval heiraten. Als entdeckt wird, dass ihr Vater in Wirklichkeit ein armer Bauer ist, gerät die Heirat in Gefahr. Im Unterschied zur *Buona Figliuola* bedarf es jedoch keiner Nobilitierung Luciles: Dorvals Vater akzeptiert sie trotz ihrer Herkunft, und Timante stößt sie nicht aus seiner Familie. Mit seiner aufklärerischen Moral trägt das Libretto Züge, wie sie für vorrevolutionäre Stoffe in Paris typisch waren. Grétry hat für die Oper ausdrucksvolle, an das Idiom der italienischen Semiseria-Arien angelehnte Gesangsnummern geschaffen.

Grétry hat nahezu 70 Bühnenwerke unterschiedlicher Gattungen komponiert; das bekannteste ist die Zauberoper *Zémire et Azore* (1771) nach *La Belle et la Bête* (›Die Schöne und das Ungeheuer‹, 1740) von Gabrielle-Susanne Barbot de Villeneuve, eine Opéra comique. Im Bereich der durchkomponierten Oper zeigt sich – im Sinne der Vermischung der Gattungen – ein Zug zum Heiteren. *Colinette à la cour ou La double épreuve / Colinette am Hof oder Die doppelte Probe* (1782) gehört zur seltenen Gattung der Comédie lyrique, die das komische Pendant zur Tragédie lyrique mit komponierten Rezitativen darstellt. Sie wurde an der Académie royale, der königlichen Oper aufgeführt, denn aufgrund der seit Lully bestehenden Theaterprivilegien konnten nur dort durchkomponierte Opern gegeben werden; der Stoff ähnelt Mozarts *Così fan tutte* – im Unterschied zum Plot bei Mozart bestehen die Damen jedoch die Probe. Ebenfalls für die Academie royale wurde *La Caravane du Caïre / Die Karawane von Kairo* (1783) komponiert, ein großes Spektakelstück mit umfangreichen Ballett-Szenen, das – nicht zuletzt durch die exotischen Momente

Die zentrale Szene des dritten Akts aus Grétrys *Zémire et Azor* zeigt den Zauberspiegel, in dem Zémire ein Bild ihrer Familie sieht, die sie vermisst. Sie bittet darum, diese besuchen zu dürfen, kehrt aber wie versprochen zu dem Ungeheuer Azor zurück, der sich durch die Treue Zémires in einen schönen Prinzen verwandelt (Stich von Pierre-Charles Ingouf)

in der Musik – deutlich an die Gattung des Opéra-ballet der ersten Jahrhunderthälfte anknüpft.

Grétrys größter Verdienst ist jedoch, dass er die Rettungsoper geschaffen hat, in der nun umgekehrt ernste und tragische Themen das ehemals heitere Genre der Opéra comique bestimmen. Kennzeichnend für die Gattung der Opéra comique war von da an nicht mehr primär die Art des Stoffs, sondern deren Faktur mit gesprochenen Dialogen: da nur an der Académie Royale durchkomponierte Opern gegeben wurden, mussten sich andere Theater auf die Bedingungen der Opéra comique beschränken. Am Beginn der Geschichte der Rettungsoper steht allerdings Monsignys *Le déserteur / Der Deserteur* (1769), die bereits das Motiv beeinhaltete, das der Rettungsoper ihren Namen gab: die versuchte Rettung Unschuldiger in letzter Minute, die bis zu Beethovens *Fidelio* gültig blieb. Auch musikalisch schuf Monsigny zwei typische Gestaltungsweisen der Rettungsoper: erstens ein großes durchkomponiertes Finale am Ende der Oper – das Rettungstableau –, das einerseits von der italienischen Buffa und andererseits im Schlussteil von den Festszenen der Tragédie lyrique beeinflusst ist, zweitens die Technik des Erinnerungsmotivs, die später in den Musikdramen Richard Wagners zum Leitmotiv entwickelt wurde und zu den wichtigsten Gestaltungsmitteln der Rettungsoper gehört.

Grétry hat diese Ansätze in seiner wegweisenden Rettungsoper *Richard Cœur de Lion / Richard Löwenherz* (1784/85) in besonderer Weise verwirklicht. Der Text stammt, wie derjenige Monsignys, von Michel-Jean Sedaine. Der Troubadour Blondel befindet sich als blinder Bettler verkleidet auf der Suche nach seinem Herrn, König Richard Löwenherz. Er trifft auf Marguerite, die Geliebte des Königs, mit deren Hilfe er Richard aus dem Kerker eines Schlossgouverneurs befreit. Die Technik des Erinnerungsmotivs – eine Technik der Reminiszenz – beruht hier auf der Wiederkehr einer Chanson (*Une fièvre brûlante / Ein glühendes Fieber*), die als Erkennungszeichen dient und somit an entscheidenden Stellen eine für die Handlung sinnstiftende Funktion bekommt: vor dem Kerker Richards dient sie beispielsweise als Signal für die Anwesenheit Blondels. Das Finale – die Darstellung der Befreiung – prägt das moderne, spektakuläre Aktionsfinale aus. Nachdem hinter der Bühne signalhaft ein Trommelwirbel ertönt ist, erlebt der Zuschauer in unmittelbarem Anschluss an eine Tanzszene, wie die Truppen Marguerites die Festung erstürmen. Diese Erstürmung wird rein pantomimisch zu einer Schlachtenmusik ausgeführt, zu deren Einstudierung man den berühmten Ballettmeister Gaetano Vestris heranzog. Am Schluss erklingen die Vive-le-Roi-Rufe, ein Triumphmarsch und die Jubelhymne auf die Melodie der Erinnerungschanson. Auch dieser Text enthält vorrevolutionäres Gedankengut: Befreit wird hier ein König durch ein aktives Volk, nicht umgekehrt der Angehörige des Volkes durch den König (wie im *Deserteur* oder später im *Fidelio*).

Da die Rettungsoper besonders geeignet war, um revolutionäre Inhalte zu transportieren, wurde sie zum beliebten Genre der Revolutionszeit. Henri-Montan Bertons *Les Rigueurs du Cloître / Die Grausamkeiten des Klosters* (1790) ist ein gegen Kirche und Thron gerichtetes politisches Propagandawerk, das Vorbild einer ganzen Serie ähnlicher Klosterstücke wurde, aber aufgrund seiner Gebundenheit an die politische Aktualität recht kurzlebig war. Der berühmteste Komponist der revolutionären Rettungsoper war Luigi Cherubini, der mit *Lodoïska* (1791) ein epochales Werk schuf. Die einfache Handlung – Floreski, ein polnischer Graf, befreit mit Hilfe einer Truppe wilder Tartaren seine Geliebte Lodoïska aus der Kerkerhaft, in der sie der Bösewicht Dourlinski gefangen hielt, um sie sich gefügig zu machen – hat zwar einen politischen Hintergrund, der jedoch nicht so deutlich im Zentrum steht wie beispielsweise bei Berton. Das an Grétry orientierte Schlusstableau wird nochmals erweitert zum überdimensionierten, spannungsvollen Katastrophentableau, in dem einerseits szenisch-visuelle und pantomimische Momente an Bedeutung gewinnen, andererseits die musikalische Gestaltung, besonders in der Schlachtensymphonie (Symphonie guerrière), durch motivisch-thematische Verfahren besonders intensiviert wird. Diese Qualität der musikalischen Faktur hat vor allem Beethoven an Cherubini geschätzt.

An die Finalszene von *Lodoïska* knüpfte zwei Jahre später Jean-François Le Sueur mit *La Caverne / Die Räuberhöhle* (1793) an. Dieses Werk ist vor allem in szenischer Hinsicht von Bedeutung. Hier wurde erstmals eine simultan gespielte Doppelszene auf die Bühne gebracht: Die Bühne wurde zweigeteilt, in eine Räuberhöhle und eine Waldlandschaft über der Höhle. Zwischen diesen beiden Spielebenen kommt es zu auskomponierter Interaktion. Im groß angelegten Katastrophenfinale wird die Handlung nicht mehr nur pantomimisch umgesetzt, sondern Räuber und Retter werden in einem achtstimmigen Doppelchor miteinander konfrontiert.

Nach dem Ende der Schreckensherrschaft sind viele Opern dieser Zeit in Vergessenheit geraten. Dem Bedarf nach leichteren, unpolitischen Opern entsprach Cherubinis *Elisa ou Le voyage aux glaciers du Mont St. Bernard / Elisa oder Die Reise auf den Sankt Bernhard* (1794), in der zwar auch eine Rettung stattfindet, jedoch nicht aus den Ketten eines Schreckensherrschers, sondern aus den Naturgewalten der Alpen. Eine ähnliche Tendenz prägt auch Le Sueurs zweites großes Projekt, *Ossian ou Les Bardes / Ossian oder Die Barden* (1804), die im Kern ebenfalls eine Rettungsoper ist. Beide Werke sind bereits im Zuge romantisierender Tendenzen zu deuten, das eine mit der Schilderung und Verklärung von Naturereignissen, das andere durch seine Traumszene, in der die Helden des Ossian-Mythos verklärend dargestellt werden hinter Gaze-Schleiern mit dominierendem Harfenklang.

Für die ernste französische Gattung, die Tragédie lyrique,

spielt der nächste große Opernstreit eine konstitutive Rolle – die Querelle des Gluckistes et Piccinnistes, die rund 20 Jahre nach dem Buffonistenstreit ausgetragen wurde. Im Mittelpunkt standen zwei der berühmtesten Opernkomponisten. Gluck wurde 1774 nach Paris gerufen, Piccinni 1776/77, um eine italienische Gegenposition aufzubauen. Piccinni sollte für Paris freilich nicht italienische Opern komponieren, sondern beide Komponisten schrieben französische Opern, Tragédies lyriques, die französische und italienische Momente verbanden. Gluck hat dafür einige seiner Reformopern bearbeitet und weitere hinzukomponiert, Piccinni schrieb neue Werke, hauptsächlich auf Libretti des Apologeten italienischer Musik, François Marmontel, der die Idee hatte, italienische Musik mit französischer Librettistik zu synthetisieren.

So ging es in diesem Streit nicht mehr primär um die Priorität des jeweiligen nationalen Operntypus, sondern um die Art der Musik. Glucks Musik galt bei seinen Apologeten als besonders dramatisch, und deshalb der Oper als Gattung bestens angemessen; Piccinnis Musik wurde hingegen der Vorwurf gemacht, sie sei der Oper nicht gemäß und nur als Konzertmusik geeignet. Umgekehrt warfen die Piccinnisten Glucks Musik vor, dass sie der italienischen Ästhetik der Arienkomposition nicht entspreche als eines einheitlichen, symmetrischen, abgerundeten Gesangs, dem so genannten Chant périodique, der zum Schlagwort der Piccinnisten in der Querelle wurde. Die beiden Positionen waren jedoch mit zwei generellen konträren ästhetischen Auffassungen verbunden: der Nachahmungsästhetik einerseits, um deretwillen vom Ideal des Chant périodique abgewichen werden konnte, und der Autonomie der Musik, die ihre eigenen Gesetze – hier diejenigen des Chant périodique – entwickle.

In der kompositorischen Praxis ist es allerdings kaum möglich, die eine Position – die dramatische – nur auf Gluck, die andere – die musikalische – nur auf Piccinni zu beziehen, wie es lange Zeit in der Operngeschichtsschreibung geschehen ist. Der Unterschied zwischen ihren Opern basiert auf anderen Kriterien. Er lässt sich am besten an *Iphigénie en Tauride* fassen, die beide Komponisten vertonten. In Glucks Oper zeigt sich die Fortsetzung einer dramaturgischen Konzeption, die auch schon seine früheren Reformwerke prägte, nämlich die Konzentration auf die innere Handlung des Stücks. In Piccinnis Oper hingegen dominiert die äußere Aktion, wie sie bereits die Finali seiner Buffa-Opern bestimmte. Die Arienkomposition beider Opern zeigt nämlich gerade entgegengesetzte Merkmale: Während Piccinnis Arien durch Kürze, Asymmetrie, Offenheit und Abstimmung auf die dramatische Disposition geprägt sind, die in der ästhetischen Diskussion eigentlich als typisch für Gluck galten, hat Glucks *Iphigénie* geschlossene Gesangsnummern, die gerade der Forderung nach Einbindung ins Drama und nach einem kontinuierlichen, ganz an der Handlung ausgerichteten musikalischen Verlauf entgegenstehen.

Die *Iphigénie en Tauride*-Vertonungen sind die einzigen Opern der beiden Komponisten auf denselben Stoff. Der Wettstreit, der gleich nach Piccinnis Ankunft in Paris mit dem Auftrag von *Roland*-Opern entfacht werden sollte, schlug fehl, da sich Gluck der Konkurrenz entzog. So schrieb nur Piccinni einen *Roland* (Libretto nach Quinault), der 1778 außerordentlichen Erfolg hatte. In dieser ersten Oper für Paris folgen die Arien noch weitgehend italienischen Formen. Im Fall von *Iphigénie* gelang es Gluck, einen früheren Aufführungstermin zu ergattern (1779) als Piccinni (1781). Piccinnis Oper hat sich somit nie ganz gegen Glucks Vertonung durchgesetzt. *Iphigénie* war die vorletzte Oper Glucks für Paris (seine letzte, *Echo et Narcisse* von 1781, war erfolglos) und neben *Iphigénie en Aulide* (1774) und *Armide* (1777) die dritte originär für diese Stadt komponierte. Die französische Fassung von *Orphée et Euridice* war 1774, diejenige von *Alceste* 1776 erstmals aufgeführt worden. Da Glucks italienische Reformopern bereits eine Synthese aus französischer und italienischer Oper darstellten, war es keine Schwierigkeit, die Werke in Tragédies lyriques umzuwandeln. Zudem bestanden seit dem Buffonistenstreit auch in Frankreich Bestrebungen, italienische Musik mit französischem Libretto zu verbinden. Beispielhaft dafür steht *Ernelinde, princesse de Norvège / Ernelinde, Prinzessin von Norwegen* (1767/69/73) von Philidor, der das italienische Idiom in beiden französischen Operngattungen einführte.

Piccinni hat nach Glucks Weggang aus Paris mit *Didon* (1783) zweifellos eine seiner besten – wenn auch nicht originellsten – Opern komponiert. Ihr Erfolg hing wahrscheinlich damit zusammen, dass Piccinni nun das erfüllte, wofür man ihn nach Paris geholt hatte: er schrieb italienisch geprägte Arien, die zwar auch schon seine erste Oper *Roland* bestimmten, in *Iphigénie en Tauride* wie auch in *Atys* (1780) aber den beschriebenen kürzeren Formen Platz gemacht hatten. Diese Arien vereinigten eine dramatische Konzeption mit italienischer Melodik, Faktur und Form. Piccinnis weitere Tragédies lyriques – er komponierte insgesamt sieben für Paris – werden von Merkmalen bestimmt, die man bislang eher Gluck zugeordnet hat. Sie sind in *Iphigénie* am deutlichsten vorgeprägt, die durch ihre weitaus größere Pluralität der Arienformen und durch ihre kontinuierliche musikalische Gestaltung eine Konzeption verwirklicht, in der Musik und Drama eng aufeinander bezogen sind. Dieser Konzeption folgen *Diane et Endimion* (1784), *Pénélope* (1785, 1787), die zweite Fassung von *Adèle de Ponthieu* (1787, 1. Fassung 1781) und mit großer Wahrscheinlichkeit auch Piccinnis verschollene Oper *Clitemnestre* (Ende der 1780er-Jahre). Wie Gluck mit seiner letzten Oper für Paris hatte Piccinni mit diesen späten Werken keinen durchschlagenden Erfolg. Sie sind dennoch charakteristisch für die Tragédie lyrique der späten 1780er-Jahre, deren Typus Piccinni wesentlich mitbestimmt hat.

In dieser Zeit entstanden einige Opern mit vorrevolutionären Sujets wie Antonio Salieris *Tarare* (1787), Luigi Cherubinis *Démophon* (1788) und vor allem die gleichnamige Oper Johann Christoph Vogels, die im Revolutionsjahr 1789 uraufgeführt wurde. Auch Piccinnis *Diane et Endimion* gehört in gewisser Weise dazu; im Gegensatz zu ihrer Uraufführung 1784 konnte sie aufgrund gesellschaftskritischer Momente 1791 großen Erfolg erringen. Vogels *Démophon* zeigt deutlich Momente revolutionären Aufbegehrens: Der Untertan Narbal, vermeintlicher Vater Dircées, die aufgrund eines Orakels geopfert werden soll, lehnt sich gegen die von dem Herrscher Démophon angeordnete Opferung auf. Die Lösung wird dennoch nicht durch Narbal oder das Volk, sondern durch die Aufdeckung von Dircées wirklicher Herkunft, sie ist die Tochter Démophons, herbeigeführt. Die Einbeziehung revolutionären Gedankenguts ist von Beginn der Oper an deutlich, indem die Zweifel an der Berechtigung des Orakels, an den überkommenen Gesetzen und an den Entscheidungen des Königs im Vordergrund stehen. Cherubinis gleichnamige Oper ist hingegen gemäßigter: sie lehnt sich stärker an die Vorlage Metastasios an, in der nicht revolutionäre Ideen, sondern eine spannungsreiche doppelte Intrige im Vordergrund des Interesses steht, die bei Vogel eliminiert wurde.

Am drastischsten offenbaren sich die revolutionären Gedanken jedoch in Salieris Oper *Tarare*, die auf ein Libretto von Beaumarchais komponiert wurde. Der erfolgreiche und tugendhafte Soldat Tarare, den der eifersüchtige König Atar peinigt und schließlich zum Tode verurteilt, wird von seiner revoltierenden Truppe gerettet und selbst zum König erklärt. Am Schluss der Oper wird die revolutionäre Parole verkündet: »Sterblicher, wer du auch seist: Fürst, Brahmane, Soldat, durch deinen Stand bist du nichts. Mensch! Deine Größe auf Erden verdankst du Charakter und Tat.« Zu solchen Stoffen passten keine kontemplativen Arien, und Salieri hat denn auch äußerst knappe Gesänge komponiert, die den Gang des Geschehens nicht aufhalten. Die Oper erfuhr während der Französischen Revolution mehrere Umarbeitungen, die der jeweils neuesten politischen Situation angepasst wurden.

Auch während der Revolution entstanden neue Tragédies lyriques, die wie die Opéra comiques der Zeit der politischen Aktualität angemessen waren und deshalb heute weitgehend vergessen sind. Die königliche Bühne wurde bis 1792, dem Jahr der Ausrufung der Republik, bis auf wenige Tage, an denen wie im Juli 1789 die revolutionären Ereignisse überbordeten, regelmäßig bespielt. Auch danach wurden die Aufführungen fortgesetzt, sogar während der Schreckensherrschaft 1793/94 und an den Tagen vor und nach der Exekution des Königs im Januar 1793.

Im Sommer 1789 wurde das traditionelle Repertoire mit Opern von Sacchini, Piccinni, Grétry und Rousseau weitergeführt, im September fand dann die Uraufführung von Vogels *Démophon* statt. Ab 1790 wurden verstärkt Opern mit patriotischen Sujets gegeben wie *Louis IX en Egypte / Ludwig IX. in Ägypten* (1790) von Jean-Baptiste Lemoyne. Werke wie Glucks *Iphigénie en Aulide* konnten allerdings unter den politischen Umständen höchsten Aufruhr erregen, so dass es verboten wurde, mit Stöcken und Schwertern das Opernhaus zu betreten. Der Chor *Chantons, célébrons notre reine / Lasst uns singen und unsere Königin preisen* provozierte lebhaften Applaus der Royalisten, während die Revolutionäre den Chor nicht nur auspfiffen, sondern die Sänger auf der Bühne mit Gegenständen bewarfen. Nach 1792 verstärkte sich der aktualisierende Bezug: François-Joseph Gossecs *L'offrande à la liberté / Das Opfer an die Freiheit* (1792) und *Le triomphe de la république / Der Triumph der Republik* (1793), Louis Jadins *Le siège de Thionville / Die Belagerung von Thionville* (1793), Etienne-Nicolas Méhuls *Denys le Tyran / Denys der Tyrann* (1794), Jean-Baptiste Lemoynes *Miltiade à Marathon / Miltiades in Marathon* (1793) und *Toute la Grèce ou Ce que peut la li-*

berté / Ganz Griechenland oder Was die Freiheit vermag (1794) und Grétrys *La rosière républicaine ou La fête de la raison / Die republikanische Tugend oder Das Fest der Vernunft* (1794) verweisen bereits von ihren Titeln her auf den politischen Inhalt. ›Revolutionär‹ waren diese Opern nur in ihren Stoffen; musikalisch war die Revolution mit den Opern Glucks und Piccinnis bereits vorweggegangen. Lediglich die Integration eines revolutionären Tons, Märsche und Revolutionsgesänge sowie die Tendenz zur Monumentalität verweisen auch musikalisch auf das revolutionäre Umfeld.

Entstehung einer deutschen Oper

(HILLER, SCHWEITZER, HOLZBAUER, MOZART)

Die zweite Hälfte des 18. Jahrhunderts brachte auch im deutschen Sprachbereich neue Entwicklungen: Das Singspiel entstand und damit erstmals eine eigenständige deutsche Operngattung. Die intensive Rezeption des Buffonistenstreits in Deutschland hatte verstärkt die Frage nach einer deutschen Oper aufgeworfen. Zwar gab es auch im 17. Jahrhundert vereinzelte deutsche Opern, wie beispielsweise *Daphne* (1627; Text von Martin Opitz, Musik verschollen) von Heinrich Schütz oder die erste deutsche erhaltene Oper *Seelewig* (Nürnberg 1644) von Sigmund Theophil Staden. In Hamburg entstand mit der Eröffnung des ersten öffentlichen Opernhauses außerhalb Venedigs (Oper am Gänsemarkt) 1678 eine deutsche Barockoper; sie verschwand jedoch wieder mit der Schließung des Hauses 1738. Sie hatte allerdings mit Reinhard Keiser, Johann Mattheson, Georg Philipp Telemann und Georg Friedrich Händel namhafte Komponisten zu verzeichnen. Der Typus der Hamburger Oper, dessen Hauptmerkmal der deutsche Text bildete, lehnte sich musikalisch eng an die italienische Oper an, die ansonsten auch im deutschen Sprachbereich dominierte. In Wien entstand mit Johann Joseph Fux, Antonia Caldara und Francesco Conti eine eigene Richtung der italienischen Oper.

Anders als die Hamburger Oper lehnte sich das deutsche Singspiel nicht an die italienische Oper, sondern an die französische Opéra comique an: wie dort wechseln gesprochene Dialoge mit liedhaften Einlagen. Vermittelnd wirkte zunächst allerdings ein englisches Werk, die Ballad-Opera *The Devil to Pay or The Wives Metamorphosed* (1730) von Charles Coffey und John Mottley, die in deutscher Übersetzung in Potsdam zum Geburtstag König Friedrichs II. gespielt wurde und anschließend zwei deutsche Neubearbeitungen erfuhr. Die zweite, außerordentlich erfolgreiche Bearbeitung (*Der Teufel ist los*, Leipzig 1766) von dem bedeutenden Singspiel-Komponisten Johann Adam Hiller war nach französischem Vorbild umgestaltet worden – ein Verfahren, das generell die Frühphase des deutschen Singspiels prägte.

Im Unterschied zur französischen Opéra comique war das Singspiel jedoch oft durch derbe Komik geprägt, wie der Inhalt von *Der Teufel ist los* veranschaulicht. Zwei Ehepaare ärgern ihre Partner: Zeckel ist Säufer und vernachlässigt seine Frau Lene, Frau von Liebreich drangsaliert ihren Ehemann. Der Zauberer Microscop vertauscht die Identität der beiden Ehefrauen, so dass nun Zeckel von Frau Liebreich verprügelt wird, Herrn von Liebreich hingegen die Sanftmut Lenes zuteil wird. Alle schwören nach der Aufdeckung der Verwechslung Besserung, die jedoch erst nach weiteren Verwicklungen und Machenschaften erfolgt.

Die musikalische Gestaltung beruht im Unterschied zu den früheren Bearbeitungen dieses Singspiels auf dem Stil italienischer Arienkomposition, die wegweisend für die anspruchsvolleren Werke der deutschen Gattung wurden. Im Singspiel fand eine ähnliche Entwicklung wie im französischen und italienischen komischen Genre statt: Seria-Arien wurden einerseits zur Erweiterung der Ausdruckssphäre und andererseits zur Charakterisierung höher gestellter Personen eingesetzt. Hillers populärstes Singspiel *Die Jagd* (Weimar 1770), das auf der Grundlage eines französischen Comique-Librettos umgearbeitet wurde, besteht aus einfachen Buffo-Liedern und kürzeren, italienisch beeinflussten Arien zur unterschiedlichen Charakterisierung der bürgerlichen Personen sowie Seria-Arien für den König. Diese Entwicklung wurde unter anderem von Komponisten wie Georg Benda, Johann André, Rudolf Johann Zumsteeg und Johann Friedrich Reichardt fortgesetzt.

Neben der recht breiten Tradition des deutschen Singspiels in der zweiten Hälfte des 18. Jahrhunderts gab es auch Bemühungen um eine deutsche durchkomponierte Oper, die sich allerdings nur in ganz wenigen Werken manifestierte. Zur Unterscheidung von anderen Traditionen wurden die Werke meist ebenfalls mit Singspiel bezeichnet, obgleich das Merkmal des gesprochenen Dialogs nicht zutrifft. Anton Schweitzers *Alceste* (Weimar 1773) auf ein Libretto von Christoph Martin Wieland war ein Versuch, eine deutsche Opera seria zu schaffen. *Günther von Schwarzburg* (Mannheim 1777) des berühmten Mannheimer Komponisten und Kapellmeisters Ignaz Holzbauer basiert auf einem historischen nationalen Stoff, der auf Sujets des 19. Jahrhunderts vorausweist: Günther von Schwarzburg war 1349 von der Partei der Wittelsbacher zum Gegenkaiser Karls IV. gewählt worden. Im Unterschied zu Schweitzer ist Holzbauer hier weitgehend reformerischen Opernprinzipien gefolgt.

In Wien wurde das Singspiel durch Kaiser Joseph II. seit der Gründung des Nationaltheaters 1778 gefördert, die sowohl eine Institutionalisierung der Gattung als auch die Aufführung von anspruchsvollen Werken bedeutete. Joseph II. verfasste selbst die Richtlinien und wählte die Mitwirkenden für die erste dort gespielte Oper aus, *Die Bergknappen* (1778) von Ignaz Umlauf. Die musikalische Gestaltung des Wiener Singspiels beruht auf einer Vielfalt von Stilen, was bereits für das seit den 60er-Jahren aus der Volkskomödie entstandene Wiener Singspiel typisch war. In den *Bergknappen* zeigt sich der französische Einfluss in der Ouvertüre, einem Vaudeville am Schluss sowie tonmalenden Orchesterpassagen, der italienische in den Arien und der deutsche in liedhaften Solonummern. Weitere Komponisten, die das Wiener Singspiel prägten, sind Carl Ditters von Dittersdorf mit seinem sehr erfolgreichen Werk *Doktor und Apotheker* (1786) sowie Paul Wranitzky (*Oberon*, 1789), Ferdinand Kauer (*Das Donauweibchen*, 1798) und Joseph Weigl (*Die Schweizerfamilie*, 1809), deren Werke allerdings nicht mehr im Nationaltheater aufgeführt wurden, da Joseph II. die Idee eines ausschließlich für deutsche Singspiele zuständigen Theaters aufgegeben hatte und 1783 eine Buffa-Truppe engagierte.

Ein herausragendes Werk für das Nationaltheater war allerdings ein Jahr zuvor aufgeführt worden: *Die Entführung aus dem Serail* (1782). Mozart hatte sich bereits 1778 um einen Auftrag bemüht, den er dann 1781 erhielt. Das Libretto von Johann Gottlieb Stephanie d. J., einem in Wien sehr anerkannten Librettisten, beruht weniger auf einer verwickelten Intrige. Die Handlung bezieht ihre Spannung vielmehr daraus, ob die in Bassa Selims Serail entführten Frauen Konstanze und ihre Dienerin, Blonde, den Zudringlichkeiten ihrer Herren zu widerstehen vermögen und ob die Entführung aus dem Serail durch Konstanzes Verlobten Belmonte gelingt. Die Lösung erfolgt durch die Milde Bassa Selims, der die Gefangenen freilässt.

Trotz differenzierter Gestaltung war die Musik auf den Geschmack des Wiener Publikums abgestimmt, indem Effekte Eingang fanden wie die Janitscharen-Musik in der Ouvertüre, in der Arie Osmins, im Chor des ersten Aufzugs und im Schlusschor. Die buffonesken Nummern entbehren nicht der beliebten Situationskomik, sind jedoch äußerst subtil auf die jeweilige psychologische Situation abgestimmt. Beispielsweise geht die berühmte Arie Osmins

Solche hergelauf'nen Laffen, die nur nach den Weibern gaffen weit über die übliche buffoneske Plapper-Melodik hinaus, indem in ironisierender Weise auf »Laffen« Verzierungen und Koloraturen – Merkmale der Parti serie – angebracht sind: so wird deutlich, was Osmin von höhergestellten Personen wie Belmonte hält. Die Arien Konstanzes hingegen sind lange Seria-Arien moderner Form und Faktur; Blonde und Pedrillo haben einfache liedhafte Melodik. Duette, Terzette und Quartette sind als Aktions-Ensembles komponiert.

Das bedeutendste Singspiel des Jahrhundertendes, Mozarts *Zauberflöte* (1791; Libretto von Emanuel Schikaneder), steht in der Tradition der Wiener Kasper- und Zauberoper. Deren Grundkonstellation bestand im Sieg der Liebe über vielerlei Gefahren. Grundlegendes Merkmal war das Eingreifen von überirdischen Mächten wie Geistern und Zauberern in das Schicksal der Menschen. Theatralische Effekte wie das Erscheinen von wilden Tieren, die Verwendung von Zauberinstrumenten und Priesterchören stammen ebenfalls aus der Tradition der Zauberoper.

Wie die *Entführung* trug auch die *Zauberflöte* zu einer Nobilitierung des Singspiels bei, zum einen durch den Einbezug übergreifender Ideen (z. B. dem Freimaurertum), zum anderen wiederum durch die differenzierte und dabei sehr aktionsbezogene Gestaltung, die – unter dem Deckmantel einfacher und eingängiger Melodik – ein Höchstmaß an Variabilität hervorbrachte. Nicht nur die großen Arien der Königin der Nacht oder die sentimental-kantablen Arien Paminas, sondern auch einfach erscheinende Strophenlieder sind äußerst kunstvoll gestaltet, wie die beiden Arien Papagenos *Der Vogelfänger bin ich ja* und *Ein Mädchen oder Weibchen*, Monostatos' *Alles fühlt der Liebe Freuden* und Sarastros *In diesen heilgen Hallen*. Buffoneske Effekte sind sehr dezent, aber dennoch wirkungsvoll angebracht. Papagenos *Hm! hm! hm! hm!* am Beginn des Quintetts bleibt auf einen kurzen Abschnitt beschränkt; Taminos

Kommentar greift die Melodik Papagenos auf und nimmt durch sein Bedauern der Szene den Charakter platter buffonesker Drastik. Am Ende des sehr kurzen Terzetts zwischen Pamina, Monostatos und Papageno ist der buffoneske Effekt auf wenige Takte beschränkt: der schwarze Monostatos und der pittoreske Papageno halten sich gegenseitig für den Teufel und fliehen erschreckt nach abwechselnden, in Dreiklangsmelodik gesetzten »Huh«-Rufen. Bezeichnend sind auch die sehr langen Finali, die über ihre Funktion als Schlussteil weit hinausgehen, indem sie jeweils einen großen Teil der Handlung der beiden Akte beinhalten. Im Gegensatz zu den tumultartigen Szenen der Opera buffa haben sie zahlreiche kontemplative Partien. Mozarts *Zauberflöte* ist in der Tradition der Gattung eine Ausnahme. Sie trug denn auch nicht die Bezeichnung Singspiel, sondern Große Oper, und weist damit auf das 19. Jahrhundert voraus.

Die Oper in Italien, Frankreich und Deutschland in der ersten Hälfte des 19. Jahrhunderts

Vom Dramma per musica zum Melodramma serio: Die Entwicklung der Scena ed aria in der italienischen Oper

(MAYR, PAER, ROSSINI)

Die italienische Oper des 19. Jahrhundert wurde in zunehmendem Maß durch die Tendenz bestimmt, die in den Opernreformen in der zweiten Hälfte des 18. Jahrhunderts bereits angelegt war: den Einbezug und die Nutzbarmachung der Musik für den dramatischen Verlauf einer Oper. Dies bedeutet, dass die ehemalige Trennung von Kontemplation (Arie) und Handlung (Rezitativ) nivelliert wurde und die Musik zum konstituierenden Faktor nicht nur für kontemplative Partien, sondern auch für die Handlung des Dramas wurde. Schritte auf diesem Weg waren in der zweiten Hälfte des 18. Jahrhundert die anspruchsvollere Vertonung auch der Handlung in musikalisch kompakteren Accompagnato-Rezitativen und der Einbezug von Handlungsmomenten in Arien sowie der Einsatz ausgedehnter Handlungsfinali in der Opera buffa.

Im Zuge solcher Dramatisierungstendenzen entwickelte sich ein neues Arienmodell – die Scena ed aria (Szene und Arie), die in der ersten Hälfte des 19. Jahrhunderts zum Modell in allen nationalen Opperngattungen wurde, am nachhaltigsten jedoch die italienische Oper prägte. Grundlage dieses Modells war die seit ungefähr 1770 auftretende zweisätzige Arienform. Sie bestand aus zwei formal geschlossenen, im Tempo, oft auch in der Taktart und später auch in der Tonart unterschiedlichen Sätzen (langsam – schnell). Diese zweisätzige Arienform basierte wiederum auf der zweiteiligen, vor allem in der Opera buffa üblichen Cavatine, deren Teile ausgeweitet wurden. Die zweisätzige Arie war zunächst nur eine, und nicht gerade die gebräuchlichste, der neuen Arienformen, die um 1770 die Da-capo-Arie ersetzten. Am Ende des 18. Jahrhunderts war sie jedoch bereits eine der wichtigsten Arienformen und in der ersten Hälfte des 19. Jahrhunderts wurde sie durch ihre Ausweitung zur Szene zum Standard-Modell wie zuvor die Da-capo-Arie.

Ein Beispiel für eine zweisätzige Arie der frühen 1790er-Jahre ist die erste Arie der Königin der Nacht aus Mozarts *Zauberflöte*. Sie beginnt mit einem Accompagnato-Rezitativ *O zittre nicht, mein lieber Sohn*; danach folgt ein langsamer Andante-Satz *Zum Leiden bin ich auserkoren* in g-Moll im 3/4-Takt, der den Schmerz über die verlorene Tochter zum Ausdruck bringt; der abschließende, schnellere Allegro-moderato-Satz in B-Dur im 4/4-Takt *Du, du, du, wirst sie zu befreien gehen* spiegelt die Hoffnung auf die Befreiung Paminas wieder. Der Vorteil der zweisätzigen Form war, dass sie die schnelle Ablösung des einen Affekts durch den anderen (Trauer – Hoffnung) darstellen konnte und zudem durch einen rezitativischen Übergang zwischen den Ariensätzen auch gleitende Affektsteigerungen nachzeichnen konnte. Zudem wird hier durch die Anrede »Du« an Tamino im zweiten Satz ein Teil des Dialogs in die Arie integriert, der früher rezitativisch gestaltet worden wäre. Der allmähliche Ausbau der zweisätzigen Arie zur Scena ed aria vollzog sich durch die Ausweitung der einzelnen Sätze, durch die Erweiterung der rezitativischen Partien in Einleitungs- und Überleitungsteile sowie durch den Einbezug des Chores in die Arien. Choreinwürfe in geschlossenen Formen waren in den 1780er-Jahren in der französischen Tradition aufgrund der bedeutenden Rolle des Volks in vorrevolutionären französischen Opern bereits üblich. Außerdem kamen dreisätzige Arien sowie zwei- und mehrsätzige Ensemblesätze hinzu.

Das neue Modell findet sich zunächst in Opern Simon Mayrs und Ferdinando Paers, den wichtigsten Komponisten des Jahrhundertbeginns. Ihre Opern führen vom Dramma per musica des 18. Jahrhunderts zum Melodramma des 19. Jahrhunderts, wie die Oper in Italien nun aufgrund der genannten Änderung, der stärkeren Dramatisierung, genannt wurde. Mayrs Bühnenwerke sind heute im Repertoire kaum mehr präsent – trotz ihrer operngeschichtlichen Vermittlerfunktion zwischen den Jahrhunderten. Nicht nur durch die modernen zwei- und mehrsätzigen Arienkompositionen mit häufigem Choreinsatz sowie durch die Übernahme der Finali der Buffa in die Seria, sondern auch durch eine Synthese von deutschem und italienischem Stil zeichnen sich seine Opern aus: die reiche Harmonik und die farbige Instrumentation weisen auf kommende Gestaltungsweisen der romantischen Oper voraus. Seine bedeutendsten Werke sind: *Ginevra di Scozia / Ginevra von Schottland* (Triest 1801), die eine beliebte, zum Schema werdende Handlungs- und Personenkonstellation vorwegnimmt (eine vom Vater unerwünschte Ehe wird hintertrieben), *L'amor coniugale / Die eheliche Liebe* (Padua 1805), eine Leonoren-Oper, die vier Monate vor Beethovens *Fidelio* aufgeführt wurde, sowie *Medea in Corinto* (Neapel 1813), die allerdings dem herkömmlichen Seria-Schema folgt.

Mayr war deutscher Herkunft und machte seine Opernkarriere in Italien. Der Italiener Paer wurde nach Erfolgen auf italienischen Bühnen 1798 ans Kärtnerthor-Theater nach Wien, dann ans Hoftheater nach Dresden gerufen, wo er 1806 von Kaiser Napoleon I. abgeworben wurde. Die bekannteste Oper Paers ist die Rettungsoper *Leonora ossia L'amor coniugale / Leonora oder Die eheliche Liebe* (Dresden 1804), die ein Jahr vor Beethovens Oper aufgeführt wurde. Paer hatte bereits zuvor mit *Camilla ossia Il sotter-*

raneo / Camilla oder Das Burgverließ (Wien 1799) dem Genre der Rettungsoper im deutschen Sprachraum zu größerer Geltung verholfen. Wie viele andere Opern Paers waren sowohl *Camilla* als auch *Leonora* Adaptationen von französischen Opéra comiques (*Camilla* nach Nicolas Dalayrac und *Leonora* nach Pierre Gaveaux), die jedoch keine gesprochenen Dialoge, sondern nach italienischer Manier komponierte Rezitative haben. Sie gehören zum Genre der Opera semiseria, die ernste Stoffe unter Einbeziehung von Parti buffe behandeln.

Dass die Opern Mayrs und Paers heute kaum mehr gespielt werden, liegt an der überragenden Persönlichkeit Gioachino Rossinis, der seine Zeitgenossen in den Schatten stellte. Seine Überlegenheit manifestiert sich nicht zuletzt in der singulären Tatsache, dass er auf dem Höhepunkt seiner Karriere mit dem Komponieren schlichtweg aufhörte. Die bekanntesten Opern Rossinis gehören zwar dem komischen Genre an; doch hat er besonders während seiner Zeit in Neapel (1815–22) bedeutende Beiträge zur ernsten Oper geleistet. Rossini begann nach seinem Studium in Bologna mit der Komposition von Farse für das dortige Teatro San Moisè. Farse waren kurze, einaktige Opern mit einer begrenzten Anzahl von Sängern (Sopran, Tenor, eine weitere Frauenstimme und drei Buffo-Bässe bzw. zwei Buffo-Bässe und ein Tenor) auf der Grundlage heiterer Stoffe. Rossini schrieb 1812–13 vier erfolgreiche Farse, die bekannteste ist *Il Signor Bruschino* (1813). Diese Werke zeigen bereits Merkmale späterer Opern: sie haben die für Rossini typische, rhythmisch schwungvolle und mitreißende Musik; der äußerst wirkungsvolle Aufbau wurde zum Schema nachfolgender erster Akte seiner Buffa-Opern; Rossinis Typus der Ouvertüre, ein Introduktionsteil mit schnellem durchführungslosem Sonatensatz, prägte sich aus, wobei originelle Instrumentation, eine Vielzahl thematischer Gedanken und der Einsatz des Crescendos charakteristische Merkmale sind. *Tancredi* (Venedig 1813), eine ernste Oper, machte

Rossini berühmt; vor allem die Cavatine *Di tanti palpiti / Mit pochendem Herzen* wurde zu einer Art Schlager in ganz Europa. *Tancredi* unterscheidet sich weniger in formaler Hinsicht von der generellen Entwicklung (mehrsätzige Arien, ausgedehnte Finali), als in der musikalischen Sprache und der Verbindung von Drama und Musik. Seine eingängige und schwungvolle Melodik sowie sein Canto fiorito (verzierter Gesang) wurden zu prägenden Merkmalen seiner Arien. Die dramatische Wirkung wurde nicht mehr primär durch die Handlung, sondern durch die musikalische Gestaltung, vor allem durch den Wechsel kontrastierender Ausdrucksebenen, geschaffen.

1815–22 stand Rossini unter Vertrag am berühmten Teatro San Carlo in Neapel, das von dem einflussreichen und wohlhabenden Impresario Domenico Barbaia geleitet wurde. Die dortigen Bedingungen waren hervorragend, so dass Rossini trotz einer Fülle von Aufgaben, zu denen die Komposition, Verwaltung und Proben eigener und fremder Werke gehörte, sieben Jahre blieb. Die finanziellen Möglichkeiten waren optimal und die berühmtesten Sänger, unter anderem Isabella Colbran, Rossinis spätere Frau, waren dort engagiert. Er komponierte für Neapel hauptsächlich ernste Opern, während er für Bühnen anderer Städte Opere buffe schrieb. Die bedeutendsten sind: *Elisabetta regina d'Inghilterra / Elisabeth, Königin von England* (1815), *Otello ossia Il moro di Venezia / Otello oder Der Mohr von Venedig* (1816), *Armida* (1817), *Mosè in Egitto / Moses in Ägypten* (1818), *Ermione* (1819), *La donna del lago / Das Fräulein vom See* (1819) und *Maometta II* (1820); *Semiramide* (1823) wurde für Venedig komponiert. Gegenüber Rossinis Vorgängern ist nicht nur die Ausdrucksbreite der Solopartien, sondern auch die Bedeutung der Ensembles und – seit *Mosè in Egitto* – die immer stärkere Einbeziehung des Chors hervorzuheben. In der zweisätzigen Arie wurde der Aufbau der Sätze, besonders des zweiten schnellen Satzes schematisiert. Er erhielt bei Rossini die stereo-

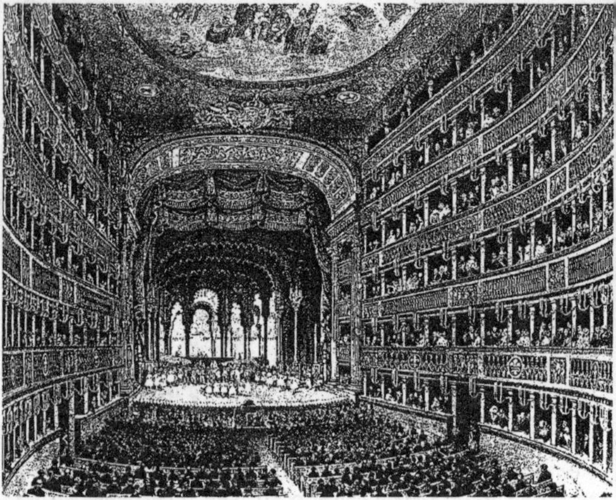

Das Teatro San Carlo in Neapel war seit der ersten Hälfte des 18. Jahrhunderts das berühmteste Theater Italiens. Der Stich von 1816 zeigt das ein Jahr zuvor durch einen Brand zerstörte Theater nach seiner Wiedereröffnung

type Ausprägung des schwungvollen Schlusssatzes der Cabaletta: sie war dreiteilig mit variierter Reprise und einer Coda und wurde als Ganzes nach einem kurzen Orchesterzwischenspiel (bei Rossini häufig als charakteristisches Orchestercrescendo) nochmals wiederholt. Die Cabaletta wurde erstmals bei Rossini zur herrschenden Form der Schlusssätze und avancierte bei Donizetti und Bellini zur Norm. Rossini siedelte 1823 nach Paris über, wo seine Werke einerseits die französische Oper beeinflussten, sich andererseits in seinen letzten Opern die französische Tradition widerspiegelte.

Die Belcanto-Oper des Romantismo

(BELLINI, DONIZETTI, MERCADANTE)

Gegen Ende des zweiten Dezenniums des 19. Jahrhunderts wandelte sich die italienische Oper erneut. Es änderten sich jedoch weniger die formalen Gegebenheiten – die zweisätzige Arie und das dreisätzige Ensemble waren beherrschend –, als dass ein neuer Gesangsstil und romantische Sujets maßgebend wurden. Wegweisend war Vincenzo Bellini: er hat in seiner dritten, bereits äußerst erfolgreichen Oper *Il pirata / Der Pirat* (Mailand 1827) zusammen mit seinem Librettisten Felice Romani den Prototyp der italienischen Oper des Romantismo geschaffen und eine Melodik komponiert, die sich nahezu programmatisch von Rossinis Canto fiorito abhob.

Il pirata nimmt für die italienische romantische Oper die gleiche Bedeutung ein wie Webers *Freischütz* (1821) für die deutsche und Meyerbeers *Robert le diable* (1831) für die französische Tradition. Entscheidende Unterschiede kennzeichnen jedoch das romantische Melodramma serio: das Eingreifen überirdischer Mächte, das ein bedeutendes dramatisches Moment im *Freischütz* und in *Robert le diable* bildet, entfällt; stattdessen wird die Wahnsinnsszene zum Topos. Dieser Topos bildete schon seit längerem ein beliebtes Thema in einer anderen Gattung, dem Melodramma semiserio, das sich aus der Comédie larmoyante entwickelt hatte. Initiierend wirkte Dalayracs *Nina ou La folle par amour / Nina oder Die Wahnsinnige aus Liebe* (Paris 1786), dessen Stoff auf einer Episode aus Laurence Sternes Roman *The Life and Opinions of Tristram Shandy* (1759–67) beruhte: das Hirtenmädchen Maria wird wahnsinnig, als ihre Ehe hintertrieben wird. In der Comédie larmoyante bzw. im Melodramma semiserio gelangen die aufgrund von Liebeskummer Geistesverwirrten jedoch zu klarem Bewusstsein zurück, wenn sich der Geliebte, von dem sie aufgrund von Intrigen oder misslichen Umständen getrennt wurden, wieder zurückkehrt. Paisiellos *Nina* (Neapel 1790), die auf Dalayracs Vorlage beruht, bildet den Prototyp sowohl für die Gattung des Melodramma semiserio als auch für die Behandlung des Stoffs. In dieser Tradition stehen unter vielen anderen Werke wie Paers *L'Agnese* (Parma 1809), in der allerdings nicht eine weibliche Person, sondern ein Vater durch die Trennung von seiner Tochter in Wahnsinn verfällt; Bellinis *La sonnambula / Die Nachtwandlerin* (Mailand 1831), in der das Nachtwandeln der Protagonistin den Konflikt auslöst, und Donizettis *Linda di Chamounix* (Wien 1842), in der Linda in der unzutreffenden Annahme, ihr Geliebter habe eine andere geheiratet, in Geistesverwirrung verfällt.

Hatte das Thema im Melodramma semiserio jedoch eher rührseligen Charakter – die Personen aus bürgerlichem oder häufig bäuerlichem Milieu waren meist aus Irrtum dem Wahnsinn verfallen, sie sollten bedauert werden und ihre Rettung war gewiss –, so kam dem Topos des Wahnsinns im Melodramma serio eine andere, ernsthaftere Bedeutung zu: er wurde ausgelöst durch ein mit der Realität nicht zu vereinbarendem Gefühl und provozierte meist ein tragisches Ende, zu dem laut den dramatischen Regeln nur Personen höheren Standes befähigt waren. In *Il pirata* wird die Protagonistin wahnsinnig, als sie das Todesurteil ihres Geliebten vernimmt. In Bellinis letzter Oper, *I Puritani / Die Puritaner* (Paris 1835), verfällt Elvira dem Wahnsinn, da sie sich von ihrem Geliebten getäuscht sieht. Donizettis Lucia di Lammermoor in der gleichnamigen Oper (Neapel 1835) stirbt im Wahnsinn, nachdem sie ihren Bräutigam erstochen hat, den sie, obwohl sie einen anderen liebte, wider Willen heiraten musste. Die Protagonisten dieser Werke haben jeweils eine oder mehrere große Wahnsinnsszenen – geschlossene Nummern, deren musikalische Merkmale sich allerdings nicht grundsätzlich von anderen Nummern unterscheiden: sie haben meist die Form der zweisätzigen Scena ed aria und reiche Koloraturen.

Den inhaltlichen Momenten der romantischen Oper hat Bellini durch eine Belcanto-Melodik entsprochen, die einer neuen Ästhetik folgte und das wesentliche musikalische Merkmal der 30er- und 40er-Jahre darstellte: Text und Musik sollten eng aufeinander bezogen werden, indem musikalische und textliche Akzente genau übereinstimmten und der Gehalt der Szenen in der musikalischen Gestaltung explizit umgesetzt wurde. Die Melodik Bellinis, deren elegischer und weicher Charakter als Korrelat romantischen Weltschmerzes gedeutet wurde, bezog ihre besondere Qualität aus dieser engen Verbindung von Musik und Text, und setzte sich somit nahezu programmatisch von Rossinis koloraturenreichem und schwungvollem Stil ab. Koloraturen wurden nun allenfalls zur Verstärkung des Ausdrucks und zur Steigerung angebracht, wie beispielsweise in den Wahnsinnsszenen. Der Gesang musste nach Bellinis eigenen Worten eine Intensität besitzen, die »weinen, schaudern und sterben machen« sollte. Hinzu kam eine prachtvolle Klangentfaltung, die auf reicher Harmonik und Instrumentation beruhte.

In formaler Hinsicht schuf Bellini nichts Neues, jedoch hat er die Tendenz zur Synthese von Arie und Rezitativ bzw. auch Arie, Ensemble und Chor und damit die Entwicklung zur Ausweitung der Arie als Szene fortgeführt. Die zweisätzigen Arien, die nun zum Standard geworden sind, werden oft ausführlich von Choreinsätzen (»con coro«) oder Ensemblestimmen (»con pertichini«) durchzogen, so dass sich die Formen von Arie, Ensemble und Chor annähern. Reine Soloarien sind ganz selten. Die Einfügung arioser Partien in die Rezitative und damit die Angleichung von rezitativischer Melodik und Arienmelodik führte zu einer Überspielung des Unterschieds zwischen den beiden Formen. Das Finale des ersten Akts ist nach der Art Rossinis meist durch ein langsames lyrisches Ensemble und einen dramatischen Schluss im Allegro bestimmt, der zweite Akt der nun meist zweiaktigen Opern schließt oft – wie generell üblich zu der Zeit – mit einer Aria finale.

Bellini war der führende Komponist, der Donizetti, Mercadante, Verdi und sogar Wagner beeinflusste. Sein Œuvre ist allerdings – bedingt durch seinen frühen Tod – mit zehn Werken relativ schmal. Seine berühmtesten Opern sind *La sonnambula*, *Norma* (Mailand 1831) und *I Puritani*. Seit *Il pirata* arbeitete Bellini eng mit Felice Romani zusammen. Romani war einer der berühmtesten Librettisten der ersten Jahrhunderthälfte, der über 80 Libretti verfasste, die von allen berühmten italienischen Opernkomponisten vertont wurden (u. a. Rossini, Donizetti, Mercadante, Pacini, Meyerbeer). Romani war kein Neuerer wie etwa Metastasio, hat jedoch das Libretto auf ein hohes literarisches Niveau gehoben.

Ebenfalls von Romani stammt das Libretto zu *Lucrezia Borgia* (Mailand 1833) von Gaetano Donizetti, dem bedeutendsten italienischen Opernkomponisten zwischen Bellini und Verdi, der über 60 Opern schrieb. Das Libretto basiert auf dem Drama *Lucrèce Borgia* (Paris 1833) Victor Hugos, des Protagonisten des französischen romantischen Theaters, dessen Dramen und Ästhetik auch Verdi beeinflussten. In *Lucrezia Borgia* deutet sich – bedingt durch die Vorlage – eine Gestaltung an, die erst in der Mitte des Jahrhunderts durch den Einfluss der französischen Oper in der italienischen generell üblich wurde: die Tableauvertonung. Die Katastrophe des letzten Akts ist in die Tableauszene eines Festes integriert: die tyrannische Lucrezia Borgia vergiftet ihre Widersacher, stellt aber zu spät fest, dass sich auch ihr Sohn Gennaro unter den Vergifteten befindet. In die ausgelassene Stimmung der Festszene dringt, als Vorbote des Kommenden, nach und nach düsterer Gesang und Glockenläuten; der Schluss, die Auseinandersetzung zwischen Lucrezia und Gennaro, der jetzt erst erfährt, dass Lucrezia seine Mutter ist, war in der ursprünglichen Fassung mit einer Aria finale ohne abschließende Cabaletta gestaltet: Donizetti wollte die Arie – entgegen der Hörerwartung, aber als Reaktion auf das szenische Geschehen – mit einem Aufschrei Lucrezias bei Gennaros Tod abbrechen lassen. Solche musikalischen Gestaltungsweisen, die die Konvention der Formen der Oper durchbrach, um dem dramatischen Verlauf gerecht zu werden, wurden erst ab der Jahrhundertmitte und in programmatischer Weise erst bei Richard Wagner verwirklicht. Wie sehr die Konventionen die Oper jedoch in den 1830er-Jahren bestimmten, zeigt die Tatsache, dass Donizetti von seiner ursprünglichen Intention abrücken musste, um den Wünschen der Sängerin der Uraufführung gerecht zu werden, die mit einer abschließenden Cabaletta glänzen wollte.

Lucrezia Borgia wurde jedoch nicht wegweisend für Donizettis weitere Entwicklung. *Lucia di Lammermoor* (Neapel 1835), Donizettis bekannteste Oper, hält sich ganz an die Konventionen. Wie Bellini mit *I Puritani* hatte auch Donizetti gegen Ende seines Lebens in Paris Erfolg, wo die italienische Oper inzwischen heimisch geworden war. Seine bekanntesten dort aufgeführten Opern sind *La Favorite* (1840), die komische Oper *Don Pasquale* (1843) und die französische Oper *Dom Sébastian, roi de Portugal* (1843).

Saverio Mercadante ist der dritte Komponist von Bedeutung, dessen Opern heute jedoch nur selten gespielt werden. Vor allem die Tendenz zur Verknappung von Affekten und Handlungsmomenten bestimmt seine Werke: *Il giuramento* (Mailand 1837), eine seiner wichtigsten Opern, soll nach Mercadantes eigenem Ermessen vor allem wegen seiner knappen Nummern Erfolg gehabt haben. Mercadante hat denn auch verstanden, trotz der Kürze einiger Arien durch subtile und konzentrierte kompositorische Gestaltung der Vielschichtigkeit der Textvorlage gerecht zu werden.

Melodramma semiserio und Melodramma giocoso

(ROSSINI, DONIZETTI, RICCI)

Für das Melodramma semiserio gingen inhaltliche Impulse von Dalayracs *Nina*-Sujet aus. Eine andere Traditionslinie hat ihren Anfang in der französischen Rettungsoper, die auch in Italien Eingang fand, vor allem mit Paers *Leonore* und *Camilla ossia Il sotteraneo*. Auch Rossinis *La gazza ladra / Die diebische Elster* (Mailand 1817) ist in dieser Traditionslinie zu sehen: die Rettung des eingekerkerten Dienstmädchens Nicoletta, die des Diebstahls silberner Löffel bezichtigt wurde, die in Wirklichkeit eine Elster entwendet hatte, erfolgt in letzter Minute genauso wie die Amnestie ihres verfolgten Vaters. Mercadantes *Elisa e Claudio ossia L'amore protetto dall'amicizia / Elisa und Claudio oder Die aus Freundschaft geschützte Liebe* (Mailand 1821), die die Opernkarriere des Komponisten begründete, handelt von der vom Vater hintertriebenen Liebe zwischen dem Grafensohn Claudio und der jungen Bäuerin Elisa, die zwei gemeinsame Kinder haben; die Thematik erfährt hier durch Kindesraub noch eine Zuspitzung.

Das Melodramma semiserio bildete – bis auf die Stoffe – kaum einheitliche Gattungsmerkmale aus; formal ist es dem Opernschaffen der Zeit generell verpflichtet mit dem Vorherrschen zweisätziger Arien, ausgedehntem Finale im ersten Akt und Aria finale der Protagonistin im zweiten Akt. Rossinis *La gazza ladra* hat gerade nicht den oft üblichen sentimentalen Ton, sondern benutzt ihn allenfalls in karikierender Weise. Mercadantes *Elisa* ist Rossinis buffohaftem Ton verpflichtet. Bellinis *La sonnambula / Die Nachtwandlerin* (Mailand 1831) hingegen prägt fast programmatisch seine elegische, kantable Melodik aus und nähert sich von daher seinem Typus des Melodramma serio. Donizettis *Linda di Chamounix* (Wien 1842) hat in den Rahmenakten eine Milieuschilderung des als Idylle erscheinenden ländlichen Dorflebens, zu dem der zweite Akt kontrastiert, der in der vornehmen Welt von Paris spielt.

Die halbernste Gattung erfuhr keine Fortentwicklung; zwar wurden in den 30er-Jahren zahlreiche Melodrammi semiseri geschrieben, die heute jedoch vollkommen unbekannt sind. Etwas anders verhielt es sich mit dem Melodramma giocoso, wie die meistgebrauchte Bezeichnung im 19. Jahrhundert für das heitere Genre neben Dramma buffo oder Commedia per musica lautete. Durch die Popularität von Rossinis Buffo-Opern, von denen nicht nur der *Barbiere di Siviliga*, sondern zahlreiche weitere Stücke heute vermehrt gespielt werden, herrschte lange der Anschein, die Gattung habe im 19. Jahrhundert einen Aufschwung erfahren. In Wirklichkeit hat sie sich kaum fortentwickelt, sondern übernahm zum einen die Typik des 18. Jahrhunderts und zum anderen Merkmale des Dramma serio. Rossini hat jedoch durch seinen schwungvollen musikalischen Stil, durch seine gelungene Zeichnung komischer Situationen und durch die Verdichtung musikalischer Handlungsverläufe das Melodramma giocoso aufs äußerste belebt.

Vor seiner bekanntesten komischen Oper, *Almaviva ossia L'inutile precauzione. Il barbière di Siviglia / Almaviva oder Die nutzlose Vorsicht. Der Barbier von Siviglia* (Rom 1816), hatte Rossini mehrere Farse und zwei abendfüllende Melodrammi giocosi geschrieben. Da das gleichnamige Stück Paisiellos immer noch erfolgreich war, hat Rossini seiner Oper einen anderen Titel gegeben. Seine Bemühungen, Paisiellos Werk öffentlich herabzusetzen, sollten sich jedoch als unnötig erweisen, denn sein eigenes Werk hatte weitaus größeren Erfolg zu verbuchen. Dies lag nicht nur an seiner schwungvollen Musik, die sich mit dem lebensfreudigen Charakter der Hauptfigur, dem Barbier Figaro, in besonderer Weise verband. Auch die Zeichnung Figaros als emanzipierte Person, wie sie schon in Beaumarchais Vorlage angelegt war, war äußerst gelungen: er verfügt nicht mehr nur über einfache Buffo-Melodik, sein Part ist vielmehr streckenweise der eines Buffo nobile mit anspruchsvollerer Melodik und Tendenz zum hohen Register. Seine Auftrittsarie *Largo al factotum / Ich bin das Faktotum der schönen Welt* ist sehr komplex gestaltet und folgt keinem traditionellen Formschema. Die herkömmlichen Tonrepetitionen hingegen sind in virtuos rasantem Tempo gehalten. Insgesamt sind, wie auch in Rossinis früheren Buffo-Opern, die spannungsvollen und aktionsreichen Situationen prägend, deren dramatische Verdichtung – und dies ist das Besondere – nicht durch Streckung wie in herkömmlichen Opern, sondern durch Verkürzung in Musik gesetzt ist. Somit korrespondiert der beschleunigte musikalische Verlauf mit der sich überstürzenden dramatischen Situation. Dies zeigt, dass auch die Opera buffa – zumindest bei Rossini – an den zunehmenden Dramatisierungstendenzen im 19. Jahrhundert partizipierte.

Nach *Il barbiere* hat sich Rossini vom Melodramma giocoso abgewandt. *La Cenerentola ossia La bontà in trionfo / Aschenbrödel oder Der Triumph der Tugend* (Rom 1817) gehört eher dem Genre des Melodramma semiserio an. Weitere erwähnenswerte Melodrammi giocosi, Donizettis *L'elisir d'amore / Der Liebestrank* (Mailand 1832), *Don Pasquale* (Paris 1843) und Luigi Riccis *Crispino e la comare / Crispino und die Gevatterin* (Venedig 1850) weichen alle in jeweils anderer Weise von der Gattungtradition ab. *L'elisir d'amore* hat weder die in der Buffa beliebte Intrige, noch deren stilisierte Figuren: die Oper spielt im bäuerlichen Milieu und die Handlung dreht sich um das Werben Nemorinos um Adina, das mit dem von dem reisenden Arzt Dulcamara angepriesenen Liebestrank zum Erfolg führen soll. Donizetti hat zudem in der Oper die instrumentalen und melodischen Techniken seines Melodramma serio und semiserio angewandt und damit den Unterschied zwischen den Gattungen nivelliert. *Don Pasquale* hingegen greift sowohl die Figurentypen der Buffa des 18. Jahrhunderts als auch die Intrigenhandlung wieder auf. Don Pasquale, der komische Alte, will die junge Witwe Norina zur Frau gewinnen, die jedoch von seinem Neffen Ernesto geliebt wird; der intrigante Dottore Malatesta hintergeht Pasquale, indem er ihm Norina als seine Schwester Sofrina zur Frau gibt; sie soll ihn so ärgern, damit er sie für Ernesto freigibt. Diesen traditionellen Momenten steht jedoch eine unkonventionelle Vertonungsweise gegenüber: die Oper hat weder die üblichen langen Finalszenen noch eine ausgedehnte Introduktion; dafür sind Duette vorherrschend, die genau die Gesprächssituation oder die Situationskomik nachzeichnen, mithin in der musikalischen Gestaltung den Dialog oder die szenische Situation realisieren. Zu erwähnen ist noch Riccis *Crispino e la comare*, weil sie als letzte Opera buffa des 19. Jahrhunderts angesehen wird. Die Gattung, die eigentlich bereits mit Rossinis Opern ein Ende gefunden hatte, wurde dann erst im Übergang zum 20. Jahrhundert wieder aufgenommen. *Crispino* ist denn ebenso wie die Werke Donizettis eine Ausnahme: ihr Stoff basiert auf der französischen Gattung der Opéra féerique.

Die Opéra comique im Wandel

(CHERUBINI, PAER, MÉHUL, ISOUARD, BOIELDIEU, HÉROLD, AUBER, ADAM)

In der Rettungsoper der Revolutionszeit hatten vorwiegend ernste Stoffe die Opéra comique geprägt. Nach der Jahrhundertwende wurden im Zuge der beginnenden Restauration unter dem Direktorium und Konsulat zunehmend wieder komische Stoffe beliebt. Bedeutend an der Wende zum 19. Jahrhundert sind allerdings zwei Werke, die noch den Anspruch der Rettungsoper, wenn auch in veränderter Weise, vertreten: Cherubinis *Les deux journées / Der Wasserträger* (Paris 1800) und Etienne-Nicolas Méhuls *Joseph*

(Paris 1807). In *Les deux Journées* verhilft der Wasserträger Mikéli einem von Kardinal Mazarin verfolgten Grafen zur Flucht, der ihm einst selbst das Leben rettete. Das Geschehen ist in das Jahr 1647 verlegt, die Zeit des Widerstands von Adelsparteien in Frankreich, um den aktuellen Bezug zur Schreckensherrschaft zu verdecken, der jedoch für das Publikum immer noch deutlich genug war. Bezeichnend war die Aufhebung der Schranken zwischen den sozialen Schichten im Zusammenhang mit der moralischen Devise, dem Volk den Humanitätsgedanken zu vermitteln. Im Unterschied zur früheren Rettungsoper hat sich die Szenerie verändert: nicht mehr das schreckenvermittelnde Sotteraneo – Kerker und unterirdische Verliese –, sondern bäuerliche und bürgerliche Umgebungen sind die Schauplätze, was eine Anlehnung an die Comédie larmoyante, das bürgerliche Rührstück bedeutete. War die Technik der Erinnerungsmotive eine Neuerung der Rettungsoper, so ist sie hier auf eine weitere Stufe gehoben: sie setzt ganz konkret die Idee des Stücks, den Humanitätsgedanken, um. Mikéli und sein Sohn Antonio singen zu Beginn zwei volkstümlich einfache Lieder, die die Vorgeschichte erzählen: Mikéli wurde einst durch den Grafen gerettet, dem er zum Dank nun selbst beistehen will. Motive aus den Liedern kehren an solchen Stellen der Handlung wieder, die auf den Rettungsgedanken Bezug nehmen, beispielsweise am Ende des zweiten Akts bei Mikélis Triumph über das Gelingen der Flucht.

Méhuls *Joseph* (Paris 1807) verfolgt ebenfalls einen moralisch-humanitären Anspruch, dem die religiöse Thematik entgegenkam: der in Ägypten zu Reichtum gelangte Joseph vergibt seinen Reue bekundenden Brüdern, die ihn einst als Sklaven verkauft hatten. Religiöse Stoffe waren als gegensätzliche Tendenz zum Antiklerikalismus der Revolutionszeit äußerst beliebt geworden und wurden oft in Verbindung mit exotischem Kolorit – hier dem Ägyptischen – gebraucht. Das Vorherrschen von Chören und Ensembles gegenüber Sologesängen erinnert an das Oratorium und demonstriert in schlichten, einfachen Nummern das Ethos und den moralischen Impetus.

Cherubini und Méhul, die beiden führenden Komponisten der Revolutionszeit, waren ihren früheren Maximen noch weitgehend verpflichtet. Die Abkehr von großen ernsten und moralischen Stoffen zeigt sich in Werken von Nicolas Isouard, ein zu seiner Zeit sehr bekannter, heute jedoch vergessener Opernkomponist, sowie in den Werken des berühmtesten Komponisten von Opéra comiques in der ersten Hälfte des 19. Jahrhunderts, François-Adrien Boieldieu. Isouards *Cendrillon / Aschenbrödel* (Paris 1810) verhalf der bereits im 18. Jahrhundert beliebten Opéra-féerie, die auf einer Märchenhandlung beruhte und vermehrt Geistererscheinungen und Zaubereffekte einbrachte, zu gesteigerter Popularität; sie wirkte als Modell für nachfolgende Märchenopern. Boieldieu hingegen hat mit *Jean de Paris / Johann von Paris* (1812) eine Oper im »genre troubadour« geschaffen, das zur Zeit des Konsulats und des Empire in Literatur, Kunst und Oper äußerst beliebt war. Er griff dabei auf Stilmittel des 18. Jahrhunderts zurück, die den Eindruck zurückliegender Zeiten, des Troubadour-Milieus des Mittelalters, vermitteln sollte.

Eine tiefergreifende Wende in der Komposition von Opéra comiques ergab sich allerdings erst zu Beginn der 1820er-Jahre aufgrund zweier Prämissen. Erstens fand eine Italianisierung unter dem Einfluss Rossinis statt, der sich ab 1823 endgültig in Paris niederließ. Bereits 1801 war das Théâtre italien gegründet worden, wodurch die italienische Opera buffa in Paris erstmals eine ständige Spielstätte erhielt; ab 1810 durften auch Opere serie gespielt werden. Erst Rossinis Opern jedoch, die seit 1817 in Paris aufgeführt wurden, erregten so große Begeisterung, dass sie das kulturelle Klima bestimmten und sich auch auf französische Opern auswirkten. Außerdem trat Eugène Scribe, der berühmteste französische Librettist der ersten Jahrhunderthälfte, auf den Plan mit einer neuen Technik des Dramas, die in erhöhtem Maße auf eine wirkungsvolle Darbietung auf dem Theater ausgerichtet war.

La dame blanche / Die weiße Dame (Paris 1825), vertont von Boieldieu, ist eines der ersten Libretti Scribes. Er verwandte unter anderem Werke von Walter Scott, die sich aufgrund ihrer Mischung aus Geschichtlichem, Pittoreskem und geisterhaft Romantischem in Paris außerordentlicher Beliebtheit erfreuten. Scribes Libretto zeigt bereits seine Prinzipien, einen möglichst spannungsvollen Ablauf zu schaffen, in dem sich bei jeder Lösung einer Verwicklung bereits eine neue ankündigt und eine zentrale Verwechslung stattfindet. In dem herrenlosen schottischen Schloss Avenel geht ein Gespenst um, eine weiße Dame, die laut Erzählung für Recht und Ordnung sorgt und die dem Pächter Dikson zu Wohlstand verhalf. Der bei Dikson logierende Offizier George spricht anstelle des sich fürchtenden Dikson bei der Weißen Dame vor, hinter der sich Anna, das Mündel des Verwalters Gaveston von Avenel verbirgt. Sie erkennt in ihm den Soldaten, den sie einst gesund pflegte und der sie lieb gewann. In Wirklichkeit ist George jedoch - ohne es selbst zu wissen - der rechtmäßige Erbe von Avenel, Julien, der einst entführt wurde. Dies entdeckt ebenfalls Anna und zwingt George/Julien, das Schloss Avenel, um das Gaveston und Dikson wetteifern, für einen hohen Preis zu ersteigern. Als der Preis gezahlt werden soll, deckt Anna, als Weiße Dame verkleidet, auf, dass George/Julien der rechtmäßige Erbe ist. Als sie unerkannt verschwinden will, da sie sich als einfaches Mädchen kaum Hoffnung auf den Adligen Julien machen darf, entschleiert sie der wütende Gaveston. Julien hält ungeachtet des Standesunterschieds um ihre Hand an.

Obgleich Boieldieus Musik nicht an diejenige Rossinis anklingt, hat seine Komposition von dessen Opere buffe profitiert. Dies zeigt sich vor allem im Finale des zweiten Akts, der Versteigerungsszene, die nach dem italienischen Finalmodell gebildet ist: die aktionsreichen Teile sind frei gestaltet, während bei Stillstand der Handlung – wenn z. B.

George in die Versteigerung eingreift und das Volk sein Erstaunen ausdrückt – geschlossene Sätze stehen.

Ein weiterer Repräsentant der französischen Opéra-comique war Ferdinand Hérold mit seinem Erfolgswerk *Zampa ou La fiancée de marbre / Zampa oder Die Marmorbraut* (Paris 1831). Die Handlung dreht sich um die Freveltaten des Seeräubers Zampa, einstiger Graf von Monza, der, nachdem er seine Geliebte Alice verlassen hatte, die aus Kummer gestorben war, nun Camille, die gerade heiraten wollte und eigentlich seine Nichte ist, für sich als Frau fordert. Zampa wird jedoch immer wieder gewarnt von einer sich bewegenden Statue, seiner ehemaligen Geliebten Alice, die ihn am Ende in die Hölle mitreißt. Der Einsatz der Statue erinnert an Mozarts *Don Giovanni*; durch ihre Präsenz bereits im ersten Akt ist ihre dramaturgische Bedeutung jedoch eine andere. Sie wendet – ähnlich wie die Dame blanche Boieldieus – das Böse ab, und hatte gleichzeitig eine außerordentliche szenische Wirkung, auf der zu einem großen Teil der Erfolg des Stückes beruhte. Diese Wirkung wird im ersten Finale – einer Festszene der Seeräuber – besonders sinnfällig auskomponiert, indem die Armbewegungen der Statue auf plötzliche Instrumentationswechsel – tiefe Instrumente als Sinnbild des Todes – erfolgen.

Die Opéra comiques von Boieldieu und Hérold zeichneten sich vor allem durch ihre variationsreiche und dramaturgisch effektvolle musikalische Struktur aus. Eine weitere Richtung, die vor allem an Scribes komplexen Intrigenhandlungen orientiert ist, beruht weitgehend auf den für das Verständnis notwendigen gesprochenen Dialogen, in die die musikalischen Nummern sparsam, jedoch auf subtile Weise integriert sind. Hierzu gehört *Le domino noir / Der schwarze Domino* (Paris 1837) von Daniel-François-Esprit Auber, die erfolgreicher war als seine heute bekanntere Oper *Fra Diavolo* (Paris 1830). Um die Mitte des 19. Jahrhunderts begann dann ein Umwandlungsprozess, der zum einen zum Drame lyrique, zum anderen zur Opéra bouffe bzw. der Operette führte. Für die letztere Richtung ist Adolphe Adam wegweisend, dessen *Postillon de Lonjumeau* (Paris 1836) zwar heute seine berühmteste Oper ist; gattungsgeschichtlich vorausweisend war jedoch *Si j'étais roi / Wenn ich ein König wär* (Paris 1852), die durch ihre verfremdend-distanzierte Komik in die Nähe der Opéra-bouffe des Second Empire, vor allem der Werke Offenbachs, rückt.

Die Grand opéra und die historische Oper

(AUBER, ROSSINI, SPONTINI, HALÉVY, MEYERBEER, BERLIOZ)

Grand opéra ist die Bezeichnung für große französische Opern, die zwischen Mitte der 1820er- und Ende der 1860er-Jahre entstanden sind. Sie basieren überwiegend auf historischen Stoffen, sind häufig in fünf Akte gegliedert, haben eine prächtige Bühnenausstattung mit spektakulären Bühneneffekten und waren durch groß angelegte Chorszenen geprägt. Wie im Handlungsballett sollte die Handlung allein durch Pantomime verständlich sein, das Ballett selbst war in die Handlung integriert.

Als Beginn der neuen Epoche der französischen Operngeschichte wird zumeist Rossinis *Le siège de Corinthe / Die Belagerung von Korinth* (Paris 1826) angesehen. Die Oper, die zum ersten Mal die neuen Prinzipien vollständig verwirklichte, ist jedoch *La muette de Portici / Die Stumme von Portici* (Paris 1828) von Daniel-François-Esprit Auber, zumal Rossinis Werk, eine Bearbeitung seines *Maometto II* (Neapel 1820), nur wenig über seine letzten italienischen Opern hinausging. Neu an *La muette de Portici* ist erstens die rigorose Betonung optischer Darstellungsmittel: die Stumme muss sich allein durch pantomimische Darstellung verständlich machen. Zweitens zeigt sich eine radikale Ab-

Die Schlussszene von Aubers *La muette de Portici.* Die dargestellte Aufführung 1830 in Brüssel zeigt nicht nur den berühmten Ausbruch des Vesuvs im Hintergrund, sondern auch die aufgewühlte Zuschauermenge: die Aufführung der Oper am 25. August trug zum Ausbruch der belgischen Revolution bei wendung von der klassizistischen Ästhetik der Tragédie lyrique, die Sujets mit Einschlag des Wunderbaren und einen glücklichen Ausgang hat. Drittens weist die Oper die wieder typisch gewordene fünfaktige Anlage auf. Und viertens durchlaufen nicht-aristokratische Protagonisten ein tragisches Schicksal; dies wäre in der Tragédie lyrique unmöglich gewesen und ist auch noch in der italienischen ernsten Oper der Zeit unüblich. Der neapolitanische Fischer Masaniello ruft das Volk zum Aufstand auf, als er erfährt, dass der Grafensohn Alphonse seine stumme Schwester Fenella verführt und dessen Vater sie eingekerkert hatte. Nachdem die Revolte zunächst erfolgreich war, wird Masaniello von seinen eigenen Freunden angegriffen, als er den Grafen schützt. Masaniello fällt schließlich und Fenella stürzt sich ins Meer; als bildhaftes Pendant des Fiaskos bricht im Hintergrund der Vesuv aus.

Während *La muette* die librettistischen Voraussetzungen für die Entwicklung der Grand opéra bereit stellte und zudem politische Konsequenzen zeitigte – sie löste nach einer Aufführung in Brüssel 1830 die belgische Revolution aus –, war es Rossinis Musik in *Guillaume Tell* (1829), die wesentliche musikalisch-dramaturgische Neuerungen für die Gattung brachte. Dies betrifft das Zusammenschließen von Kontrasten zu einer musikdramatischen Einheit, die musikalische Ausprägung des Typus des schwankenden, zu keiner klaren Entscheidung fähigen Tenor-Helden, und drittens die Funktion des Volkes als entscheidender Handlungsträger, die in vielen Chorsätzen verwirklicht wird. Zwar waren alle drei Kriterien schon latent in der Tragédie lyrique des 18. Jahrhunderts angelegt, kamen nun jedoch zu voller Geltung.

Kommen wir zunächst zum Kriterium des historischen Themas. Bezüglich der Umsetzung dieser Thematik wäre sogar die relativ frühe Oper *Fernand Cortez* (1809/17) von Gaspare Spontini als erste Grand opéra zu bezeichnen, die in Massenszenen den Kontrast zwischen den gegensätzlichen Kulturen der Spanier und Mexikaner darstellt. In dieser Oper spielte der politische Kontext bei der Konzeption des Librettos eine Rolle, das ein Reflex auf Napoleons Spanien-Feldzüge darstellte. Auf politische Aktualität zielten denn auch die wichtigsten historischen Opern: Aubers *Gustave ou Le bal masqué / Gustav oder Der Maskenball* (Paris 1833), die den Mord an dem schwedischen König Gustav III. 1792 zum Thema hatte, der dem Publikum noch präsent war. Fromental Halévys berühmte Oper *La juive / Die Jüdin* (Paris1835) hat das Konstanzer Konzil (1414) als Kulisse der frei erfundenen Privatintrige; die Intention zielt auf ein moralisches Ideal, die Toleranz im Religiösen. Zu den szenentechnischen Hauptmerkmalen der Grand opéra zählt, dass die historischen Orte mit ihren originalen Schauplätzen als Bühnendekoration nachgebildet wurden. Dem entspricht ein Historismus auch in Text und Musik: Meyerbeer trieb für die Hugenotten Milieustudien und beschäftigte sich mit älterer Musik, um sie an entsprechenden Stellen seiner Opern einzusetzen; als ein Beispiel sei der Luther-Choral *Ein feste Burg ist unser Gott* erwähnt, dessen dramaturgische Funktion von außerordentlicher Bedeutung für die Idee des Dramas ist.

Eine entscheidende Rolle spielte jedoch die gelungene Disposition der Libretti, deren Hauptverdienst vor allem Eugène Scribe zukommt. Er hatte auf der Basis seiner Erfahrungen bei der Verfertigung von Unterhaltungskomödien für Boulevard-Theater die Kriterien für eine »pièce bien faite« entwickelt, ein auf die Wirkungen des Theaters bestens zugeschnittenes Stück. Das ursprünglich am Sprechtheater entwickelte Modell übertrug Scribe auch auf das Musiktheater und wandte es auf die Opéra comique und die Grand opéra an. Dem Zuschauer wird Schritt für Schritt – und oft unter Verwendung einer Ballade – zuerst eine Vorgeschichte offengelegt. Zweitens soll der Zuschauer immer mehr wissen als die auf der Bühne agierenden Figuren, drittens jede Lösung von Verwicklungen bereits neue Verwicklungen vorbereiten, um die Spannung bis zum Ende aufrecht zu erhalten. Viertens soll eine für die Handlung zentrale Verwechslung mit im Spiel sein und fünftens der Held wechselnden Situationen unterworfen und schwankenden Charakters sein (d. h. meist ein sentimentaler Liebhaber, der nicht weiß, wie er sich entscheiden soll), am Schluss jedoch alle Fäden in der Hand haben.

Der wichtigste Komponist der Epoche war ein Deutscher, Giacomo Meyerbeer, der mit großem Erfolg in Paris reüssierte. Er hat vier Grands opéras komponiert, zu denen Scribe die Libretti verfasst hat, in dessen Konzeption Meyerbeer jedoch in entscheidender Weise eingriff. Folgt *Robert le diable / Robert der Teufel* (Paris 1831), der ein romantisches statt eines geschichtlichen Sujets hat, grosso modo den Kriterien einer »pièce bien faite«, so hat Meyerbeer in seinen drei weiteren wichtigen Opern – *Les Huguenots / Die Hugenotten* (Paris 1836), *Le prophète / Der Prophet* (Paris 1849) und *L'Africaine / Die Afrikanerin* (Paris 1865) zusätzlich seine eigene Konzeption, die eines Ideendramas, verwirklicht. Seine berühmteste Oper, *Les Huguenots*, sei hier als Beispiel angeführt.

Die Oper spielt zur Zeit der religiösen Kämpfe in Frankreich gegen Ende des 16. Jahrhunderts am Vorabend der Bartholomäusnacht. Der private Konflikt ist durch den politischen motiviert: Marguerite von Valois – Verlobte des Protestanten und späteren Königs Henri IV. –, die auf eine Versöhnung zwischen Katholiken und Hugenotten bedacht ist, will den Hugenotten Raoul von Nangis mit ihrer katholischen Hofdame Valentine, Tochter des Grafen von Saint-Bris, verheiraten. Die beiden waren sich zuvor bereits inkognito begegnet und hatten sich ineinander verliebt, so dass von privater Seite einer Heirat nichts mehr im Wege stehen konnte. Raoul, der quasi als Vorgeschichte diese Begebenheit bei einem Fest des Grafen von Nevers erzählt (Aufbereitung der Vorgeschichte) – er hat eine schöne Unbekannte gegen aufdringliche Studenten verteidigt und könne sie seither nicht mehr vergessen –, weist jedoch Valentine zurück, da er sie für die Mätresse des Grafen von Nevers hält; sie war auf dem Fest als Verlobte des Grafen erschienen, bat jedoch aufgrund von Marguerites Vorhaben den Grafen um Aufhebung der Verlobung, was Raoul jedoch nicht mitbekam (der Zuschauer aber weiß mehr). Der politische Konflikt – die Spannungen zwischen Protestanten und Katholiken – wird im ersten Akt, auf dem Fest des Grafen von Nevers, exponiert, indem Raoul als einziger Hugenotte zur Versöhnung der Parteien geladen ist, sein Diener Marcel dort provozierend »Ein feste Burg« und ein Hugenottenkampflied anstimmt, von der Gesellschaft jedoch nicht ernst genommen wird; den glaubensstarken Marcel hat Meyerbeer als seine bedeutendste Figur im Drama bezeichnet. Einen ersten Höhepunkt erfährt der politische Konflikt in den Tableauszenen des dritten Akts, in dem Volksmassen als Vertreter der gegensätzlichen Parteien auftreten (die Chöre sind hier erstmals Repräsentanten gesellschaftlicher Parteiungen): als Valentine, die inzwischen den Grafen von Nevers geheiratet hat, auf die Intonation eines Marienhymnus in eine Kapelle zum Gebet geleitet wird, versuchen hugenottische Soldaten, den Gesang durch ein Kampflied zu übertönen. Eine Auseinandersetzung wird nur durch das Auftreten einer Zigeunertruppe vermieden, die für Ablenkung sorgt (an dieser Stelle wurde das für französische Opern obligatorische Ballett eingefügt, das jedoch ganz im Dienst der dramaturgischen Situation steht). Ein nochmaliger Kampf der Volksmassen ist Folge des privaten Konflikts: Raoul will sich mit Valentines Vater Saint-Bris duellieren, der jedoch Raoul während des Duells aus dem Hinterhalt ermorden lassen will; Valentine, die dies erfahren hat, lässt Raoul, den sie immer noch liebt, warnen; den daraufhin mobilisierten hugenottischen Soldaten treten sofort Katholiken gegenüber, deren Kämpfe nur die eintreffende Marguerite beenden kann. Hier erfährt aber der private Konflikt eine Wende: nach der Aufdeckung, dass Valentine

Raoul gewarnt hat, begreift er seinen Irrtum in seinem Verhalten ihr gegenüber. Im vierten Akt sucht er denn auch Valentine auf, wird dabei jedoch Zeuge des geplanten Vorhabens König Karls IX. und Katharina de Medicis, alle Hugenotten zu ermorden. Raoul, der seine Glaubensbrüder sofort warnen will, wird von Valentine zurückgehalten, die ihm seine Liebe gesteht. Erst bei Ertönen von Glockengeläut – des Signals für den Beginn des Kampfes – stürzt er davon. Im fünften Akt wird die Hugenottennacht zunächst aus der Perspektive der die Hochzeit Marguerites feiernden Hofgesellschaft dargestellt: sie werden durch das Glockenläuten aufmerksam, geben sich jedoch schnell wieder ihren Vergnügungen hin. Erst als Raoul blutüberströmt mit der Nachricht der Ermordung des Hugenottenführers Coligny auftaucht, wird das Fest aus Bestürzung abgebrochen. Völlig kontrastierend ist dann das nächste Tableau, das eine verfallene Kirche zeigt, in die sich die Hugenotten zurückgezogen haben. Sie ist Schauplatz zunächst für das Zusammentreffen von Raoul und Valentine, die ihren Geliebten gesucht hat, und dann Ort des schauerlichen Gemetzels, in dem auch Raoul, Marcel und Valentine niedergestreckt werden. Auch Marguerites Eingreifen vermag dem Morden keinen Einhalt mehr zu gebieten.

Meyerbeer hat seine geschichtsphilosophische Idee – den Untergang des Individuums durch die Gewalttätigkeit der Massen, die aufklärerisch-liberale Intention der Herrschenden bleibt Utopie – in allen Einzelheiten des musikalisch-dramatischen Verlaufs verwirklicht. Genannt seien vor allem die sukzessive Auflösung von Arien- und Ensemblestrukturen zu einer Chorklimax oder die Gestaltung der Partie der Marguerite, die von einer koloraturenreichen Auftrittsarie über Ensemblebeteiligung bis zum Entsetzensschrei über den Tod Valentines und Raouls führt. Meyerbeer hat seine geschichtsphilosophische Konzeption der Grand opéra in den nächsten beiden Werken weiter vertieft. Sie zeigen dieselbe Perspektive der Geschichtsbetrachtung auf jeweils andere Weise: Im *Prophète* wird deutlich, wie privates Glück durch das Scheitern der politischen Umstände ohne Erfüllung bleibt. In *L'Africaine* wird der Kolonialismus thematisiert, der ein nach dem Naturrecht lebendes Volk unterjocht.

Eine Ausnahmeerscheinung in der Tradition der Großen französischen Oper sind – nicht nur bezüglich des mythologischen Sujets – Hector Berlioz' *Les Troyens* (komp. 1856–1858), die erst 1913 in einer Gesamtaufführung dargeboten wurden. Indem Berlioz das in der Oper oft gebrauchte Didon-Thema (Akt III–V, Uraufführung Paris 1863) mit seiner Vorgeschichte, dem Trojanischen Krieg (Akt I–II, konzertante Uraufführung Paris 1879), kombinierte, schuf er ein fünfaktiges Bühnenwerk, das den Rahmen eines Theaterabends überschreitet.

Singspiel, deutsche Große Oper und Romantik

(BEETHOVEN, LORTZING, NICOLAI, E. T. A. HOFFMANN, WEBER, MARSCHNER, WAGNER)

Die Situation der Oper im deutschen Sprachbereich war in der ersten Hälfte des 19. Jahrhunderts mit der französischen oder italienischen keineswegs vergleichbar. Zwar war in der zweiten Hälfte des 18. Jahrhunderts als nationale Gattung das Singspiel entstanden, und die berühmtesten deutschen Opern des ersten Drittels des 19. Jahrhunderts waren denn auch Singspiele: Ludwig van Beethovens *Fidelio* (Wien 1805/06/14) und Carl Maria von Webers *Freischütz* (Dresden 1821). Sie waren in gewisser Weise jedoch Ausnahmewerke. In *Fidelio* wird die französische Rettungsoper nochmals auf einen Höhepunkt geführt, während *Der Freischütz* wegweisend für die wichtigste Richtung der ersten Jahrhunderthälfte, die deutsche romantische Oper, wurde.

Beethovens *Fidelio* ist eine Rettungsoper nach dem Libretto Jean-Nicolas Bouillys *Léonore ou L'Amour conjugal* (1798) zur Opéra comique von Pierre Gaveaux. Das Werk erzählt einen angeblich wirklichen Vorfall: einer Gattin gelang es, durch mutiges Vorgehen ihren Ehemann aus der Kerkerhaft zu befreien. Der Stoff war um 1805 äußerst aktuell; Paer hat seine *Leonora ossia L'amor coniugale* (Dresden 1804) kurz zuvor, Mayr seine *L'amor coniugale* (Padua 1805) kurz nach Beethovens *Fidelio* aufgeführt. Gegenüber der Vorlage Bouillys fanden in Beethovens Oper einerseits neue Tendenzen der Opéra comique Eingang – die Verherrlichung nicht nur der Gatten-, sondern allgemein der Menschenliebe, wie sie auch in dem von Beethoven bewunderten Werk *Les deux journées* von Cherubini thematisiert wird; andererseits wurde dieses Ideal jedoch - besonders in der dritten Bearbeitung – ins fast Metaphysische gesteigert (Bearbeitung von Joseph Ferdinand von Sonnleithner, Umarbeitung für die zweite Fassung von Stephan von Breuning und für die dritte von Georg Friedrich Treitschke). Die Erlösung aus der Finsternis wird schon sehr früh quasi in idealistischer Weise thematisiert, als sie vom Handlungsablauf her noch sehr unwahrscheinlich ist: im Gefangenenchor des ersten Akts, in dem die Gefangenen für einen kurzen Augenblick aus ihrem unterirdischen Verlies in die freie Luft geführt werden, sowie in der Arie Florestans im zweiten Akt, in der die Erinnerung an Leonore metaphysisch überhöht wird, und im Duett *O namenlose Freude*, das vom Ausdruck her die wirkliche Erlösung bereits vorwegnimmt. Das Finale der letzten Fassung hat somit nicht mehr den episodenreichen Verlauf der ersten beiden Fassungen, sondern thematisiert – quasi ideell – vor allem auf musikalische Weise die Rettung. Dazu diente das italienische Finalmodell, das eine musikalisch-dramatische Steigerungsanlage ermöglichte: die Aufeinanderfolge von *Heil sei dem Tag* über *Wohlan, so helfet! helft den Armen* zu *O Gott – welch ein Augenblick* und der abschließenden Stretta *Wer ein holdes Weib errungen* kann als musikalische

Überhöhung des Rettungsgedankens aus Menschenliebe gedeutet werden.

Trotz zweier herausragender Werke – *Fidelio* und *Freischütz* – bildete sich in der ersten Jahrhunderthälfte keine spezifisch nationale Operntradition heraus, die an Rang und Fortschrittlichkeit der italienischen und französischen gleichkam. Sowohl von Beethoven als auch von Weber wurde die Situation der deutschen Oper als desolat empfunden: Beethoven warf deutschen Literaten vor, sie könnten keine Libretti schreiben, und Webers Versuch, 1817 in Dresden eine deutsche Oper einzurichten, war nicht von Erfolg gekrönt. Auch in Wien setzte sich in den 20er-Jahren zunehmend wieder die italienische Oper durch; so fielen beispielsweise Franz Schuberts heute wieder aufgeführte Opern *Alfonso und Estrella* (komp. 1822, Uraufführung 1854) sowie *Fierrabras* (komp. 1823, Uraufführung 1897) der Beliebtheit der italienischen Oper zum Opfer. Dabei hätten sie der Entwicklung einer deutschen Oper Impulse geben können. Hinzu kam, dass die Große Oper, eine durchkomponierte Oper mit ernsthaftem Sujet, schon bei Betrachtung nur der beiden bekanntesten Werke wenig Erfolg hatte. Webers *Euryanthe* (Wien 1823) hatte Schwächen in der Konzeption des Librettos, die durch die musikalische Gestaltung nur bedingt ausgeglichen werden konnten. Und mit Spohrs im gleichen Jahr aufgeführter *Jessonda* (Kassel 1823) verhielt es sich ähnlich: das beliebte exotische Kolorit – die Handlung spielt in Indien – konnte die teilweise umständlichen Dialoge und konstruierten Handlungsverläufe nicht überspielen. Weber starb zu früh, um noch andere Projekte verwirklichen zu können, und Spohrs weitere romantische Opern – *Der Berggeist* (Kassel 1825) und *Pietro von Abano* (Kassel 1827) – zeigten keine größere Wirkung. Schumanns *Genoveva* (Leipzig 1850) hingegen ist in der Gattung Oper eine Ausnahme; ihre primär symphonische Struktur des Orchesterparts sowie die Liedhaftigkeit der Gesangsnummern und die bewusste Abwendung von Prinzipien der italienischen und französischen Oper verleihen dem Werk zwar ein individuelles Gepräge, genügten jedoch nicht, um eine wirkungsvolle Dramaturgie zu begründen. Erst die Großen Opern Richard Wagners, *Der Fliegende Holländer* (Dresden 1843), *Tannhäuser* (Dresden 1845) und *Lohengrin* (Weimar 1850) waren von durchschlagendem Erfolg – hatte sich Wagner doch durch seine Paris-Aufenthalte mit der Grand opéra vertraut machen und aus ihr profitieren können. Beliebt in den 30er- und 40er-Jahren war hingegen – parallel zur Entwicklung der Opéra comique – vor allem das Singspiel mit komischen Sujets, wozu vor allem Albert Lortzing und Otto Nicolai beitrugen. Lortzing verfolgte eine bewusst publikumswirksame Richtung: er nahm erfolgreiche Theaterstücke statt Klassiker zur Vorlage, die gesprochenen Dialoge dienten primär der Verständlichkeit und dem Vorantreiben der Handlung, und die musikalischen Nummern waren klar gegliedert und sollten der Darstellung der Affekte dienen. Seine Singspiele – die bekanntesten sind *Zar und Zimmermann* (Leipzig 1837), *Der Wildschütz* (Leipzig 1842), *Undine* (Magdeburg 1845, Wien 1847) und *Der Waffenschmied* (Wien 1846) – trieben die Entwicklung der Gattung zwar nicht voran, sind jedoch dramaturgisch äußerst effektvoll. Nicolai hatte hingegen vor allem mit seiner leichten italienischen Musiksprache Erfolg, die zwar weniger zum Sujet seiner »Großen romantischen Oper« *Der Tempelritter* (Wien 1845) paßte, umso besser jedoch zu den *Lustigen Weibern von Windsor* (Berlin 1849).

So wie sich das französische Vorbild des Singspiels – die Opéra comique – in der ersten Jahrhunderthälfte verschiedener Stofftraditionen bediente und somit verschiedene Genres innerhalb der lediglich durch gesprochene Dialoge bestimmten Gattung ausbildete, griff auch das Singspiel verschiedene Stoffe und Formen auf: Stoffe der Rettungsoper, komische Stoffe und – als wichtigste, da im 19. Jahrhundert neu – romantische Stoffe, die zur Jahrhundertmitte zunehmend auch durchkomponierte Opern bestimmten. Will man eine Traditionslinie zeichnen, die eine deutsche romantische Oper ausprägt, die von *Undine* ausgeht und zu Wagners *Fliegendem Holländer* führt, so ist dies vor allem anhand der Stoffe und weniger anhand der Ausprägung einer eigenen Gattung oder eines romantischen musikalischen Idioms möglich: die Entwicklung ist nur gattungsübergreifend – sie umfasst Singspiele und Große Opern – und in gewisser Weise auch national übergreifend zu fassen, indem sie von Elementen aus der französischen Oper beeinflusst ist. Zentral für die romantische Oper war eben jener Kontrast zwischen Überidischem, Fantastischem oder Dämonischem mit der realen Welt, der in romantischer Literatur seit E. T. A. Hoffmann eine zentrale Rolle spielt und in der romantischen Oper den Konflikt provoziert. In Hoffmanns *Undine* (Berlin 1816) nach einer Erzählung von Friedrich de la Motte-Fouqué, die als früheste romantische Oper gilt, ist eine Konstellation vorgeprägt, die in Varianten romantische Opern der ersten Jahrhunderthälfte bestimmt. Ein Wesen aus dem Geisterreich – hier der Natur – möchte gerne der Menschenwelt angehören und verstrickt sich dadurch in Konflikte, die entweder zum Verderben (wie in *Undine*, im *Fliegenden Holländer*, in *Robert le diable*) oder zur Erlösung (wie im *Freischütz* oder im *Vampyr*) führen. Undine, die Pflegetochter eines Fischerpaars, aber eigentlich eine Nixe, möchte Mensch werden, was nur durch die Liebe eines Menschen zu ihr gelingen kann. Der Wassergeist Kühleborn warnt sie vor der Menschenwelt. Der Ritter Huldbrand, der eigentlich Berthalda, die Pflegetochter einer Herzogin, die in Wahrheit aber die Tochter des Fischerpaars ist, heiraten will, ist von Undine bezaubert und verspricht ihr ewige Treue. Diese hält er jedoch nicht, da er sich aus Mitleid wieder der nun von allen verstoßenen Berthalda zuwendet; bei seiner Hochzeitsfeier wird er deshalb von Undine in die Tiefe gezogen. Deutlich ist, dass der Konflikt nicht durch Intrigen entsteht, sondern durch den Kontrast

Die Bühnenbilder zur Berliner Uraufführung 1816 von Hoffmanns *Undine* wurden von Karl Friedrich Schinkel entworfen. Die prunkvolle Szenerie zeigt das Schlusstableau: Undine zieht Ritter Huldbrand in das Reich der Wassergeister, da er ihr untreu geworden ist

von Menschen- und Geisterwelt, die sinnfällig in der Begegnung Undines und Berthaldas zu Beginn des zweiten Akts dargestellt wird: eigentlich als Idylle angelegt, wird kompositorisch der Zwiespalt zwischen den beiden Welten deutlich gemacht.

Der Freischütz (Berlin 1921) galt lange als die deutsche nationale romantische Oper überhaupt. Zu den Merkmalen des Nationalen zählte die Einfügung von volkstümlichen Liedern wie das Lied vom Jungfernkranz, der Jägerchor, aber auch die volksliedhaft anmutende Arie des Max *Durch die Wälder, durch die Auen*. Indes wurde in der jüngeren Forschung aufgezeigt, dass die Musik der Oper keineswegs durch einen spezifisch nationalen Ton geprägt ist, und ihr auch kein romantischer Ton eigen ist, der – ähnlich wie etwa die Sujets – romantische Opern generell prägen würde. Die Bezeichnung ›national‹ kam dem Werk hauptsächlich durch die Rezeptionsgeschichte zu; und ›romantisch‹ ist die Oper – wie romantische Opern generell – vor allem durch ihr Sujet, das überirdische Momente miteinbezieht. Die Konfrontation von Dämonischem und Irdischem bzw. Himmlischem, wie es auch spätere Opern wie Marschners *Vampyr* oder Wagners *Fliegender Holländer*, sowie zuvor Hoffmanns *Undine* bestimmte, war im *Freischütz* besonders sinnfällig und wirkungsvoll auskomponiert. Weber hatte bereits 1810 ein Szenarium nach der eben erschienenen Novelle *Der Freischütz* aus Johann August Apels *Gespensterbuch* entworfen; 1817 lernte er Johann Friedrich Kind kennen, der für ihn das Libretto zum *Freischütz* verfasste. Kinds Bearbeitung unterschied sich vom Original dadurch, dass der dämonischen Macht die Erlösung durch Eingreifen des Himmels entgegengesetzt wird; bei Apel stirbt Käthchen (Agathe) und Wilhelm (Max) wird wahnsinnig. Die neu erfundene Person des Eremiten sorgt dafür, dass sich alles zum Guten wendet; nicht Agathe, sondern Caspar, der Max zum Freikugelgießen verführt hat, wird tödlich getroffen, und Max entkommt seiner Strafe. Stellvertretend für die göttliche Macht steht aber auch Agathe, deren Gebet für Max seine ideelle Wirkung zeitigte. Zwar wurden die Lieder aus dem *Freischütz* am populärsten – Heine machte sich darüber lustig, dass man überall *Wir binden dir den Jungfernkranz* trällerte; die prägende musikalische Substanz der Oper liegt jedoch in Arien wie der großen zweisätzigen Arie Agathes *Wie nahte mir der Schlummer* und vor allem in den Ensembles. Hier zeigt sich aber nun gerade keine typische nationale deutsche oder romantische Ausprägung, sondern das Formenrepertoire, das auch in der italienischen und französischen Oper gängig war. Zudem gibt es eine Art von Erinnerungsmotiven wie in der Opéra comique, zum Beispiel die Klangchiffre des Samiel, die in der Ouvertüre exponiert wird und an entscheidenden Stellen der Oper wiederkehrt.

Als bedeutendster Komponist romantischer Opern zwischen Weber und Wagner gilt Heinrich Marschner. Unter seinen drei bekanntesten Opern, *Der Vampir* (Leipzig 1828), *Der Templer und die Jüdin* (Leipzig 1829) und *Hans Heiling* (Berlin 1833) wird vor allem die Erstere mitunter noch gespielt. Der Untertitel »Große romantische Oper« verweist allerdings genauso wenig wie schon im 18. Jahrhundert darauf, dass das Werk mit Rezitativen gehalten ist; vielmehr gehören alle drei Opern zur Gattung des Singspiels. Auch hier lag eine der in den 1810er- und 20er-Jahren beliebten Gespenstergeschichten zugrunde. Die zahlreichen Vampirdramen der Zeit gingen auf die ins französische und deutsche übersetzte Erzählung *The Vampire* (1819) von John William Polidori zurück, der sich wiederum auf ein Fragment Lord Byrons stützte. Wieder geht es darum, dass ein überirdisches Wesen seine Zeit als Mensch verlängern will, was nur durch Ermordung möglich ist: der Vampir Ruthven muss innerhalb von 24 Stunden drei Bräute als Opfer bringen, um seine Zeit auf Erden für ein weiteres Jahr zu verlängern. Bei zwei Opfern gelingt die Tat, die dritte Braut wird durch Einschreiten Aubrys, des Vertrauten Ruthvens, im letzten Moment gerettet. Die Spannung entsteht aus der Frage, ob das Vorhaben Ruthvens, das dem Zuschauer durch seine Auftrittsarie bekannt ist, gelingt. Dass Marschners Oper auch in musikalischer Hinsicht als vermittelnd zwischen Weber und Wagner gedeutet wurde, trifft allerdings nicht zu. Die diesbezüglich angeführten Techniken, Erinnerungsmotive und die Tendenz zur groß angelegten Szene, gehen über entsprechende Verfahren in der zeitgleichen französischen und italienischen Oper sowie in Webers *Oberon* (London 1826) nicht hinaus.

Dass die romantische Oper kein nationales deutsches Phänomen ist, zeigt sich daran, dass Meyerbeers *Robert le diable* (Paris 1831) eigentlich als nächstes Glied in der Tradition der romantischen Opern zu nennen ist, obgleich sie ebenso eine französische Grand opéra ist. Sie hat eine verwickelte Handlung, die um die Läuterung des von dem Dämon Bertram gezeugten Robert kreist. Robert soll als nächster zur Lebensverlängerung Bertrams geopfert werden, Roberts Einwilligung zugunsten des Vaters wird jedoch vereitelt und er wird gerettet.

Richard Wagner hat in seiner »Romantischen Oper« *Der fliegende Holländer* sowohl an die deutsche, als auch an die französische Tradition angeknüpft. Den Stoff soll Wagner nach eigener Aussage zunächst von Matrosen erfahren haben; wahrscheinlicher ist jedoch, dass er sich hauptsächlich auf dessen literarische Verarbeitung in Heinrich Heines *Aus den Memoiren des Herren von Schnabelewopski* (1834) stützte. Auch hier werden wieder himmlische und dämonische Macht miteinander konfrontiert: der Holländer ist dazu verdammt, ewig über die Meere zu segeln, falls er nicht durch die Treue einer Frau Erlösung findet. Diese Erlösung scheint sich in der Person Sentas anzubieten, die noch vor dessen Ankunft von der Geschichte des Holländers fasziniert ist, von der sie in ihrer Ballade singt. Emmys Romanze aus dem *Vampir* und die Ballade aus *Robert le diable* waren möglicherweise Vorbilder für die Senta-Ballade. Das Besondere an Sentas Ballade ist jedoch, dass sie nicht nur die seit Beginn des Jahrhunderts übliche Funktion hat, die Vorgeschichte zu berichten, sondern zum zentralen Stück in der dramaturgischen Disposition und damit in der konzeptionellen Idee der Oper geworden ist. Als Senta ihre Ballade darbietet, scheint die Geschichte Fiktion zu sein, Sentas Haltung mutet wie entrückt an. Indem jedoch nach Beendigung der Ballade der Holländer selbst angekündigt wird, erscheint die Fiktionalität der Ballade gleichsam aufgehoben und in die dargestellte Realität des Dramas überführt, ein Drama, das aber gleichermaßen nur die breiter ausgeführtere Variante der fiktionalen Ballade darstellt. In der Ballade spiegelt sich somit im Keim das ganze Drama wider. Senta ist sich ihrer Sendung bewusst und schwört dem Holländer ewige Treue, der jedoch durch das Auftreten ihres ehemaligen Verlobten Erik misstrauisch wird. Sentas Tod bringt jedoch seine Erlösung; sie stürzt sich vom Felsen, als sie den Holländer abfahren sieht.

Da Sentas Ballade zentral für Konzeption des Holländers ist, sei auf sie etwas ausführlicher eingegangen. Sie ist in strophischer Variation angelegt, durch die besondere Einbindung in die Szene und ihre starken Kontraste innerhalb jeder Strophe ist sie jedoch komplex gestaltet. Jede Strophe besteht aus vier Teilen mit jeweils charakteristischer Motivik: dem instrumentalen Holländer-Motiv im Vorspiel, dem erzählenden Singstimmenteil mit einem Dur-Moll-Kontrast (»Traft ihr das Schiff im Meere an«), dem Motiv des stürmenden Meers (»Hui wie saust der Wind«) und der Erlösungsmelodie (»Doch kann dem bleichen Manne Erlösung einstens noch werden«). Die Verbindung zwischen Fiktion und Realität wird musikalisch auf raffinierte Weise geschaffen. Die Erlösungsmelodie erscheint zunächst, bevor die Ballade angestimmt wird, während einer Unterbrechung des Spinnerlieds, das zu Beginn des zweiten Akts erklingt, und in das die Ballade eingebunden ist: Senta sitzt zwischen Spinnerinnen, die ein fröhliches Lied singen. Die Ballade selbst bildet, obgleich sie dramaturgisch vorbereitet ist – Senta wird aufgefordert, die Ballade zu singen –, einen plötzlichen Einbruch durch die geballte Kraft des Holländermotivs und stört somit die Idylle, die das Genre-Bild der spinnenden Mädchens evoziert. Die Spinnerinnen singen dann – »gerührt und ergriffen«, wie es in der Partitur heißt – in der zweiten Strophe die Melodie des Erlösungsgedankens mit, während Senta »zu heftig angegriffen« in den Stuhl zurückfällt. Ihr nächster Einsatz, die dritte Strophe, ist jedoch umso heftiger, da sie sich nun mit dem »Erlösung bringenden Weib« identifiziert, die Fiktion somit bereits in die Realität übertritt: das Motiv der ersten beiden Strophen wird – dem Wandel des Textes entsprechend – hier in vollkommen anderer Weise fortgesetzt. Die Erlösungsmelodie wird zwar nochmals aufgegriffen, jedoch im

Orchester und in beschleunigtem Rhythmus als Ausdruck der Begeisterung der Senta, ihre Melodik wird in höchste Lagen gesteigert auf eine Harmonik, die bezeichnenderweise die Moll-Klänge ausspielt.

Die Faktur von Wagners Großer Oper ist noch keineswegs diejenige seiner späteren Musikdramen, die keine Nummern wie Arie und Ensemble mehr kennen, sondern beruht vielmehr auf traditionellen Formen. Die Vereinigung von Lied, Szene, Ballade und Chor – wie am Beginn des zweiten Akts – entspricht vollkommen der Konvention. Das Neue am *Fliegenden Holländer* liegt somit weniger in einer formalen Tendenz zum Musikdrama, sondern im Zusammenspiel verschiedener Ebenen der Dichtung und der musikalischen Gestaltung, die ebenfalls ein Ideendrama konstituiert – aber ein vollkommen anders strukturiertes als dasjenige Meyerbeers. Dies wurde auch schon von zeitgenössischen Rezensenten bemerkt: »Hier ist nichts von gewöhnlichen Bühneneffecten, verwickelter Handlung, interessanten Episoden und anderen Bestechungsmitteln aufgewandt; Wagner bietet uns die romantische Idee in ihrem eigenen poetischen Dufte.« Wagner hat seine Oper auf die wesentlichen Situationen reduziert und konzentriert, um den ideellen Gehalt im Zusammenspiel zwischen Musik und Drama aufs wirkungsvollste darzubieten.

Auch Wagners zwei weitere Große Opern, *Tannhäuser* und *Lohengrin* folgen solchen Prinzipien der Konzentration zur Verwirklichung eines ideellen Gehalts. Erst mit seinen Musikdramen wurde ein neuer Gattungstypus geschaffen, der sich grundsätzlich von vorangehenden Traditionen unterscheidet.

Von der Oper zum Musikdrama
Wandlungen der Gattung in der zweiten Hälfte des 19. Jahrhunderts

Die Opern Verdis und die Entwicklung in Italien

Die Operngeschichte der zweiten Hälfte des 19. Jahrhunderts war von zwei überragenden Komponistenpersönlichkeiten geprägt: Giuseppe Verdi in Italien und Richard Wagner in Deutschland. Werk, Biographie und Wirkung beider sind jedoch so grundsätzlich verschieden, dass ein Vergleich nur die Gegensätzlichkeiten hervorheben kann. Verdis Schaffen hielt sich, trotz fortwährender Neuerungen und tief greifender Erweiterungen, im Rahmen der italienischen Tradition der Gesangsoper. Wagner hat hingegen einen ganz neuen Operntypus, das Musikdrama, geschaffen.

Verdi verdankt seinen Ruhm nicht zuletzt der Tatsache, dass sein Leben und sein Opernschaffen eng mit dem Risorgimento, der Freiheits- und Einheitsbewegung in Italien, verknüpft sind. Besonders seine frühen Opern – die bekanntesten darunter sind *Nabucodonosor* (*Nabucco*) (Mailand 1842), *Ernani* (Venedig 1844) und *Macbeth* (Florenz 1847) – und später *Les vêpres siciliennes / Die sizilianische Vesper* (Paris 1855) und *Don Carlos* (Paris 1867), thematisieren Freiheitskämpfe unterdrückter Völker. In *Nabucco* wehren sich die Hebräer gegen die Jerusalem erobernden Babylonier; der babylonische König Nabucco gibt ihnen, um seine Tochter zu retten, am Schluss nicht nur ihr Land zurück, sondern bekennt sich auch zum jüdischen Glauben. In *Ernani* geht es nur vordergründig um eine Liebesgeschichte – Elvira, die Geliebte des ausgestoßenen Ernani,

Der Stich aus der 1859 erschienenen Erstausgabe des Klavierauszugs von Verdis *Un ballo in maschera / Ein Maskenball* zeigt die zentrale Mordszene. Das Thema bezog sich, ebenso wie Aubers *Gustave ou Le Bal masqué / Gustav oder Der Maskenball* (Paris 1833), auf die Ermordung des schwedischen Königs; die Handlung wurde jedoch aus Gründen der Zensur ins 17. Jahrhundert und nach Boston verlegt

soll den Granden Silva heiraten –, sondern um die Rebellion gegen das Unrecht eines politisch-gesellschaftlichen Standes. In *Macbeth* wird die Vertreibung der Schotten aus ihrer Heimat thematisiert. In den drei Opern der Trilogia popolare, die Verdis zeitgenössischen Ruhm begründeten, *Rigoletto* (Venedig 1851), *Il trovatore / Der Troubadour* (Rom 1853) und *La traviata* (Venedig 1853), wird hingegen vor allem ein gesellschaftskritischer Impuls deutlich: die Protagonisten – ein Hofnarr, eine Zigeunerin, eine Lebedame –, erleiden ein tragisches Schicksal, das auf der Opernbühne bislang nur Personen höheren Ranges möglich war; sie sind jedoch weniger Individuen, sondern vertreten einen Aspekt des Kollektiven: gesellschaftliches Außenseitertum. Auch noch in seiner letzten ernsten Oper *Otello* (Mailand 1887) ist es ein Außenseiter – der »Mohr von Venedig« – der den gegen ihn gerichteten Intrigen unterliegt. Unabhängig von seinem Opernschaffen war Verdi (und dies ist für einen Komponisten eine Seltenheit) auch in politischen Ämtern engagiert. Er war nach 1859 Vertreter in der Provinzialversammlung von Parma und zwei Jahre später Deputierter im ersten Parlament des Königreichs Italien unter Vittorio Emanuele II. und dessen Ministerpräsidenten Camillo di Cavour, mit dem Verdi befreundet war. Cavour erachtete es als besonders wichtig, einen in ganz Europa anerkannten Komponisten wie Verdi im Parlament zu haben.

Der politischen Progressivität Verdis entsprach kein ebenso revolutionärer Impetus im Musikalischen: um politische Aussagen darzustellen, sind einfache musikalische Strukturen notwendig, ein zu weitgehendes Abweichen von Traditionen konnte nicht wirkungsvoll genug sein. Verdi hat, obwohl er das italienische Melodramma bedeutend weiterentwickelt und bereits bei der Komposition des *Rigoletto* Ansätze zur Durchkomposition, d. h. der Aufhebung der Gliederung in Nummern zeigte, niemals den Schritt zur vollkommenen Auflösung der Nummernoper vollzogen. Auf der Basis der italienischen Gesangsoper hat er jedoch ein Höchstmaß an dramatischer Wirkung erzeugt. Ausschlaggebend für die dramatische Intensität seiner Opern waren mehrere Faktoren. Erstens beteiligte sich Verdi intensiv an Konzeption und Ausführung der Libretti seiner Opern; er forderte strengste Konzentration und die Beachtung des von ihm proklamierten Prinzips der »parola scenica«: ein szenisch-dramatisches Geschehen sollte durch ein Wort oder einen kurzen Satz schlagartig verdeutlicht, alles andere durch Musik, Gebärde und Bühnenbild verständlich gemacht werden. Zweitens zeichnet sich Verdis Musik gegenüber seinen Vorgängern, vor allem in den frühen Werken, durch Einfachheit und Eingängigkeit aus, die seinen Opern ihre Popularität verliehen. Drittens hat er traditionelle Modelle an solchen Stellen abgewandelt, wo es die dramatische Situation erforderte; dies führte mehr und mehr zu einer Auflösung des zweisätzigen Formschemas der Arie wie auch von dessen Übertragung auf ausgedehntere Formteile wie Finali.

In Verdis frühen Opern spielen ähnlich wie in der Grand opéra der Zeit weniger einzelne Individuen als Kollektive wie Völker, Gesellschaftsschichten usw. die entscheidende Rolle. Demzufolge gewinnen kollektive Gesänge (Ensembles und Chöre) an Bedeutung, eine Entwicklung, die sich allerdings bereits seit den 1830er-Jahren im italienischen Melodramma ankündigte. Vor allem die Chöre werden zum tragenden Faktor der musikalischen Gestaltung, deren einfache und fast plakative Struktur oft auch auf die Sologesänge übergreift. In der Introduktion zu Nabucco wird beispielweise Zaccarias Sologesang *Come notte a sol fulgente / Sei uns gnädig, du Gott der Väter!*, eine Preghiera (Gebet), anschließend vom Chor übernommen, ein Verfahren, das in der französischen Oper bereits im 18. Jahrhunderts gängig war. Berühmte Stücke sind der Klagechor der Hebräer aus Nabucco zu Beginn der zweiten Szene des dritten Teils *Va, pensiero, sull'ali dorate / Zieht, Gedanken, auf goldenen Flügeln* oder der Klagechor der Schotten im ersten Bild des letzten Akts von Macbeth *La patria tradita piangendo ne invita! / Das verratene Vaterland ruft uns mit seinen Tränen*; dieser Chor wurde als Aufruf verstanden, für Italien zu kämpfen.

Verdis mittlere Phase, die mit der Trilogia popolare (*Rigoletto, Il Trovatore, La Traviata*) einsetzt, wird meist unter dem Aspekt der Auseinandersetzung mit der französischen Operntradition gedeutet; dafür sprechen seine Paris-Aufenthalte seit 1847 sowie die Tatsache, dass an italienischen Opernhäusern zunehmend französische Opern, darunter Aubers *La muette de Portici*, Halévys *La Juive* und später

Gounods *Faust*, gespielt wurden. Verdis *Un ballo in maschera / Ein Maskenball* (Rom 1859) geht beispielsweise auf Scribes Libretto zu Aubers *Gustave* zurück. Der Einfluss sowohl der Grand opéra als auch die Verwendung französischer Stoffe spielt jedoch nicht erst beim mittleren Verdi, sondern schon in seinen frühen Werken in der Betonung des Kollektiven, in den großen Chortableaus und in der Textwahl (*Ernani* nach Victor Hugo) eine bedeutende Rolle. Der Unterschied zu früheren Opern liegt zumindest in der Trilogia popolare eher in den Stoffen und deren dahinterstehendem ideellen Gehalt begründet, die freilich auch eine andere Art der Vertonung erfordern. In *Rigoletto*, *Il trovatore* und *La traviata* stehen nicht mehr unterdrückte Völker im Vordergrund, sondern Außenseiter der Gesellschaft. Diese Protagonisten fungieren, nicht anders als etwa Nabucco oder Ernani in den früheren Opern, weniger als individuelle Helden, sondern im Sinne einer Idee, eines gesellschaftskritischen Moments: der Hofnarr Rigoletto, der unwissentlich seine eigene Tochter ermorden lässt, erleidet zwar ein individuelles Schicksal, das jedoch nur durch die gesellschaftlichen Verhältnisse – seine degradierende Stellung am Hofe und die Ausschweifungen des Herrschers – zu erklären ist. Genauso kann das Schicksal Violettas in *La traviata* für jede beliebige Lebedame der Pariser Vergnügungswelt stehen. Stoffe, die die Vergnügungssucht der höfischen oder bürgerlichen Gesellschaft thematisieren, schließen per se die in der französischen Oper seit ihrer Entstehung so beliebten Festszenen mit ein und (als Negativfolie) natürlich auch den Topos des gestörten Festes. Die Introduktionen von *Rigoletto* als auch von *La Traviata* bestehen aus solchen Festszenen, in denen Tänze eine zentrale Rolle spielen. Tänze waren in der italienischen Oper sonst nur als Stücke zwischen den Akten üblich. In *Rigoletto* wird das höfische Fest durch den drohenden Monterone gestört, dessen Tochter der Herzog von Mantua entehrt hatte; die von ihm ausgesprochene Verfluchung (»maldedizione«), die der

Oper ursprünglich ihren Titel geben sollte, durchzieht dann erinnerungsmotivisch die ganze Handlung. Auch musikalisch erscheint an den Stellen, an denen sich Rigoletto des Fluchs erinnert, immer das gleiche Motiv. Diese Technik, die aus der französischen Rettungsoper stammt, ist im 19. Jahrhundert generell üblich geworden. Im Unterschied zur französischen Grand opéra, vor allem zu den Ideendramen Meyerbeers, in denen der private Konflikt hinter dem politischen zurücksteht, liegt der Akzent bei Verdi insofern stärker auf dem privaten Konflikt, als er den Bedingungen der italienischen Gesangsoper gerecht werden musste. Die Sänger und Sängerinnen forderten Arien, mit denen sie glänzen konnten, und durch die Sologesänge trat automatisch das individuelle Moment gegenüber dem kollektiven hervor. Indem Verdi seine Protagonisten jedoch in den Dienst einer kollektiven Idee stellte, gelang ihm auf der Basis der Gesangsoper Ähnliches wie Meyerbeer mit der Grand opéra und Wagner mit dem Musikdrama: ein Ideendrama.

Dies erforderte musikdramatische Innovationen des herkömmlichen Modells der italienischen Oper, des zweisätzigen Schemas von Arien, Ensembles und Finali. In *Rigoletto* ist diese Form bis auf die Arie des Herzogs am Beginn des zweiten Akts bereits weitgehend vermieden oder in größere szenische Zusammenhänge integriert. In *La Traviata* haben Violetta im ersten Akt und Germont im zweiten Akt Romanzen als langsame Ariensätze. In *La traviata* wird im zweiten Finale die Stretta (schneller Satz) eliminiert, es schließt mit dem »pezzo concertato«, der üblicherweise nur den ersten Teil des Finales bildet. Im weiteren Opernschaffen Verdis löst sich das traditionelle zweisätzige Schema weitgehend auf und wird durch freiere Formen ersetzt; zum letzten Mal hat es Verdi in *Don Carlos* angewandt. In *Aida* (Kairo 1871) verzichtet er auf die Einteilung in Nummern und gliedert die Akte bis auf den dritten ganz durchkomponierten Akt in jeweils zwei große Szenen, in denen Chöre,

Arien und Ensembles frei miteinander verbunden werden. In seinen letzten Opern, *Otello* (Mailand 1887) und *Falstaff* (Mailand 1893), hat Verdi nochmals eine ganz neue Technik entwickelt: er benutzt statt ausgedehnter Kantilenen sehr kurze Motive, um die Musik enger mit dem Drama zu verknüpfen und um eine szenenübergreifende Verklammerung zu schaffen.

Neben Verdi gab es in der zweiten Jahrhunderthälfte in Italien kaum einen Komponisten von Bedeutung. Dies mag einerseits mit der schlechten wirtschaftlichen Lage vieler Opernhäuser zusammenhängen, andererseits durch die Erweiterung des Repertoires durch französische Opern bedingt sein. Erwähnenswert ist Arrigo Boito, der mit Verdis Namen in enger Verbindung steht, denn er hat die Libretti für dessen *Otello* und *Falstaff* sowie für die zweite Fassung von *Simon Boccanegra* geschaffen. Boito war in erster Linie Librettist – auch die Vorlage von Ponchiellis *La Gioconda* stammt von ihm – und hat nur eine vollendete Oper, *Mefistofele* (Mailand 1868, Neubearbeitung Bologna 1875) und eine unvollendete, *Nerone* (Mailand 1925) hinterlassen. *Mefistofele* war in der zweiten Fassung erfolgreich, bringt jedoch gattungsgeschichtlich kaum Neues. *La Gioconda* (Mailand 1876) von Amilcare Ponchielli, die einzige, heute noch gespielte Oper des Komponisten, ist formal durch ihre abgeschlossenen Nummern eher konventionell, bietet jedoch ein reiches Spektrum an musikalischen Ausdruckscharakteren. Nach Verdi gewannen erst wieder die Komponisten an Bedeutung, die vom Verismo beeinflusst wurden: Puccini, Mascagni und Leoncavallo.

Das Musikdrama Richard Wagners

Richard Wagner kommt das Verdienst zu, eine vollständige Erneuerung der Oper herbeigeführt zu haben, indem er das Musikdrama schuf. Zwar wurden in der Opernforschung in den letzten Jahrzehnten seine Errungenschaften – ähnlich wie bei Gluck – eher relativiert. Der Grund hierfür ist, dass die hauptsächlichen Merkmale des Musikdramas – die Überwindung der Nummernstruktur, die Leitmotivtechnik sowie der damit verbundene motivisch durchgebildete Orchestersatz – nicht grundsätzlich neu waren, sondern bereits seit Ende des 18. Jahrhunderts im Keim angelegt waren. Das Musikdrama erscheint jedoch insofern als völlig neuer Operntypus, als Wagner die genannten Tendenzen fortentwickelte und radikalisierte. Hinzu kommt, dass er seine Vorstellungen vom Musikdrama in umfangreichen theoretischen Schriften, die wichtigste ist *Oper und Drama* (1851), ausführte.

Wagners Opern bis einschließlich *Lohengrin* (Weimar 1850) beruhen allerdings großenteils auf Konventionen. Wagner hatte vor dem *Fliegenden Holländer* zunächst die gängigen Operntypen mitsamt deren Formenrepertoire erprobt: die romantische Oper in *Die Feen* (komp. 1833/4, nicht aufgeführt zu Wagners Lebzeiten), die in der Tradition E. T. A. Hoffmanns, Webers und Marschners steht; die Große komische Oper in *Das Liebesverbot* (Magdeburg 1835), in der höchst wirkungsvoll buffoneske Momente im französischen und italienischen Idiom auskomponiert sind; die Grand opéra bzw. historische Oper in *Rienzi* (Dresden 1842), die deutlich auf französische Vorbilder zurückgeht. Auf diese frühen Opern hat Wagner sowohl textlich als auch musikalisch zurückgegriffen. In den *Feen* ist bereits das Frageverbot von *Lohengrin* vorformuliert – Arindal darf Ada nicht fragen »woher sie kam der Fahrt, und wie ihr Nam' und Art« – und die Forderung nach unbedingter Liebe und Treue thematisiert, die im *Fliegenden Holländer* und im *Lohengrin* zum Auslöser der Katastrophe wird. Auch musikalisch wurden später Motive seiner Frühwerke wiederaufgenommen; beispielsweise hat er ein Motiv aus dem *Liebesverbot* als Gralsmotiv im *Lohengrin* wieder verwendet. Im Bezug auf *Rienzi* hat Wagner einen wichtigen Aspekt seiner Opernästhetik formuliert, der jedoch ebenfalls in der zeitgenössischen Oper bereits aktuell war und erst später bedingungslos verwirklicht wurde: der Stoff sollte nicht auf die musikalischen Formen der Oper zugeschnitten werden, sondern diese sollten sich aus dem Stoff ergeben. Das hieß jedoch für *Rienzi* nichts anderes, als dass Ballettszenen, Arien und Ensembles sinnvoll dramaturgisch zu begründen waren – eine Forderung, die um die Mitte des Jahrhunderts alle bedeutenden Opernkomponisten stellten.

Der fliegende Holländer, *Tannhäuser* und *Lohengrin* mit denen Wagner selbst eine Wende in seinem Schaffen ansetzte, und die deshalb in der früheren Opernforschung ebenfalls unter dem Aspekt des Neuen gesehen wurden, tragen indes noch keineswegs die Merkmale des Musikdramas, sondern basieren überwiegend auf herkömmlichen Modellen. Die Introduktion des *Fliegenden Holländers* beispielsweise geht nicht über Introduktionen in der französischen oder italienischen Oper hinaus. Der *Tannhäuser* ist zwar in Szenen statt in Nummern untergliedert, letztere scheinen aber noch deutlich genug durch, und Wagner hat in frühen Skizzen zudem noch Nummern verzeichnet. Dass der Typus der zweisätzigen Arie verschwand – Wagner hat ihn zum letzten Mal in der Auftrittsarie des Holländers verwendet – war generelles Merkmal der Opernkomposition der Zeit. Bei *Lohengrin* ist eine Nummerngliederung weitgehend überwunden, die Tableauszenen sind jedoch deutlich auf das Modell der Grand opéra beziehbar. Eine szenische Ausweitung und Integration der Nummern, wie sie an den genannten Opern gerühmt wurden, ist in der französischen Oper in den großen Tableauszenen, in der italienischen in der Scena ed aria ein geläufiges Gestaltungsmittel.

Will man in den genannten Opern Neues erkennen, so erweist sich dies weniger in einer Tendenz zum Musikdrama bezüglich der formalen Gestaltung, sondern in dem spezifischen Zusammenspiel der Ebenen von Musik und Dichtung. Das Zentrum jeden Werks bildet bezeichnenderweise ein Lied (bzw. eine Ballade), d. h. eine geschlossene Form, gegen die sich Wagner später wandte: im *Fliegenden Holländer* Sentas Ballade, im *Tannhäuser* dessen Lied und im *Lohengrin* Elsas Traumerzählung. Diese Lieder bergen – wie bereits ausführlicher dargestellt – in konzentrierter Weise den Konflikt bzw. die Idee einer jeden Oper: im *Tannhäuser* den Zwiespalt zwischen Sinnlichem und Göttlichem, in *Lohengrin* das Transzendieren zwischen Traum und Realität. Noch im *Tristan*, der wirklich ein Musikdrama ist, hat eine herkömmliche Form dieselbe Funktion: das Liebesduett von Tristan und Isolde im zweiten Akt. Verknüpft ist diese Gestaltung – die Konzentration des Gehalts in einer ›herkömmlichen‹ Nummer – mit einem Aspekt, der, außer im *Ring des Nibelungen*, bei Wagner durchgehend eine Rolle spielt: die äußere Aktion wird aufs äußerste zurückgenommen, auf Hauptsituationen reduziert, um die innere Handlung wirksam werden zu lassen. Vor dem Hintergrund der aktionsreichen und verwickelten Handlung des *Rienzi* erscheint diese Konzentration als neuer Aspekt seit dem *Fliegenden Holländer*. Diesen sowie *Tannhäuser* und *Lohengrin* hat Wagner 1851 in der Mitteilung an seine Freunde als Künstlerdramen gedeutet, als Tragödien des »absoluten Künstlers«. Keiner der Protagonisten findet seine Erfüllung im irdischen Leben: Holländer und Tannhäuser werden zwar erlöst, jedoch erst im Tod, Lohengrin findet ebenso wenig wie Arindal in den *Feen* seine Sehnsucht im Irdischen erfüllt.

Das nächste Bühnenwerk, *Tristan und Isolde* (München 1865), markiert nun den qualitativen Sprung zum Musikdrama. Wagner hatte 1851 in *Oper und Drama* seine Theorie vom Musikdrama entworfen. Gemäß seinen Vorstellun-

Die Darstellung der fünften Szene im ersten Akt von Wagners *Tristan und Isolde* entstand 1867 im Zusammenhang mit der Uraufführung in München 1865. Das Gemälde von Michael Echter zeigt die den Konflikt auslösende Szene: Isolde sinkt nach dem von ihr erwünschten Todestrank nieder, den Brangäne jedoch durch einen Liebestrank ersetzt hatte

gen, Ensemblegesang zu beschränken und auf den Opernchor gänzlich zu verzichten, sind diese Formen in *Tristan* nur noch bedingt und in konziser dramatischer Funktion vorhanden. Der Chor im ersten Akt dient als Hinweis auf die Staatsaktion, die Brautwerbung Markes. Das Liebesduett im zweiten Akt bildet, worauf bereits verwiesen wurde, das Zentrum des Werks, in dem sich der ideelle Gehalt des ganzen Dramas konzentriert: die Liebe zwischen Tristan und Isolde ist – wie auch die Liebe zwischen den Protagonisten in Wagners vorangehenden Opern – nur möglich durch die Lösung von der Welt. Das Duett basiert auf einem Lied, das Wagner für Mathilde Wesendonck komponiert hatte, eine für ihn ebenfalls unerreichbare Liebe. *Tristan* zeichnet sich auch gegenüber dem *Ring* vor allem durch eine äußerst ausgearbeitete symphonische Motivtechnik aus, die im Dienst der dramatischen Situation steht und die diverse Leitmotive miteinander verknüpft. Am Beginn der Introduktion wird das wohl berühmteste Leitmotiv Wagners, das Tristan-Motiv, exponiert: wohl kein Motiv wurde in Opern nach Wagner und selbst in Instrumentalkompositionen so häufig zitiert, verarbeitet oder karikiert. Sein Profil erhält es durch die kühne Harmonik; der erste Akkord des ganzen Dramas besteht aus einer scharfen Dissonanz, die sich erst allmählich durch aufsteigende Halbtonmotive löst – Chiffre der nicht beziehungsweise erst im Tode erfüllten Liebe.

Die Leitmotivtechnik bildet eine zentrale Kompositionskategorie vor allem im *Ring des Nibelungen* (Bayreuth 1876). Wagner hat diese Technik zwar keineswegs erfunden, wie lange angenommen wurde, jedoch auf eine neue Art und Weise angewandt. Zur Unterscheidung zwischen Wagners Leitmotivtechnik und den vorangehenden Verfahren hat man den Terminus ›Erinnerungsmotiv‹ oder auch ›Reminiszenztechnik‹ eingeführt. Letztgenanntes Verfahren gab es bereits in der zweiten Hälfte des 18. Jahrhunderts vor allem in der französischen Opéra comique. Das bekannteste Beispiel stammt aus Gretrys *Richard Cœur de Lion* (1784), wo die Chanson *Une fièvre brûlante / Ein glühendes Fieber* durch die Wiederkehr an verschiedenen Stellen der Oper handlungsbestimmende Funktion erhält. Erinnerungsmotive waren jedenfalls bereits in den 1780er-Jahren so wichtig, dass das Verfahren sogar in der theoretischen Literatur diskutiert wurde. In der ersten Hälfte des 19. Jahrhunderts wurde das Reminiszenzverfahren vor allem in der französischen Oper, aber auch in der deutschen und in der italienischen Oper zur gebräuchlichen Technik. Waren Erinnerungsmotive bislang jedoch nur an vereinzelten Stellen angebracht, so ist das vollkommen Neue bei Wagner, dass er ganze Opern, im *Ring* einen ganzen Opernzyklus, mit einem dichten leitmotivischen Netz überzogen hat. Dieses leitmotivische Netz diente einerseits als Ersatz für den fehlenden Rückhalt in einer Nummernstruktur und zur Herstellung der Einheit des Dramas. Andererseits fungierten die Leitmotive als Ausleuchtung der psychologisch-dramatischen Situationen. Wagner hat selbst den Ausdruck ›Leitmotiv‹ nicht gebraucht, sondern sprach im Hinblick auf sein Verfahren von »Ahnung, Vergegenwärtigung und Erinnerung«. Ein Leitmotiv sollte zuerst im Orchestersatz als »Ahnung« erklingen, d. h. als Andeutung eines Sachverhalts, einer Idee oder einer psychologischen Situation, die danach im Zusammenhang mit dem Text ›vergegenwärtigt‹, d. h. im Prinzip konkretisiert werden sollte. »Erinnerung« bedeutet dann die Wiederaufnahme eines Leitmotivs nach längeren Zwischenszenen, in einem anderen Akt oder in einem anderen Teil der *Ring*-Tetralogie, um die Situation, die dahinterstehende Idee oder die psychologische Situation ins Gedächtnis zurückzurufen. Der Einsatz der Leitmotive bei Wagner ist sehr vielfältig; hervorzuheben sind zwei Verfahrensweisen. Erstens gibt es den punktuellen Einsatz, der sich an die frühere Reminiszenztechnik anlehnt: ein bestimmtes Leitmotiv ist mit einer bestimmten Situation oder Person verknüpft und erscheint immer beim Eintreten der Person oder Situation, so beispielsweise im *Ring* das Erda-Motiv auf das mehrmalige Erscheinen Erdas im Zyklus; je nach Situation kann das Motiv auch variiert sein, ist aber immer wieder eindeutig zu erkennen. Zweitens können Leitmotive symphonisch verarbeitet werden wie im *Tristan* oder auch an Stellen im *Ring*, d. h. sie werden mehrmals wiederholt, verändert, auch in andere Leitmotive umgestaltet, um den gemeinsamen dahinterstehenden ideellen Gehalt offenzulegen. Das Ring-Motiv lässt sich in mehrere andere Motive, z. B. das Schicksalsmotiv, umwandeln. Die Leitmotive dienen oft der Gliederung; ein neuer Teil beginnt, wenn ein neues bzw. ein nach längerem Nicht-Auftreten wiederholtes Leitmotiv einsetzt, und an Höhepunkten werden oft mehrere Leitmotive miteinander kombiniert, wie beispielsweise in der Erkenntnisszene des *Parsifal*.

In engster Verknüpfung mit der theoretischen Grundlegung der neuen Operngattung des Musikdramas steht die Konzeption des *Ring des Nibelungen*. Er hat eine sehr lange und komplexe Entstehungsgeschichte, die 1848 beginnt, in Ansätzen jedoch sogar bis in Wagners Pariser Zeit 1840–42 zurückreicht, in der er wesentliche Anregungen sowohl aus der französischen Oper als auch aus musikästhetischen und weltanschaulichen Schriften bekommen hatte. Die Wahl des Stoffs war letztendlich jedoch von einem nationalen Impetus getragen, zu dem laut Wagner die revolutionären Ereignisse 1848/49 wesentlich beigetragen haben. Der Nibelungen-Stoff war um die Jahrhundertmitte generell als nationales deutsches Epos beliebt, und Schumann und Mendelssohn hatten sich ebenfalls schon mit dem Gedanken getragen, eine Nibelungen-Oper zu schreiben. Wagner hat akribisch die Quellen studiert, und sein Entwurf von 1848 enthält schon die wesentliche Konstellation, die allerdings noch ein Drama in drei Akten, »Siegfrieds Tod«, vorsah und den Stoff aktuell deuten sollte. Als er das Projekt nach seiner Flucht – Wagner war an den revolutionären Ereignissen beteiligt – wieder in Angriff nahm, verwarf er nach der gescheiterten Revolution die politische Aktualisierung und erweiterte den Stoff durch Einbezug auch der Vorgeschichte zur Trilogie unter Umarbeitung von *Siegfrieds Tod* zur *Götterdämmerung*. *Der Ring des Nibelungen* – konzipiert als Theaterfest von vier Tagen, *Das Rheingold* (Vorabend), *Die Walküre* (1. Tag), *Siegfried* (2. Tag), *Götterdämmerung*, (3. Tag) – war in der dichterischen Erstfassung 1852 abgeschlossen. Der Kompositionsprozess hingegen erstreckte sich über die nächsten 20 Jahre, dazwischen entstanden *Tristan und Isolde* sowie *Die Meistersinger*.

Diese schrittweise Ausführung führte zu einer völlig neuartigen Operngattung. Wagners Problem bestand darin, dass die allererste Konzeption, »Siegfrieds Tod«, fast nur aus Erzählungen der Vorgeschichte bestand. Dies ist der Gattung Oper wenig angemessen, sie ist auf plastische szenische Vergegenwärtigung durch Pantomime und durch musikalische Gestaltung angewiesen, da gesungene Dialoge schlechter verständlich sind als gesprochene. Wagner sah sich somit veranlasst, aus den Erzählungen der Vorgeschichte eigene Dramen zu machen, um seine Intentionen vollkommen zu verdeutlichen. Wagner hat im *Ring* also nicht das verwirklicht, was ihm im *Tristan*, den vorangehenden Opern und *Parsifal* in der Konzentration der vielgestaltigen Stoffe auf Hauptsituationen gelang, sondern er hat den Stoff in seiner epischen Breite ausgeführt. Trotz Verselbständigung der Erzählungen zu eigenen Dramen – *Rheingold* ist aus der Erzählung der Nornen vom Raub des Goldes, die *Walküre* aus der Erzählung Hagens, *Siegfried* aus der eigenen Erzählung seiner Jugenderlebnisse im dritten Akt der *Götterdämmerung* entstanden – sind die Erzählungen in der *Götterdämmerung* jedoch beibehalten, wodurch alle Teile des *Rings* eng aufeinander bezogen sind. Und die neu entstandenen Dramen enthalten ihrerseits wiederum viele Erzählungen, die dazu dienen, die einzelnen Akte oder Szenen miteinander zu verknüpfen. Um diese Bezüge auch kompositorisch sinnfällig zu machen, schuf Wagner seine spezifische Art der Leitmotivtechnik, die es ermöglichte, in der Erzählung die vorangegangene Handlung auch musikalisch zu rekapitulieren. Der Raub des Rheingoldes scheint zunächst nichts mit der zweiten Szene, dem Bau Wallhalls, zu tun zu haben, der Bezug wird erst durch die Erzählung Loges hergestellt, woraus Wotans Raub von Ring und Tarnhelm resultiert; an den entsprechenden Stellen der Erzählung erscheinen jeweils die Leitmotive der ersten Szene: das Ringmotiv und das Rheingold-Motiv. Die Leitmotivtechnik bildet somit das musikalische Korrelat zur epischen Erzählstruktur des *Rings*.

In seinem letzten Musikdrama *Parsifal* (Bayreuth 1882) hat Wagner gegenüber dem *Ring* und *Tristan* musikdramatisch zwar nichts wesentlich Neues geschaffen. Vom *Ring* unterscheidet es sich durch die erneute Konzentration auf Hauptsituationen (Parsifal als Tor, Parsifals Leid-Erfahrung und seine Erlösungstat), von *Tristan* durch die ausgefeiltere Leitmotivtechnik. Die Thematisierung des religiösen Aspekts und die Bezeichnung als Bühnenweihfestspiel verleihen Wagners letztem Werk jedoch einen Akzent, der auf eine nochmalige Überhöhung seines Schaffens gerichtet ist. Das Werk tritt hier – im Sinne der Kunstreligion des 19. Jahrhunderts, d. h. Kunst als Ersatz für die bis in den Grund erschütterte Religion – mit dem Anspruch auf, »den Kern der Religion zu retten«, wie Wagner selbst formulierte. *Parsifal* bildet quasi eine Apotheose des alle Werke Wagners durchziehenden Erlösungsgedankens, indem alle Protagonisten – Amfortas, Kundry, die Gralsritter und Parsifal selbst – erlöst werden. Am Kulminationspunkt der Oper, der »Hellsichtigkeit« des Parsifal, die den Ausgangspunkt für die Erlösung bildet, hat Wagner durch die Kombination von Leitmotiven die Struktur denn auch in so außerordentlicher Weise wie in keinem Werk zuvor verdichtet. *Parsifal*, ein Werk, das in Thematik und kompositorischer Konzentration sein immenses musikdramatisches Œuvre noch übersteigert, bildet damit den adäquaten Abschluss von Wagners Schaffen. Auch bei Relativierung seiner Neuerungen hat Wagner die Operngeschichte in einem Maße beeinflusst und bestimmt wie kein Opernkomponist vor ihm. Dies war nur möglich durch die Vereinigung von Komponist und Dichter in einer Person. Und vor allem ist bemerkenswert, dass nicht nur die kompositionstechnischen und formalen Momente des Musikdramas für die Gattung verbindlich wurden, sondern dass die Ausdruckshaftigkeit seiner Musik für die kommende Komponistengeneration zum Vorbild wurde.

Drame lyrique und Opéra bouffe in Frankreich

(GOUNOD, BIZET, MASSENET, OFFENBACH)

Nach 1850 entstand auch in Frankreich ein neuer Operntypus, das Drame lyrique. Formal gesehen ist es aus der Opéra comique entstanden, hat sich dann jedoch in dem Maße zur durchkomponierten Oper entwickelt, als sich die Gattungsgrenzen zwischen den beiden französischen Genres Grand opéra und Opéra comique zunehmend auflösten. Diese Auflösung lag in einem institutionellen Wandel begründet: 1864 wurden die praktisch seit Beginn der französischen Oper existierenden Privilegien und Rangordnungen der Theater endgültig aufgehoben, so dass eine Operngattung nicht mehr an einen bestimmten Aufführungsort gebunden war. Während die Opéra comique zuvor an die gleichnamige Institution, an das Théâtre Lyrique und an einige andere Häuser gebunden war und die Grand opéra nur im Pariser Opernhaus, der Opéra, aufgeführt werden durfte, konnte nun dasselbe Werk an verschiedenen Häusern gegeben werden. Eine der ersten Opern der neuen Gattung, Charles Gounods *Faust*, wurde 1859 zunächst mit gesprochenen Dialogen am Théâtre Lyrique, dann 1869 in einer Rezitativfassung in der Opéra aufgeführt; *Roméo et Juliette* desselben Komponisten wurde bereits ohne gesprochene Dialoge 1867 im Théatre Lyrique und 1873 in der Opéra Comique als erste durchkomponierte Oper auf dieser Bühne aufgeführt. Schon zuvor war Georges Bizets *Les pêcheurs de perles* (1863), ursprünglich mit Dialogen vorgesehen, dort ebenfalls als Rezitativfassung gegeben worden.

Die bedeutensten Werke der Gattung Drame lyrique im Second Empire, Gounods *Faust*, *Mireille* (1849), *Roméo et Juliette* und Bizets *Les pêcheurs de perles* tragen die Gattungsbezeichnung zwar noch nicht, sondern erst spätere Werke der 70er- und 80er- Jahre. Sie ist jedoch als Titulierung für das Genre, in dem die erwähnten Werke zentral sind, üblich geworden, so dass hier der Beginn einer neuen Gattungstradition gesehen werden muss. Mit ihnen beginnt jedenfalls eine neue Richtung des Opernsujets: im Unterschied zur Grand opéra bzw. zur historischen Oper, in der politische Konflikte im Zentrum des Interesses stehen, zeigt das Drame lyrique eine Tendenz zum Privaten – quasi als Spiegel der gesellschaftlichen Verhältnisse im Second Empire (1852–71) nach den gescheiterten Aufständen. Im Unterschied zur Opéra comique hat das Drame lyrique durchgehend ernste Stoffe und meist ein tragisches Ende. Aufgeführt wurden die wichtigsten Werke der neuen Gattung vor allem am Théâtre Lyrique, dessen Bestehen (1851–70) bezeichnenderweise mit dem Second Empire zusammenfällt. Die Gattung spielte jedoch über diesen politischen Zeitraum hinaus eine Rolle.

Im Vordergrund eines Drame lyrique spielt sich ein privates Liebesdrama ab. Die Empfindungen der Protagonisten sind jedoch eng mit dem Milieu verknüpft, in dem sie leben, so dass das Milieu zum bestimmenden Faktor der Dramaturgie der Oper wird. Sehr häufig ist ein religiöser Ton prägend wie beispielsweise in Gounods *Faust* oder in Bizets *Les pêcheurs de perles*. Bei Bizet bedingt dieser Ton die Privathandlung: Nadir und sein Freund Zurga lieben die Priesterin Leïla nicht aufgrund ihrer weiblichen Reize, sondern sie fühlen sich von der Atmosphäre des Religiösen angezogen, die mit der Person der Protagonistin unabdingbar verbunden ist. Carmen in Bizets gleichnamiger Oper ist für Don José insofern beeindruckend, als sie Zigeunerin ist, deren Verführungskünsten er erliegt.

Während die Drames lyriques der 60er-Jahre noch weitgehend auf dem Formenvorrat der Opéra comique basieren, sind die Werke der 70er- und 80er-Jahre äußerst komplex gestaltet. Jules Massenets »Lyrisches Drama« *Werther* (nach Goethe) wurde zwar in Wien 1892 aufgeführt, war jedoch eigentlich für die Opéra Comique gedacht und lag bereits 1887 vollständig vor. Es kam dort nicht zur Aufführung, weil das Opernhaus abbrannte. Auch hier ist ein Milieu prägend, das familiäre, repräsentiert durch die jüngeren Geschwister Charlottes, die zu Beginn ein Weihnachtslied proben. Vor diesem Milieu spielt sich das Drama ab. Werther liebt Charlotte, die aber mit Albert verlobt ist; sie repräsentiert gleichermaßen das familiäre Milieu, indem sie im Spiel mit den Kindern eingeführt wird. Dies fasziniert Werther an Charlotte, steht aber gleichermaßen mit seiner unbürgerlichen Liebe zu ihr in Konflikt, als dessen Ausweg ihm nur der Tod bleibt. Die Art der Vertonung des Stoffs durch Massenet ist nicht allein für die Gattung des Drame lyrique, sondern generell für Opern gegen Ende des Jahrhunderts typisch: aus der Vielfalt der zur Verfügung stehenden Techniken und Formen wurden die jeweils dem Inhalt entsprechenden ausgewählt, während im 18. und der ersten Hälfte des 19. Jahrhunderts umgekehrt die Libretti auf die zur Verfügung stehenden musikalischen Formen abgestimmt wurden. So stehen geschlossene Formen neben ausgedehnten symphonischen Entwicklungen mit Leit- bzw. Erinnerungsmotiven sowie Anklänge an Wagnersche Musik bzw. Techniken. Auch verschiedene musikalische Ebenen werden aufgeboten: für die familiäre Sphäre steht ein Weihnachtslied, das zu Beginn in der Introduktion exponiert wird und am Schluss nach der Katastrophe beschwörend hereintönt. Die Drames lyriques der 90er-Jahre sind heute kaum noch bekannt; zu nennen sind Alfred Bruneaus *Le rêve* (1891), *L'attaque de moulin* (1893) und *Messidor* (1897), Augusta Holmès *La montagne noire* (1895) und Emmanuel Chabriers *Briséis* (1899).

Das zweite neue Genre des Second Empire war die Opéra bouffe, die hauptsächlich durch einen Komponisten vertreten wird, der sie auch geschaffen hat: Jacques Offenbach. Die Opéra bouffe ist eine neue Gattung im Bereich des heiteren Musiktheaters. Nachdem die Opéra comique immer mehr von ernsten Stoffen bestimmt wurde, fehlte ein

Genre, das eine »eigentlich buffoneske, heitere und geistreiche Musik« (Offenbach) repräsentierte. Offenbach sah in der Schöpfung eines solchen Genres eine Chance, und erhielt 1855 das Privileg zur Gründung des Théâtre des Bouffes-Parisiens, wo er einaktige Stücke, Pantomimen, Harlekinaden mit fünf Personen, komische Szenen mit neuer Musik für zwei oder drei Personen und Tänze mit höchstens fünf Personen aufführen durfte; die Theaterprivilegien wurden, wie oben erwähnt, erst 1864 endgültig aufgehoben. Die Gattung hatte somit wie die Opéra comique gesprochene Dialoge, in die musikalische Nummern interpoliert wurden. Vorbild für die Opéra bouffes hinsichtlich des Heiteren, Komischen und Lebhaften war der ältere Typus der Opéra-comique und die Opera buffa, Inhalt und Aufbau unterschieden sich jedoch. Zwar wurde das Prinzip der Erfolgsnummer aus den früheren komischen Gattungen übernommen, es wurde jedoch wirkungsvoller angewandt: die Erfolgsnummer wurde mehrmals während des Stücks gebracht, zunächst meist zu Beginn der Ouvertüre, dann in einer Nummer und in Auszügen im Finale. Eines der wichtigsten Mittel der Opéra bouffe war die Parodie, d. h. es wurden Zitate aus bekannten Opern in ironischer Weise dargeboten. Abweichend von den früheren komischen Gattungen kulminieren die Finali häufig in Tänzen, meist dem populären Cancan, einem ekstatischen Tanz, den Offenbach in *Orphée aux enfers* zum ersten Mal auf die Bühne brachte, und der die Oper in vitalistischer Steigerung enden ließ.

Offenbachs berühmteste Opéra bouffe, mit der er den Durchbruch erzielte, war *Orphée aux enfers / Orpheus in der Unterwelt* (1858), die den bekannten Stoff auf satirische Weise behandelte. Orphée, Direktor des Konservatoriums zu Theben, ist eifersüchtig, da sich seine Frau Eurydice täglich mit dem Schäfer Aristée alias Pluton trifft, und legt selbst die Schlange aus, zu der Pluton Eurydice lenkt, um die von ihm Begehrte mit in die Unterwelt zu nehmen. Orphée wird jedoch von der Opinion publique (Öffentlichen

Die Ankündigung von Offenbachs *Orphée aux Enfers* weist drastisch auf den satirischen Charakter der Oper hin. Das Plakat aus dem Jahr 1874 von Jules Chéret dokumentiert die Beliebtheit der Oper, die »tous les soirs« (›jeden Abend‹) gegeben wurde

Meinung) dazu gezwungen, laut antikem Mythos Eurydice zurückzuholen. Dieser Weg führt ihn über den Olymp, wo Jupiter vergeblich versucht, die Skandalgeschichten der Olympier vor den Sterblichen zu vertuschen. Als Orphée erscheint, begeben sich alle Olympier abenteuerheischend in den Hades, um die Übergabe Eurydices an Orphée zu überwachen. Dort vergisst Jupiter sein hehres Vorhaben, begehrt Eurydice und verspricht ihr, sie in den Olymp mitzunehmen. Beim Höllenball will Jupiter mit ihr fliehen, doch der eifersüchtige Pluton verhindert dies. Nun soll laut L'Opinion publique Orphée Eurydice mit sich nehmen, Jupiter sorgt jedoch dafür, dass sie sich umsieht und Orphée sie für immer verliert. Nun sind alle zufrieden, L'Opinion publique ob der Erfüllung des Mythos, Orphée, da er seine Gattin los ist, und Eurydice wird – zur Genugtuung auch von Jupiter und Pluton – eine Bacchantin, die den Rausch preist. Der Erfolg von *Orphée aux enfers* ist freilich nicht nur dadurch bedingt, dass die Oper eine Satire auf den antiken Mythos ist, sondern auch auf die Pariser Gesellschaft.

Unter Offenbachs ungefähr 100 Opéra bouffes sind *Bata-clan / Klim-Bim* (1855), *Daphnis et Chloé* (1860), *Le Pont des soupirs / Die Seufzerbrücke* (1861), *La belle Hélène / Die schöne Helena* (1864), *La vie parisienne / Das Pariser Leben* (1866), *La Périchole* (1868), *Les brigands / Die Straßenräuber* (1869) und *Le Voyage dans la lune / Die Reise auf den Mond* (1875) die bekanntesten. Die Opéra-fantastique *Les contes d'Hoffmann / Hoffmanns Erzählungen* (1881), Offenbachs bekanntestes Werk neben *Orphée*, geht über den Rahmen der Opéra bouffe hinaus, ist aber auch sonst keiner Gattung zuzuordnen. Die Opéra bouffe – eigentlich die spezifische Gattung Offenbachs – wurde gegen Ende des Jahrhunderts von der Operette abgelöst.

Wagnérisme in der französischen Oper (REYER, CHABRIER, D'INDY, CHAUSSON)

Wagners Einfluss auf die Opernkomposition machte sich paradoxerweise zunächst primär dort geltend, wo seine Opern lange Zeit gar nicht aufgeführt wurden, nämlich in Paris. Wagner hatte wiederholte Male versucht, in dieser Stadt Fuß zu fassen; jedoch weder sein früher Aufenthalt (1840–42), noch die *Tannhäuser*-Aufführung des bereits arrivierten Komponisten (1861) brachten den erwünschten Erfolg. Trotz Empfehlungen durch Meyerbeer gelang es ihm bei seinem frühen Aufenthalt nicht, den Auftrag für eine Oper zu erhalten, obwohl er die wirkungsvolle Senta-Ballade als Probestück vorgeführt hatte; die *Tannhäuser*-Aufführung wurde zum Fiasko. Dennoch zeitigte sie ein Ergebnis, das sich auf Oper und Literatur des Fin de siècle auswirken sollte: zwar wurde Wagner von der breiten Öffentlichkeit verschmäht, in einem kleinen Kreis von Musikern und Literaten, darunter Gounod, Reyer, Saint-Saëns, Catulle Mendès und Baudelaire, fand er jedoch begeisterte Anhänger. Diese trafen sich regelmäßig, um Wagners Werke in Klavierauszügen zu spielen und seine Schriften zu studieren. Die Wagner-Begeisterung wurde in den 80er-Jahren immer stärker, als sein Werk im Zeichen der Décadence-Literatur rezipiert wurde: man spürte in seiner Musik dasselbe Lebensgefühl, das durch die Symptome der Spätzeitlichkeit, der Künstlichkeit und des Niedergangs bestimmt war. Der Wagnérisme – wie die fanatische Wagner-Rezeption genannt wird – hat die kulturellen Strömungen im Frankreich des Fin de siècle ganz wesentlich bestimmt. Motive und Ideen aus Wagners Musikdramen sind in literarische Werke eingegangen. Der Schriftsteller Élémire Bourges hat in seinem Roman *Le Crepuscule des Dieux* (›Die Götterdämmerung‹, 1884) Wagnersche Musik gleich doppelt thematisiert: sie steht als Chiffre für den Niedergang eines

Fürstenhauses und tritt quasi leitmotivisch an entscheidenden Stellen der Handlung auf: der letzte Überlebende des Hauses stirbt während einer Aufführung von Wagners *Götterdämmerung*. Wagners Musikdramen wurden in Paris jedoch erst in den 90er-Jahren vermehrt aufgeführt, zu einer Zeit, als Wagners Einfluss auf französische Komponisten bereits Wirkung gezeigt hatte. Diese Komponisten hatten der Aufführung von Wagners Bühnenwerken meist im Ausland beigewohnt, in Brüssel, deutschen Städten, vor allem in Bayreuth. Bezeichnenderweise wurden die von Wagner beeinflussten französischen Opern dann auch meist nicht in Paris, sondern in Brüssel uraufgeführt: Ernest Reyers *Sigurd* (Brüssel 1884, Paris 1885), Emmanuel Chabriers *Gwendoline* (Brüssel 1886, Paris 1893), Vincent d'Indys *Fervaal* (Brüssel 1896, Paris 1912), Chaussons *Le roi Arthus* (Brüssel 1903); Edouard Lalos *Le roi d'Ys* (Paris 1788), Alfred Bruneaus *Le rêve* (Paris 1891) und Jules Massenets *Esclarmonde* (Paris 1889) wurden nicht an der bedeutendsten Spielstätte, der Opéra, sondern an der Opéra Comique gegeben.

Der Einfluss Wagners auf die genannten Opern zeigt sich in der Leitmotivtechnik, in zitathaften Anleihen seiner Musik, in der Verarbeitung ähnlicher Stoffe und in der Übernahme dramatischer Situationen, oft auch in der Einheit von Dichter und Komponist. Alle genannten Opern weisen jedoch auch Merkmale der französischen Operntradition, d. h. der Grand opéra und des Drame lyrique auf, und stehen unter dem Einfluss der literarischen Décadence. Die meisten wagneristischen Opern sind von Untergangsmotiven geprägt: Reyers *Sigurd*, dem – wie Wagners *Ring* – die Nibelungensage zugrunde liegt; Chabriers *Gwendoline*, deren Libretto der Wagnerianer Catulle Mendès mit verschiedenen Motiven aus Wagner-Opern versah; d'Indys *Fervaal*, der den Untergang des keltischen Reichs thematisiert; Lalos *Le roi d'Ys*, in der eine Femme fatale den Untergang der Bevölkerung von Ys provoziert.

Chaussons in den letzten Jahren mehrmals aufgeführte Oper *Le roi Arthus* sei als Beispiel für eine wagneristische Oper der 80er- und 90er-Jahre genommen. Das Werk wurde zwar erst 1903 aufgeführt, ist aber schon 1885–94 entstanden. Ebenso wie Wagner hat der literarisch versierte Chausson den Text für sein Bühnenwerk selbst verfasst. Auch er hat einen mittelalterlichen nationalen Stoff gewählt, die keltische Sage von König Arthus. Da die Kelten als die Vorfahren der Franzosen angesehen wurden, förderte der Stoff die Tendenz zu nationaler Identitätsfindung, die nach 1871 in Frankreich verstärkt die kulturpolitische Situation bestimmte. Chausson hat zudem nach Wagnerschem Vorbild seine Handlung auf Hauptsituationen konzentriert; dies zeigt ein Vergleich mit früheren Versionen des Dramas. Die Handlung thematisiert den Untergang des Reichs von König Arthus und damit auch der ritterlichen Ideale der Tafelrunde wie Tapferkeit, Keuschheit und Treue. Dieser Untergang ist die Folge der Liebe zwischen Ritter Lancelot und Arthus Gemahlin Genièvre, die ihren Geliebten zur Flucht und zum Kampf gegen Arthus aufruft. Am Schluss stirbt der verwundete Lancelot, nachdem er sich wieder zu Arthus' Idealen bekannt hat. Die verlassene Genièvre bringt sich um. Arthus sieht sein Werk zerstört und entschwindet in einer Barke auf dem Meer. Der Rekurs auf Wagner ist offensichtlich: die Thematik der Liebe zwischen Königsgattin und Untertan erinnert an *Tristan und Isolde*, woraus Chausson zudem zahlreiche weitere dramatische Motive entnommen hat.

Mit geradezu frappierender Deutlichkeit bezieht sich Chausson auf die Liebesnacht aus Wagners *Tristan*: ein nächtlicher Park vor dem Gemach Genièvres, Gesang der aufpassenden Diener, ein Liebesduett im Zentrum der Szene, die wie im *Tristan* in einem Eklat des Entdecktwerdens endet, weil die Liebenden den Anbruch des Tages nicht wahrhaben wollen. Im Duett wird wie bei Wagner das gänzliche Versinken, die Loslösung von der Welt thematisiert. Während bei Wagner die Szene jedoch durch ein metaphysisch-transzendierendes Moment geprägt ist, bleibt sie bei Chausson in der Sphäre der sinnlichen Wahrnehmung befangen; sie steht für Genièvres Verführung, die einen Widerspruch zu den Idealen der Tafelrunde bildet. Nicht ein Scheitern an den gesellschaftlichen Bedingungen – wie bei Wagner – sondern ein typisches Motiv der Décadence ist die Ursache für den Untergang von Arthus Reich.

Die ganze Oper – sie ist wie Wagners Musikdramen durchkomponiert bis auf das dreiteilige Liebesduett und das an das Tristansche Seemanns-Lied erinnernde Lied des Ackermanns – ist von Leitmotiven durchzogen, die allerdings nicht so plakativ in den Vordergrund treten wie bei Wagner. Die Leitmotive werden je nach dramatischer Situation subtil abgewandelt, um sich dem veränderten Kontext anzupassen. Das Duett bringt im Mittelteil das so genannte Liebes-Motiv, das zum ersten Mal in der großen Tableau-Szene zu Beginn auftaucht: König Arthus verleiht Lancelot einen goldenen Becher für seine ruhmreichen Taten, Genièvre überreicht ihn und flüstert ihm gleichzeitg den Zeitpunkt für ein Rendezvous zu. An der Stelle ist das Liebesmotiv sinnfälligerweise zugleich mit einem anderen, dem Motiv des Betrugs, verknüpft. Später erscheint das Liebesmotiv an den entscheidenden Stellen des musikdramatischen Verlaufs, an denen der Konflikt Lancelots zwischen seiner Liebe zu Genièvre und der Treue zu seinem König thematisiert wird.

Dass Chaussons *Roi Arthus* durch und durch wagnerisch klinge – wie ein hartnäckiger Vorwurf lautete – ist beim Hören nicht nachvollziehbar. Die Stellen, an denen Wagner anklingt, sind durch Anspielungen auf bestimmte Motive geprägt, die als Chiffren für inhaltliche Situationen stehen. Deutlich wird dies beispielsweise an der Peripetie der Handlung, als sich Lancelot zu Arthus' Idealen bekennt: nachdem er das Lied des Ackermanns gehört hat, der König Arthus preist, rühmt er Arthus als den »größten heiligsten König, den Ritter Christi«. Hier klingt neben dem Arthus-Motiv die Gralssphäre Wagners an. Gleichfalls als Chiffre steht das große Tableau zu Beginn der Oper, das auf die Grand opéra zurückgeht und für die politische Ebene steht; deren Festmotive unterscheiden sich völlig von Wagner'schen Idiomen.

Die wagneristischen Opern sind somit keineswegs als epigonale oder eklektizistische Werke abzuwerten. Merkmale aus verschiedenen Traditionen wurden, wie generell in der Opernkomposition gegen Ende des Jahrhunderts, an den jeweils passenden Stellen der musikalisch-dramatischen Situation eingesetzt. Wagner übte jedoch eine so große Faszination aus, dass diese kompositorisch auch verarbeitet werden musste, und in seinen musikdramatischen Verfahren wurde die Möglichkeit gesehen, die französische Oper zu erneuern. D'Indy hat sich auch auf theoretischer Ebene in differenzierter Weise mit Wagners Werken und Schriften auseinandergesetzt und ausgiebiger als Chausson dessen Techniken angewandt; er hat beispielsweise Tabellen mit Leitmotiven seiner Opern aufgestellt.

Dass gerade in Frankreich eine verstärkte kompositorische Wagner-Rezeption stattfand, liegt an den beschriebenen besonderen Bedingungen, die diese Rezeption begünstigten. Andernorts findet man einen vergleichbaren Bezug nur vereinzelt. In Italien plante Ruggero Leoncavallo ein großes zyklisches Bühnenwerk, eine historische Trilogie über die italienische Renaissance mit dem Titel »Crepusculum« (›Dämmerung‹) in Anlehnung an Wagners *Ring*, von dem allerdings nur der erste Teil *I Medici / Die Medici* (Mailand 1893) als historische Oper verwirklicht wurde. Nikolaj Rimskij-Korsakows *Mlada* (St. Petersburg 1892) ist die erste unter Wagnerschem Einfluss entstandene russische Oper, die aber gleichfalls auch andere Traditionen miteinbezieht. Auf die deutsche Wagner-Nachfolge wird unten eingegangen. Wie für Frankreich gilt jedoch auch für andere Länder, dass die kompositorische Wagner-Rezeption keineswegs von Epigonentum bestimmt ist, sondern von einer Verarbeitung der Einflüsse seiner überaus wirkungsvollen Musik.

Die Oper im osteuropäischen Raum und das Problem der Nationaloper

(DARGOMYSCHSKIJ, MUSSORGSKIJ, RIMSKIJ-KORSAKOW, TSCHAIKOWSKIJ, ERKEL, MONIUSZKOW, SMETANA, DVOŘÁK)

In Russland versuchte in den 1860er-Jahren die bedeutendste Komponistengruppe, das so genannte »Mächtige Häuflein« bzw. die »Fünf« (Milij Balakirew, Alexander Borodin, César Kjui, Modest Mussorgskij, Nikolaj Rimskij-Korsakow) ein neues Musiktheater zu schaffen, die so genannte Opéra dialogué (›Oper in Gesprächsform‹). Darunter ist ein Operntypus zu verstehen, der auf Arien, Ensembles und Chöre völlig verzichtet und hauptsächlich aus rezitativischem Gesang, mit Ariosi durchzogen, besteht. Die Opéra dialogué sollte sich eng an die Deklamation des Textes anschließen. Der Typus wurde jedoch zunächst nur durch zwei Opern repräsentiert: Alexander Dargomyschskijs *Kamennyj gost' / Der steinerne Gast* (komp. 1863–69, St. Petersburg 1872) und Modest Mussorgskijs *Zenit'ba / Die Heirat* (komp. 1868). Die Gestaltungsweise fand dann Eingang in weitere Opern, jedoch in zeitlichem Abstand erst um die Jahrhundertwende: Nikolaj Rimskij-Korsakows *Mocart i Sal'eri / Mozart und Salieri* (1898), César Kjuis *Pir vo vremja cumy / Das Gelage während der Pest* (1901) und Sergej Rachmaninows *Skupoy rycar' / Der geizige Ritter* (1906). Die Opéra dialogué wurde jedoch weniger durch die Werke als durch die ästhetische Debatte berühmt, die – vor allem von dem bekannten und einflussreichen Kritiker Vladimir Stasov und den Komponisten selbst – um sie geführt wurde. Sie sollte eine eigene Richtung der russischen Oper repräsentieren, und sich somit von westlichen Strömungen absetzen. Dargomyschskijs Oper wurde von Mussorgskij vollendet; dessen eigenes Werk blieb unvollendet, da er sich der Problematik bewusst gewesen sein muss, die eine nur rezitativisch-ariose Vertonung mit sich brachte. Die Opéra dialogué besitzt operngeschichtlich somit nicht die Bedeutung, die man ihr immer zuspricht, wenn zunächst auch das Projekt, eine nur am Sprachduktus ausgerichtete, keine Nummern enthaltende Oper zu komponieren, in den 1860er-Jahren reformerisch angemutet hat.

Einige der genannten Komponisten zeichnen sich zudem nicht durch ihre Opéra dialogués, sondern durch andere Werke aus. Die erste Fassung von Mussorgkijs *Boris Godunow* (1. Fassung komp. 1868/69, 2. Fassung Petersburg 1874) ist zwar von der Opéra dialogué beeinflusst, die zweite Fassung zeigt jedoch deutlich die Abhängigkeit von der Tradition der historischen Oper. Rimskij-Korsakow hat in seiner Zauberballettoper *Mlada* (St. Petersburg 1892) sowohl Merkmale der Grand opéra übernommen als auch die Leitmotivtechnik Wagners angewandt, dessen *Ring* er 1888/1889 in St. Petersburg gesehen hatte; als Besonderheit hat das Stück zudem ausgedehnte Ballettszenen.

Als erster Protagonist eigenständiger russischer Bestrebungen gilt Michail Glinka, dessen Opern als paradigmatisch für die Herausbildung eines nationalen Stils angesehen wurden. Sein *Schisn sa zarja / Ein Leben für den Zaren* (St. Petersburg 1836) gilt als Nationaloper schlechthin. Ihr liegen Volksliedmelodien und ein nationaler Stoff zugrunde, Eigentümlichkeiten russischer Volksmusikpraxis wurden einbezogen. Bedeutendster russischer Komponist auch in der Gattung der Oper ist Pjotr Tschaikowskij, der zugleich jedoch am stärksten internationale Anregungen aufgenommen hat. Seine bekannteste Oper *Jewgeni Onegin / Eugen Onegin* (Moskau 1879) orientiert sich am Drame lyrique, worauf die Bezeichung als »Lyrische Szenen« verweisen mag. Tschaikowskij hatte 1875 Bizets *Carmen* gesehen, die ihn veranlasste, zu einer Vorlage Alexander Puschkins zu greifen: es sollte keine Heroengeschichte, sondern die Nöte der durchschnittlichen Menschen, das Alltägliche, sollten dargestellt werden. *Jewgeni Onegin* erzählt von der Liebe Tatjanas, Tochter einer Gutsbesitzerin, zu Onegin, der diese Liebe nicht erwidert; stattdessen macht er auf einem Ball deren Schwester Olga den Hof, die jedoch mit Lenski verlobt ist; dieser fordert zum Duell und wird dabei getötet; nach Jahren kehrt Onegin wieder in die Gesellschaft zurück und verliebt sich in die inzwischen verheiratete Tatjana. Anders als in der französischen oder italienischen Oper kommt es zu keiner Tragödie, sondern Tatjana, die Onegin ebenfalls liebt, weist ihn schlicht unter Erinnerung an sein damaliges Verhalten und ihre Pflichten als Ehefrau zurück. Wie im Drame lyrique ist auch hier die Milieuschilderung besonders prägend: der erste Akt veranschaulicht in den Liedern der Bauern, die auf russischem Volksliedgut basieren, und im ganzen Aufbau der Szene das Leben auf einem Landgut: die Gutsherrin kocht Marmelade, die Töchter singen, die Bauern haben ihre Ernte abgeschlossen und tanzen. Die Festszenen zeigen das adlige Milieu, die Tänze vermitteln einen Eindruck des russischen gesellschaftlichen Lebens der 1820er-Jahre, in denen die Handlung spielt.

Die Komponenten, die eine nationale Oper als solche bestimmen, sind somit weniger in eigenen nationalen Gattungsmerkmalen oder Formen zu suchen, sondern im Stoff und in der Darstellung bestimmter Milieus unter Einarbeitung von nationaler Volksmusik. Im Blick auf die Gattung haben sich die ehemals deutlich unterschiedenen nationalen Hauptgattungen – die französische und die italienische Oper – im 19. Jahrhundert weitgehend angeglichen und am Ende des 19. Jahrhunderts einem internationalen Standard Platz gemacht, in den auch die Errungenschaften des Musikdramas Richard Wagners miteinbezogen wurden. Der Versuch, eine nationale russische Operngattung in der Opéra dialogué zu schaffen, muss hingegen nicht nur im Blick auf die wenigen und zudem nicht gerade erfolgreichen

Werke als gescheitert betrachtet werden, sondern auch hinsichtlich der als neu proklamierten deklamatorischen Struktur, die meist über den Standard des Rezitativs und Arioso der gleichzeitigen französischen Oper nicht hinausgeht. Die zunehmende Angleichung der ehemals ganz Europa bestimmenden französischen und italienischen Oper mochte jedoch erst die Voraussetzung geschaffen haben, dass auf der Basis des internationalen Standards unter Verwendung stofflich bedingter nationaler Idiome nationale Opern entstehen konnten.

Viele Nationen – außer der italienischen und französischen, in der die Oper die nationale Gattung schlechthin war – hatten somit ihre Nationaloper: die deutsche Carl Maria von Webers *Freischütz* (1821), dem nationale Bedeutung erst durch spätere Rezeption zukam; die Ungarn Ferenc Erkels *Hunyadi László / László Hunyadi* (Budapest 1844); die Polen Stanisław Moniuszkows *Halka* (Wilna 1848, Warschau 1856) und die Böhmen Bedřich Smetanas *Prodaná nevesta / Die verkaufte Braut* (Prag 1866). In allen Ländern waren die Bestrebungen mit der politischen und kulturellen Situation der nationalen Identitätsfindung und der nationalen Freiheitskämpfe verknüpft. Erkels *Hunyadi László* thematisiert in dem historischen Stoff, der auf die politische Aktualität bezogen wurde, die Ungerechtigkeiten der deutschen Fremdherrschaft, für die der Tod Hunyadis symbolisch steht. Moniuszkows *Halka* konnte zuerst nur konzertant gegeben werden (Wilna 1848), da die im 18. Jahrhundert angesiedelte Handlung deutlich an den Bauernaufstand 1846 in Galizien erinnerte. Erst nach einer politischen Entspannung konnte die Oper in Warschau auch auf die Bühne gebracht werden. *Halka* erinnert vom Sujet an Aubers *La muette de Portici* – Halka wird von einem Adligen missbraucht, woraufhin die Bauern revoltieren –, wie Moniuszko denn auch neben den vielen volkstümlichen Anleihen Merkmale aus Aubers Opern übernommen hat. Ein komisches Singspiel wie Smetanas *Verkaufte Braut* ist unter den genannten Nationalopern eher eine Ausnahme. Smetana hatte zuvor mit *Branibori v Cechách / Die Brandenburger in Böhmen* (Prag 1866) auf die Ausschreibung einer authentischen nationalen Oper hin einen Stoff aus der Geschichte Prags vertont, die in der Tradition der Grand opéra steht. Doch nicht diese Oper hatte Erfolg, sondern die an der Tradition der Opera buffa Mozarts und Rossinis ausgerichtete leichtere Komödie. Antonín Dvořák hingegen ist zwar der bedeutendste tschechische Komponist zwischen Smetana und Janáček, seine erfolgreichste Oper *Rusalka* (Prag 1901) hat jedoch keineswegs ein nationales Sujet, sondern beruht auf dem Undinen-Stoff. Seine komischen Opern gehen zwar auf tschechische Dorfkomödien nach dem Vorbild von Smetanas *Verkaufter Braut* zurück, seine Großen Opern verwenden aber keine nationalen geschichtlichen Stoffe. Die Wertschätzung nationaler Opern richtete sich somit keineswegs immer nach dem nationalen Sujet, sondern – ähnlich wie bei Verdi, dessen *Trovatore* und *Rigoletto* Cavour mehr schätzte als den *Nabucco* – nach dem Erfolg der Opern.

Tendenzen der Opernkomposition in der ersten Hälfte des 20. Jahrhunderts

Die veristische Oper der Jahrhundertwende und der Futurismus

(MASCAGNI, LEONCAVALLO, PUCCINI, CHARPENTIER, JANÁČEK, D'ALBERT, MALIPIERO, RESPIGHI)

Die Operngeschichte des 20. Jahrhunderts kann nicht mehr auf der Basis von Gattungen und nationalen Strömungen beschrieben werden. Die spezifischen Operngattungen, die durch feste Merkmale geprägt waren und an denen man seit Entstehung der Oper bis in die zweite Hälfte des 19. Jahrhunderts ihre Entwicklung verfolgen konnte, hatten sich gegen Ende des 19. Jahrhunderts entweder so weit angenähert, dass kaum mehr Unterschiede auszumachen waren, oder waren in Auflösung begriffen. Gleichfalls kann man nicht mehr nach nationalen Richtungen, die ja auch mit bestimmten Gattungsmodellen verbunden waren, unterscheiden; die Entwicklung der Oper in einzelnen Ländern war seit der zweiten Hälfte des 19. Jahrhunderts vielmehr durch die Tendenz zur Internationalisierung geprägt. Verschiedene Richtungen der Oper um die Jahrhundertwende lassen sich jedenfalls weniger an Gattungsmodellen, als an allgemeinen kulturellen Strömungen beschreiben. So steht die italienische Oper seit den 1890er-Jahren unter dem Zeichen des Verismo, der gleichfalls aber auch auf französische und deutsche Opern übergegriffen hat.

Der Verismo war eine in den 1870er-Jahren entstandene literarische Strömung, die, als der literarische Verismo bereits wieder außer Mode war, auf die Oper übertragen wurde. Der Verismo gründete zum einen auf den Neuerungen der »Scapigliatura«, einer Gruppe von Künstlern und Schriftstellern, die in Anlehnung an die Pariser Bohème den bürgerlichen Lebensstil ablehnten und eine Erneuerung der Kunst forderten; Arrigo Boito gehörte u. a. zu der Gruppe. Zum anderen war er vom französischen Naturalismus beeinflusst, der eine möglichst getreue Darstellung des Lebens und des Milieus der Gesellschaft anstrebte, wofür Émile Zolas gigantischer 20-teiliger Romanzyklus *Les Rougon-Macquart* (1871–93) beispielhaft ist. Im Verismo wird darüber hinaus das tragische Schicksal von Personen niederer Gesellschaftsschichten thematisiert, die Situation in bestimmten Regionen Italiens wird nachgezeichnet, und die literarische Darstellungsweise lehnt sich an die sprachliche Idiomatik der niederen Bevölkerungsschichten an.

Die Übertragung des Begriffs auf die Oper gründete zunächst auf dem simplen Sachverhalt, dass Stoffe veristischer Literaten verwendet wurden. Der Verismo hat sich zumindest in den italienischen Opern hingegen kaum auf die musikalische oder die dramaturgische Gestaltung ausgewirkt, die vielmehr an herkömmliche Modelle – Nummernstruktur mit der Tendenz zur Nivellierung von Rezitativ und Arie – anknüpft. Gestaltungsweisen, die für den Verismo typisch sein könnten, waren bereits zuvor in anderen Operntypen ausgeprägt worden: die Darstellung eines bestimmten Milieus durch entsprechende Musik (Volksmusik, Tanzmusik, Exotismen, religiöse Musik u. a.) war schon in den nationalen Opern der Jahrhundertmitte üblich und wurde in der zweiten Jahrhunderthälfte im Drame lyrique breiter ausgeführt; eine Ausrichtung der Musik an der Diktion der Sprache und die Eliminierung von geschlossenen Nummern (Arien, Ensembles, Chöre) war bereits Programm bei Wagner und – besonders akzentuiert – in der russischen Opéra dialogué. Eher selten wird die Sprache des Librettos der Alltagssprache angepasst: Verdis *Falstaff*, zu dem Boito das Libretto verfasste, ist ein Beispiel, das allerdings nicht dem Verismo zugezählt wird, sowie Puccinis *La Bohème*. Ein realistisches Bühnenbild war schon seit der ersten Hälfte des 19. Jahrhunderts üblich, als in der Grand opéra die möglichst genaue Nachbildung historischer Bauten angestrebt wurde.

Die erste Oper, die einen veristischen Stoff verarbeitet, ist Pietro Mascagnis außerordentlich berühmt gewordener Einakter *Cavalleria rusticana / Sizilianische Bauernehre* (Rom 1890). Er basiert auf dem gleichnamigen Schauspiel (1883) bzw. der Novelle (1880) von Giovanni Verga, des berühmtesten Literaten des Verismo. Obgleich die veristischen Merkmale bereits in Vergas Dramatisierung und noch mehr in der Bearbeitung zum Libretto reduziert sind – vor allem durch den Ersatz der realistischen Sprache der Dialoge durch Libretto-Idiomatik –, gilt das Werk als Markstein der veristischen Oper. Wesentliche inhaltliche Komponenten der Vorlage sind allerdings auch erhalten geblieben: das regionale Milieu – das Stück spielt in einem sizilianischen Dorf –, die Herkunft der Protagonisten aus der niederen Gesellschaftsschicht und – als Abwechslung zu den Nummern – eine realistische Dialogstruktur, die sich in den für eine Oper ungewöhnlich häufigen Unterbrechungen manifestiert, die wie im realen Leben durch störende Momente wie das Eintreten von Personen bewirkt werden. Ebenfalls typisch für den Verismo ist, dass hier Personen niederer sozialer Schichten ein tragisches Schicksal erleiden. Dies war früher in der Oper unmöglich und wurde zum ersten Mal in Verdis *Rigoletto* thematisiert. Turiddu muss bei seiner Heimkehr vom Militärdienst erfahren, dass seine geliebte Lola den Fuhrmann Alfio geheiratet hat. Aus Rache geht er deshalb eine Beziehung zu Santuzza ein, die ihn liebt. Daraufhin wendet sich Lola ihm aus Eifersucht wieder zu. Santuzza erfährt von dem Ehebruch und erzählt dies Alfio, der Turiddu zum Duell fordert und ihn tötet. Diese einfache Geschichte ist als Einakter vertont und beginnt erst nach dem Ehebruch: die Vorgeschichte ist durch einen Sologesang Turiddus (*O Lola ch'ai di latti la cammisa / O Lola, weiß wie die Schlehenblüte*) angedeutet, und wird durch die Erzählungen Santuzzas konkretisiert. Die musikalisch-dramatische Konzeption der Oper basiert jedoch weniger auf einer durchgehend realistischen Gestaltung als auf dem Changieren zwischen quasi idyllischen Szenen des ländlichen Milieus, die sich in Chören der Bauern und Bäuerinnen kuntun, und der sich davor abspielenden Tragödie, wobei die Moll-Färbungen und Chromatismen der idyllischen Partien das tragische Schicksal bereits andeuten. Mascagni hat zudem das spezifische Milieu des sizilianischen Dorfes keineswegs durch Einarbeitung von sizilianischer Volksmusik wiedergegeben geschweige denn versucht, auch musikalisch eine ›Alltagssprache‹ nachzuahmen. Seine musikalische Sprache ist vielmehr das italienische Opernidiom der Zeit, wenn auch in Vereinfachung. Und formal ist das Werk eine Nummernoper.

Die zweite berühmte veristische Oper ist Ruggero Leoncavallos *Pagliacci / Der Bajazzo* (Mailand 1892) auf ein vom Komponisten selbst verfasstes Libretto, das ebenfalls eine Eifersuchtsgeschichte zur Grundlage hat: Schauspieler führen ein Theaterstück auf; während der Handlung ermordet Canio (Bajazzo) seine Ehefrau Nedda (Colombine) und deren Geliebten Silvio vor den Augen der Zuschauer. Das zugrundeliegende Konzept beruht jedoch weniger darauf, eine sensationelle Handlung darzubieten, als ein Stück veristischer Ästhetik aufzuzeigen: im Prolog klärt der Tölpel Tonio das Publikum darüber auf, dass es im Spiel um Wahrheit der Darstellung und Gefühle der Schauspieler gehe; das ›Stück im Stück‹ beginnt zunächst tatsächlich als Schauspiel, nach und nach brechen jedoch die wirklichen Gefühle der Schauspieler durch und bestimmen die Handlung, die im realen Mord endet. Der erste Akt der Oper spielt im wirklichen Leben (Canios Ehefrau Nedda hat Silvio als Geliebten); der zweite Akt, das ›Stück im Stück‹, beginnt wie in der Wirklichkeit mit einer Dreiecksbeziehung (Colombine,

Ehegattin des Bajazzo, liebt Harlekin und will mit ihm fliehen), die gespielte Handlung geht jedoch nach und nach in Realität über. Musikalisch ist dieser Wandel durch den Übergang von einem musikalischen Idiom des 18. Jahrhunderts in eine zeitgenössische pathetische Tonsprache nachgezeichnet. Auch in dieser Oper ist es nicht ein spezifisches musikalisches Idiom, das für den Verismo steht; vielmehr werden gängige Idiome eingesetzt, um veristische Ästhetik deutlich zu machen. Trotz generell durchkomponierter Faktur scheinen noch Arien durch.

Giacomo Puccini, den berühmtesten Opernkomponisten nach Verdi, will man in der neueren Forschung aufgrund der Individualität und Diversität seiner Opern nicht unter dem Verismo subsummieren. Die Mehrzahl seiner Libretti zeigt dennoch deutlich die beschriebenen stofflichen Merkmale auf. *Madama Butterfly / Madame Butterfly* (Mailand 1904) geht auf eine wirkliche Begebenheit zurück, die sich zu Beginn der 90er-Jahre in Nagasaki zugetragen hatte. Der Autor von *Madame Butterfly*, John Luther Long, hatte die Geschichte von seiner Schwester erfahren, die sich in der japanischen Stadt aufhielt. Die Erzählung erregte großes Aufsehen, erschien in mehreren Ausgaben und wurde von David Belasco zu einem Schauspiel mit tragischem Ausgang bearbeitet unter Beibehaltung der realistischen Momente der Erzählung. Auf diesem nochmals bearbeiteten Drama beruht das Libretto Puccinnis. Der amerikanische Marineleutnant Pinkerton begehrt die junge Geisha Cio-Cio-San, genannt Butterfly, und schließt mit ihr eine jederzeit kündbare Ehe – eine damals verbreitete Praxis der Europäer, eine Geisha für eine vorübergehende Zeit zur Geliebten zu bekommen. Cio-Cio-San nimmt die Verbindung, aus der ein Kind hervorging, jedoch ernst und ist von Pinkertons Wiederkehr überzeugt. Als dieser jedoch mit einer amerikanischen Ehefrau zurückkommt, fühlt sie sich entehrt und erdolcht sich. Dieses tragische Ende fehlt in der Erzählung, wo Cio-Cio-San in ihre frühere Umgebung zurückkehrt.

Auch in dieser Oper sind zur möglichst effektiven Ausgestaltung des in Wirklichkeit stattgefundenen Konflikts gerade traditionelle Modelle verwandt. Hierzu gehört das gestörte Fest im ersten Akt: Cio-Cio-Sans Onkel Bonzo erscheint und verflucht sie, was ähnlich wie in *Rigoletto* als Vorahnung des kommenden tragischen Schicksals fungiert. Hierzu gehört auch die letzte Szene – Cio-Cio-San ersticht sich –, die in der Oper des Fin de siècle genügend Vorbilder hat. Zur Zeichnung des japanischen Milieus – exotisches Kolorit war um die Jahrhundertwende besonders beliebt, nachdem sich im Westen genauere Kenntnisse über asiatische Kunst und Kultur verbreitet hatten – hat Puccini zum Teil originale japanische Melodien verwendet, die vor allem im Gesang der das Milieu repräsentierenden Personen eingesetzt sind. Pinkerton hat hingegen italienische Melodik, Cio-Cio-San als zwischen den Kulturen Stehende verfügt über beide Idiome.

Die Schilderung eines bestimmten Milieus zeigt sich am deutlichsten in Puccinis *La Bohème* (Turin 1896; vertont auch von Leoncavallo, 1897) nach dem berühmten Roman *Scènes de la vie de Bohème* (1848) von Henri Murger, der Bilder aus dem Künstler- und Studentenleben des Pariser Quartier latin wiedergibt. Der Oper fehlt ein bislang konstituierendes Merkmal der Operngattung, der Konflikt, der zugunsten der Zeichnung des Milieus aufgegeben wird. Mimi, die Geliebte des armen Literaten Rodolfo, stirbt weder aus Liebeskummer, noch aufgrund intriganter Machenschaften, sondern aufgrund ihrer Krankheit. Rodolfo trennt sich nur deshalb von ihr, weil er zu arm ist, um die kranke Geliebte angemessen zu versorgen, die kurz vor ihrem Tod zu ihm zurückgebracht wird, um in seinen Armen zu sterben. Puccinis Rückgriff auf französische Stoffe in seinen frühen Opern bedingte eine Orientierung am Drame lyrique, in dem Momente der italienischen veristischen Oper bereits vorgeprägt waren: Protagonisten aus niederen sozialen Schichten, im Vordergrund stehendes Milieu. Zu diesen frühen Opern gehören außer *La Bohème* auch noch *Edgar* (Mailand 1889) nach Alfred Musset, und *Manon Lescaut* (Turin 1893) nach Massenets Oper *Manon* bzw. nach dem Abée Prévost sowie *Tosca* (Rom 1900) nach Victorien Sardou. Mit Ausnahme der letzten Oper Puccinis – *Turandot* (Mailand 1826), die auf dem »tragikomischen Märchen nach Gozzi« von Friedrich Schiller basiert – ist die veristische Tendenz auch in den späten, in New York aufgeführten Opern deutlich: in *La fanciulla del West* (1910) ist erstmals in der Operngeschichte ein Western-Stoff vertont, *Il trittico* (1918) besteht aus drei Einaktern – einem Schauerdrama, einem Rührstück und einer Burleske – deren Stoffe aus dem Alltagsleben der niederen Schichten entlehnt sind.

Auch Puccini hat in der musikalischen Gestaltung an die italienische Tradition angeknüpft. In seinen frühen Opern sind trotz Aufgabe der Aufteilung in Szenen und Nummern noch überwiegend traditionelle Formen zu erkennen, die zunehmend einer Vermischung von deklamatorischen Elementen mit kantablen Gesängen weichen. Er wandte von Werk zu Werk eine differenziertere Leitmotivtechnik an, zu der er sowohl durch Wagner als durch die französische Tradition angeregt wurde.

Weitere wichtige veristische Opern – insgesamt sind bis etwa 1920 eine große Anzahl entstanden – sind Umberto Giordanos *Mala vita* (Rom 1892) und Francesco Cileas *L'Arlesiana* (Mailand 1897), in der jeweils Milieudarstellungen im Mittelpunkt stehen, sowie Franco Alfanos *Risurrezione* (Turin 1904) nach Leo Tolstoi, in der ein Straflager als veristischer Schauplatz fungiert.

Veristische Opern, die sich auch in der musikalischen Gestaltung den Intentionen des Verismo nähern, entstanden außerhalb Italiens. Gustave Charpentiers *Louise* (Paris 1900; Libretto vom Komponisten) handelt – ähnlich wie *La Bohème* – im Milieu des Pariser Alltagslebens, wenn auch mit relativ traditioneller Liebesgeschichte. Hier wurde auch die musikalische Sprache derjenigen des Alltags angeglichen: sie changiert zwischen Gesang und Sprechen, Lachen und Schreien – Mittel, die erst in der zweiten Hälfte des 20. Jahrhunderts zur Selbstverständlichkeit vokalen Komponierens wurden und um 1900 das zeitgenössische Publikum noch schockierten. Leoš Janáček hatte in *Jenufa* (Brünn 1904) im Blick auf eine an der Wahrheit orientierte musikalische Gestaltung zwischen der am Sprechtonfall orientierten Vokalmelodik und dem Orchestersatz vermittelt, indem Sprechmotive auch den Instrumentalsatz durchdringen; bei Wagner, von dem sich Janáček gelöst hatte, ist der Orchestersatz mit seiner Leitmotivik größtenteils anders als der meist deklamatorische Vokalsatz strukturiert. Für den deutschen Sprachbereich ist Eugen d'Albert zu nennen, dessen Oper *Tiefland* (Prag 1903) das Schicksal eines Hirten thematisiert, der sich von den Repressalien seines Herrn befreit; dieser hatte ihm, um Gerüchten vorzubeugen, seine Geliebte, die er aber weiterhin begehrt, zur Frau gegeben. Die Oper beginnt zwar mit ›veristischer‹ Hirtenmelodik, geht aber dann in die zeitgenössische musikalische Sprache über, die bei d'Albert streckenweise an Wagner orientiert ist.

Der Verismo in Italien wurde seit dem zweiten Jahrzehnt des 20. Jahrhunderts von Anhängern des Futurismus als rückständig und musikalisch degeneriert abgelehnt. Auch der Futurismus formierte sich zuerst 1909 als literarische Bewegung, die schnell auch auf Musik und Kunst übergriff: sie brach radikal mit jeglicher Tradition und verherrlichte das moderne Industriezeitalter mit seiner Maschinenwelt. In der Musik forderte der Maler und Komponist Luigi Russolo den Einbezug von Geräuschen als Reflex auf die Industrie- und Maschinenwelt und erfand hierzu besondere Instrumente, die *intonarumori*, ›Geräuschtöner‹. Solche Instrumente benutzte Francesco Balilla Pratella in *L'aviatore Dro / Der Flieger Dro* (Lugo di Romagna, 1920, komp. 1911–14), eine vom Thema her traditionelle Oper (Dro flieht in einem Flugzeug vor der ihm verhassten Welt), in der die *intonarumori* für Motorgeräusche eingesetzt wurden. Der bedeutendste vom Futurismus beeinflusste Opernkomponist – die Richtung wirkte sich ansonsten primär auf die Instrumentalmusik aus – war Gian Francesco Malipiero. Seine Musik ist zwar konventioneller als diejenige Pratellas, seine Erneuerungen der Oper jedoch umso fortschrittlicher. Die drei Teile der *Orpheide* (Düsseldorf 1925) thematisieren programmatisch die Abkehr von herkömmlicher Operntradition. Im Prolog, *Der Tod der Masken*, werden Commedia dell'arte-Darsteller von Orpheus in einen Schrank gesperrt, dafür öffnet er die Tür für die Darsteller des Hauptteils, die *Sieben Lieder.* Sie bestehen aus sieben völlig unzusammenhängenden Bildern, die jeweils existentielle Situationen in miniaturhafter Aufbereitung darbieten und die Vorgänge auf der Bühne somit in übergeordnete Sinnbilder transformieren (im fünften Bild beispielsweise wird ein an der Bahre eines Leichnams betendes Mädchen durch eine Serenade vor ihrem Fenster und das Hereinwerfen von Blumen gestört; als der aufdringlich Werbende eingelassen wird, hält er inne und fällt auf die Knie). Das Libretto basiert auf von Malipiero zusammengestellten poetischen Texten des 14.–17. Jahrhunderts, die auseinandergenommen und neu verknüpft wurden. Indem Malipiero musikalisch auf Modelle des 16. Jahrhunderts – die Canzoni – zurückgriff, zeigt das Werk auch neoklassizistische Merkmale, wie überhaupt futuristische Züge in den 1920er-Jahren fließend in den Neoklassizismus übergingen. Alfredo Casella, der an der Erneuerung der italienischen Instrumentalmusik im Sinne des Futurismus wesentlich beteiligt war, hat später in seiner Oper *La donna serpente / Die Frau als Schlange* (Rom 1932) verschiedene Stile imitiert und auf herkömmliche Formen wie Aria, Duetto, Sinfonia usw. angespielt. Ebenso hat Ottorini Respighi in seiner letzten Oper *La Fiamma / Die Flamme* (Rom 1934) auf Modelle des 19. Jahrhunderts zurückgegriffen, nachdem er sich zuvor wie seine Zeitgenossen Malipiero und Casella von Wagner und dem Verismo distanziert hatte.

Die französische Oper unter dem Zeichen des Symbolismus

(DEBUSSY, DUKAS)

Hatte sich die Décadence der 1880er-Jahre vor allem auf wagneristische Opern des französischen Fin de siècle ausgewirkt, so sind zwei wichtige französische Opern von der Strömung des Symbolismus geprägt: Claude Debussys *Pelléas et Mélisande* (Paris 1902) und Paul Dukas' *Ariane et Barbe-Bleue* (Paris 1907), die beide auf Dramen des symbolistischen Dichters Maurice Maeterlinck beruhen.

Der Symbolismus entstand als Gegenbewegung zum französischen Naturalismus. Die Naturalisten hatten das Übersinnliche als das Nicht-Wirkliche bewusst ausgeklammert. Die Symbolisten hingegen spürten einer tieferen Wirklichkeit nach, die im symbolistischen Kunstwerk zum Ausdruck kommen sollte – quasi als hinter der Erscheinung verborgene Idee. Sachverhalte sollten nicht mehr einfach benannt oder beschrieben, sondern nur suggeriert bzw. angedeutet werden. Der Inhalt eines Gedichts sollte nicht sofort verständlich sein, sondern allmählich erraten werden – wie einer der bedeutendsten symbolistischen Dichter, Stéphane Mallarmé, forderte. Ein symbolistisches Schlagwort war somit das ›Unbestimmte‹, das mit neuen dichterischen Techniken verwirklicht werden sollte. Dazu gehörte die Aufhebung der sprachlichen Logik, neue Wortbildungen, die Lösung von herkömmlicher Syntax und die Aufgabe der traditionellen Reim- und Versmodelle.

In Maeterlincks Drama ist dementsprechend ein Kriterium aufgegeben, das bislang stets gefordert wurde: Plausibilität und Folgerichtigkeit des Handlungsverlaufs. In der Zusammenfassung mutet die Handlung von *Pelléas et Mélisande* allerdings traditionell an. König Arkels Enkel Golaud hat sich im Wald verirrt, findet Mélisande, holt sie zu

Die Abbildung zeigt einen Bühnenbildentwurf von L. Jusseaume für die Mordszene des vierten Akts der Uraufführung (Paris 1902) von Debussys *Pelléas et Mélisande*. Sehr deutlich zu sehen ist der Lichtstreifen, in dem Pelléas und Mélisande stehen, sowie der Schatten des sich nähernden Golaud. Die hohen dunklen Bäume und das mächtige Schloss im Hintergrund geben die Atmosphäre wieder, in der das bedrohliche Geschehen stattfindet

sich nach Hause nimmt sie zur Frau, obwohl er aus politischen Gründen eine Prinzessin heiraten sollte. Sein Bruder Pelléas und Mélisande finden jedoch Zuneigung zueinander. Aus Eifersucht ersticht schließlich Golaud seinen Bruder; Mélisande stirbt, kurz nachdem sie ein Kind geboren hat. Dieser äußere Verlauf – der bewusst auf herkömmlichen Modellen basiert – bildet jedoch nur das Gerüst für die innere Handlung, deren Logik sich ausschließlich durch symbolisch zu deutende Vorgänge erschließt.

Das Merkmal der ›Unbestimmtheit‹ ist in den einzelnen Bildern des Dramas deutlich thematisiert. Im ersten Bild des ersten Akts findet Golaud Mélisande im Wald, ihre Herkunft bleibt unklar: an keiner Stelle der Oper erfolgt eine Erzählung der Vorgeschichte. Im dritten Bild des ersten Akts beobachten Mélisande und Pelléas ein Schiff, dessen Untergang im aufkommenden Sturm erwartet wird: man erfährt nie, ob es wirklich gesunken ist. Im dritten Bild des vierten Akts sieht Yniold, Sohn Golauds aus erster Ehe, beim Spielen eine Schafherde, die sich verirrt hat: das Bild hat scheinbar nichts mit der Handlung zu tun. Im vierten Bild des dritten Akts versucht Golaud mit Hilfe Yniolds vergeblich herauszubekommen, welche Beziehung zwischen Mélisande und Pelléas besteht. Am Ende stirbt Mélisande, ohne dass Golaud und ebenso wenig der Zuschauer weiß, ob er der Vater des Kindes ist.

Der innere Verlauf hingegen verbindet die einzelnen episodischen Bilder durch den symbolischen Gehalt: Der Seesturm im dritten Bild des ersten Akts, ein traditioneller Topos, deutet das Tragico fine der Oper bereits an. Im ersten Bild des zweiten Akts spielt Mélisande im Gespräch mit Pelléas mit ihrem Ehering, der Schlag zwölf Uhr in den Brunnen fällt; im zweiten Bild pflegt Mélisande Golaud, der um zwölf Uhr vom Pferd gefallen war. Im dritten Bild suchen Mélisande und Pelléas nach dem Ehering, werden aber durch drei kauernde Gestalten in einer Meeresgrotte erschreckt, die als Anspielung auf die drei Parzen gedeutet werden können. Im ersten Bild des dritten Akts windet Pelléas Mélisandes aus dem Fenster fallendes Haar um sich, ebenso die Zweige einer Weide, was ein typisches erotisches Bild der Jahrhundertwende darstellt. Im zweiten Bild führt Golaud Pelléas in die unterirdischen Gewölbe des Schlosses und weist ihn auf die Abgründe hin: das Sotteraneo hatte von der Rettungsoper her symbolische Bedeutung. Die Episode mit der verirrten Schafherde im dritten Bild des vierten Akts legitimiert sich einzig durch die Chiffre des Sich-Verirrens. Im vierten Bild wird der vom Vater zum Spionieren aufgeforderte Yniold plötzlich von einer unerklärlichen Angst befallen, als er bemerkt, dass Pelléas und Mélisande »ins Licht sehen«: Licht hatte im Fin de siècle die ambivalente Bedeutung von Erlösung und Tod; im dritten Bild des vierten Akts zieht es Mélisande bei ihrer letzten Begegnung mit Pelléas ebenfalls ins Licht – Pelléas wird daraufhin von Golaud ermordet. Im letzten Akt wird der Tod Mélisandes nicht ausgesprochen, sondern offenbart sich allein durch das plötzliche Niederknien dreier eintretender Mägde.

Debussy hat in seiner Oper zum einen die Besonderheiten von Maeterlincks Drama (1893) musikalisch verwirklicht. So hat er Symbole und Bezüge durch eine äußerst subtile Art der Leitmotivtechnik verdeutlicht. Zusammenhängende Ereignisse werden durch motivische Konstellationen verbunden: der Verlust des Ringes mit Golauds Sturz vom Pferd, wobei nicht die Koinzidenz zwischen dem Verschwinden des Rings und dem Sturz betont wird, sondern Pelléas Warnung »Prenez garde« (›Passt auf‹) und Golauds Worte, dass es Mittag geschlagen hat. Zum anderen korreliert die Struktur der Debussy'schen Musik – die eine Ausnahmeerscheinung darstellt – mit Merkmalen des literarischen Symbolismus. Galt Musik per se als symbolistisch, da sie nur andeuten, jedoch nichts konkret ausdrücken kann, so kommt Debussys Musik diese Bedeutung in gesteigertem Maße zu: die funktionale Gerichtetheit der Harmonik und Melodik sowie die herkömmliche musikalische Syntax wird aufgegeben. Dies wird gleich zu Beginn im Vorspiel beispielhaft exponiert durch Quintparallelen im Bass, ein Verstoß gegen herkömmliche Satzregeln, durch nicht funktional zu deutende Klänge, die nur mehr als Farbe wirken, und durch die Verwendung der Ganztonleiter.

Die zweite berühmte Maeterlinck-Oper des Jahrhundertbeginns, Paul Dukas' *Ariane et Barbe-Bleue* (Paris 1907), ist im Vergleich zu Debussys Werk sowohl in der musikalischen Gestaltung als auch in der dramatischen Anlage traditioneller. Maeterlinck hat auf den Märchenstoff zurückgegriffen, der erstmals mit Grétrys Rettungsoper *Raoul Barbe-Bleue* (1789) die Opernbühne eroberte. Durch die Bekanntheit des Stoffs entfällt somit alles Rätselhafte, das *Pelléas et Mélisande* bestimmt. Der Blaubart-Stoff bekommt jedoch bei Maeterlinck eine zeitgemäße Akzentuierung. Stand bei Grétry die Rettung der Protagonistin in letzter Minute im Vordergrund, so wird mit Ariane eine selbstbewusste Protagonistin dargestellt, die nicht nur das Geheimnis der verschwundenen Frauen lüftet, sondern sich Herzog Blaubart gefügig macht und ihn zu demütigen versteht. Dies deutet sich bereits im ersten Akt an. Am Beginn vernimmt man aus einem Saal in Herzog Blaubarts Schloss Stimmen einer protestierenden Volksmenge: sie will Ariane vor den Machenschaften des Herzogs warnen, der seine früheren Frauen umgebracht haben soll. Ariane öffnet jedoch furchtlos die ihr verbotene Tür, schüchtert den sie überraschenden Herzog ein und schickt die Bauern weg, die zu ihrer Hilfe ins Schloss eingedrungen sind. Ariane entdeckt hinter der verschlossenen Tür fünf Frauen, die im Unterschied zum Märchen noch leben, und befreit sie mit Hilfe der Bauern, die Blaubart gefangen und gefesselt haben. Ariane löst jedoch Blaubarts Fesseln und verlässt stolz die Burg, während die anderen Frauen es vorziehen, ihr Leben weiterhin in Unfreiheit zu verbringen. Da die Oper eine starke Frau in den Mittelpunkt stellt, der es allerdings nicht gelingt, die anderen Frauen auf ihre Seite zu ziehen, hat man sie als feministisch bezeichnet, wogegen sich Dukas allerdings gewehrt hat. Mit dem Symbolismus ist das Stück insofern verbunden, als Dukas den farbigen Kontrasten der Szenen durch musikalische Ausmalung entsprochen hat. Im Symbolismus bildete auch das synästhetische Moment eine große Rolle: Gedichte sollten durch klangliche Mittel Musik assoziieren, Musik wurde mit optischen Vorgängen in Verbindung gebracht. Das Öffnen der sechs erlaubten Türen, hinter denen die prächtigsten Edelsteine zum Vorschein kommen, ist durch die Wiederholungen nicht besonders effektvoll: zum Tragen kommt hier allein die immer wieder verschiedene klangliche Illustration des Glitzerns der Steine. Dukas' Werk zeigt durch die synästhetische Komponente somit eine nochmals andere Art der Verbindung von Musik und Symbolismus.

Die deutschsprachige Oper nach Wagner: Anlehnung und Kritik

(Pfitzner, Humperdinck, Strauss, Schreker, Zemlinsky, Hindemith)

Zu Beginn der 1920er-Jahre hatte der berühmte Wiener Kritiker Richard Specht ein Verdikt über die deutsche Wagner-Nachfolge verhängt: er bezeichnete sie als das »unfruchtbarste, anspruchsloseste und belästigendste Komponieren«, in dem quasi nach dem Rezeptbuch »Jakob Grimm oder die Edda oder Homer genommen, ein stabreimend stotterndes Szenarium verfertigt, jede Gestalt und jeder Gegenstand mit seinem Leitmotiv behängt, das Ganze mit dem Einerlei geteilter Streicherklänge und feierlicher Tubenakkorde übergossen wurde und das nachwagnersche Tondrama« somit fertiggestellt sei. So sehr dieses Verdikt für einige – heute unbekannte – Opern in der unmittelbaren Nachfolge Wagners stimmen mag, so wenig betrifft es die Opernproduktion generell, die bei Übernahme und Fortentwicklung einzelner Merkmale des Wagner'schen Musikdramas durchaus eigenständige Werke aufweist, die mit den französischen wagneristischen Opern vergleichbar sind. Zudem traten mit Richard Strauss, Paul Hindemith, Franz Schreker und Alexander Zemlinsky Opernkomponisten von Rang auf, deren Werke sowohl die Errungenschaften Wagners als auch andere Traditionen des späten 19. Jahrhunderts mit neuen Konzepten verbanden.

Zunächst seien einige Werke erwähnt, in denen jeweils einzelne Merkmale Wagners eingegangen sind. Eine frühe Wagner-Rezeption ist in Karl Goldmarks *Die Königin von Saba* (Wien 1875) deutlich, die sich somit freilich weniger auf den erst 1876 aufgeführten *Ring*, als den *Tannhäuser* bezieht. Die Idee des mehrteiligen Dramas aufgegriffen hat August Bungert, der sie überdies ins Immense steigern wollte. Seine vierteilige *Odyssee* (*Kirke*, Dresden 1898; *Nausikaa*, Dresden 1901; *Odysseus' Heimkehr*, Dresden 1896 und *Odysseus' Tod*, Dresden 1903), die zusammen mit einer fünfteiligen, im Entwurfstadium verbliebenen *Ilias* den umfangreichen Zyklus *Homerische Welt* abgeben sollte, war als Pendant zu Wagners *Ring* gedacht. Bei aller Anlehnung ans Musikdrama zeigt Bungert jedoch eine durchaus eigenständige Gestaltung, in der auch Merkmale der französischen Oper aufgenommen sind. Hans Pfitzner hat in vielen seiner Werke den Erlösungsgedanken thematisiert: in dem sich eng an das musikalische Idiom Wagners anlehnenden Musikdrama *Der arme Heinrich* (Mainz 1895) wird der Protagonist durch das Opfer der ihn liebenden Agnes erlöst; in seiner bekanntesten Oper *Palestrina* (München 1917), die ein von Wagner unterschiedliches Verfahren der Leitmotivtechnik aufweist, findet der das Ende der langjährigen polyphonen Tradition befürchtende Palestrina schließlich seinen Frieden, nachdem seine Messe *Papae Marcelli* überwältigenden Eindruck auf das Konzil gemacht hat. Die Hinwendung zu Märchenstoffen, wie sie bei Engelbert Humperdinck und dessen Schüler Siegfried Wagner, aber auch bei vielen weiteren heute unbekannten Komponisten zu finden ist, geht auf Richard Wagner selbst zurück: er hatte auf Märchenstoffe als vom Mythos unterschiedene Themen verwiesen, denen sich die Komponisten der folgenden Generation zuwenden könnten. Während Siegfried Wagners *Der Bärenhäuter* (München 1899) selbst mythologische Züge aufweist, ist Humperdincks Märchenoper *Hänsel und Gretel* (Weimar 1893) eine der berühmtesten Kinderopern. Die Märchenoper, die auch schon zu Beginn des Jahrhunderts eine Blüte erfahren hatte, sollte sich eigentlich von den mythologischen Stoffen des Wagnerismus wie auch von den realistischen des Verismo abheben. Musikalisch macht sich dennoch auch hier der Einfluss Wagners geltend. Auch Humperdinck griff auf eine Art der Leitmotivtechnik zurück, die jedoch weniger werkübergreifend angewandt wurde als vielmehr auf einem thematisch-motivischen Verfahren innerhalb einzelner Szenen beruhte. Die vielen Lieder in *Hänsel und Gretel,* unter denen sich bekannte Kinderlieder und neukomponierte Lieder befinden, stehen der Durchkomposition entgegen, obgleich Motive aus ihnen die Struktur der einzelnen Szenen bestimmen und sie somit nicht nur als abgeschlossene Nummern wirken. Wegweisend für den Fortschritt ist jedoch die auf einem Kunstmärchen basierende Oper *Die Königskinder* (München 1897, New York 1910), die in einer ersten Fassung als Melodram konzipiert wurde. Humperdinck hat hier Techniken verwendet, die später Schönberg aufgriff: der Sprechgesang ist nicht frei, sondern durch Tonhöhen und Rhythmen fixiert. In einer späteren Fassung hat Humperdinck das Melodram allerdings zur durchkomponierten Oper umgearbeitet.

Richard Strauss hatte bei der Komposition seines berühmten Einakters *Salome* (Dresden 1905) die Auseinandersetzung mit Wagners Musikdrama bereits hinter sich, die seine vorangehenden beiden Opern, vor allem *Guntram* (Weimar 1894) mit seiner Erlösungsthematik und seinem wagnerischen Ton sowie *Feuersnot* (Dresden 1901) noch prägte. Er hatte zudem auf dem Gebiet der symphonischen Dichtung in den 1890er-Jahren sein eigenes musikalisches Idiom entwickelt. In stofflicher Hinsicht geht *Salome* auf die französische Tradition zurück: die biblische Salome, die als Belohnung für ihren Schleiertanz von Herodes das Haupt Jochanaans fordert, war eine beliebte Variante der Femme fatale, wie sie aus der Décadence in Literatur (Gustave Flaubert: *Herodias*, 1877) und bildender Kunst

(Gustave Moreau: *La Dance de Salomé*, 1875) bekannt ist. Strauss' Vorlage, Oscar Wildes Drama *Salomé* (1891), war unmittelbar von den genannten Werken beeinflusst. Die zum Verderben führende Sinnlichkeit – das Thema der Décadence schlechthin – wird, wie auch in französischen Opern, durch Jochanaan mit einem Gegenpol kontrastiert. Salome, die von ihrem Stiefvater Herodes und Narraboth begehrt wird, begehrt ihrerseits gerade den, der sie aufgrund seiner hohen Ethik abweist. Ihr übergroßes sinnliches Verlangen führt so weit, dass sie seinen Tod fordert, um seinen Mund küssen zu können, was der lebende Jochanaan ihr verwehrt hatte.

Gleich zu Beginn vermittelt die motivische Konstellation den leitenden Gedanken der Oper. Zuerst wird ein auf der Salome-Tonart Cis-Dur kulminierendes Motiv exponiert, das für sinnliches Begehren steht und durch den Satz »Wie schön ist die Prinzessin Salome heute Nacht!« unterstrichen wird. Darauf folgt ein an *Tristan* gemahnendes chromatisches Sehnsuchts-Motiv. Der schillernden erotischen Atmosphäre wird jedoch sogleich das Verderbliche durch die Worte des Pagen entgegengehalten, der in der Mondscheibe eine tote Frau zu sehen glaubt. Auf die Worte des Pagen wird denn auch im Folgenden ein an Wagners *Ring* erinnerndes Schicksalsmotiv exponiert, das zunächst als Warnung vor den Reizen Salomes steht (»Du musst sie nicht ansehn«) und dann mit dem Satz »Was wird geschehn? Es wird Schreckliches geschehn« kombiniert wird. Diese Leitmotive verarbeitet Strauss in einem ebenfalls der französischen Tradition abgeschauten Verfahren, indem die Leitmotive gemäß der jeweiligen dramatisch-psychologischen Situation variiert werden. So wird Salomes Auftrittsmotiv im Vorspiel zur dritten Szene (Jochanaan wird aus dem Kerker geführt) zum einen durch Jochanaans Dreiklangsmotiv erweitert (Chiffre der Gefühle Salomes für Jochanaan). Zum anderen werden hier die sinnliche Sphäre der Salome und die erhabene, an Mendelssohns *Elias* erinnernde Sphäre des

Jochanaan, die sich eigentlich konträr gegenüberstehen, sowohl unmittelbar gegeneinander gesetzt als auch gleichzeitig kombiniert.

Strauss' Oper verfügt über die fortschrittliche Harmonik der Jahre nach 1900, die die Grenzen der Tonalität erreichte. Am deutlichsten zeigt sich dies im so genannten Salome-Akkord gegen Schluss der Oper, der aus einer schrillen Dissonanz besteht. Strauss ist in seiner nächsten Oper *Elektra* (Dresden 1909) in dieser Hinsicht noch weiter gegangen, hat dann jedoch ab dem *Rosenkavalier* (Dresden 1911) einen anderen Weg eingeschlagen. *Der Rosenkavalier* hat zwar nicht die progressive harmonische Sprache der beiden vorangehenden Opern; er ist jedoch insofern fortschrittlich gestaltet, als er den Walzer nicht im Sinne der Walzerseligkeit des ausgehenden 19. Jahrhunderts gebraucht, sondern in vielfältigen Variationen dezidiert als Mittel zur Evokation der Vergangenheit einsetzt. Dies weist bereits auf Tendenzen des Neoklassizismus voraus.

Franz Schrekers Opern waren seit der Uraufführung des *Fernen Klangs* (Frankfurt 1912) die am häufigsten gespielten der damaligen Zeit. Durch das Aufführungverbot im Dritten Reich geriet sein Werk jedoch in Vergessenheit und wird erst in jüngster Zeit wieder gespielt. Trotz Schrekers Bruch mit der vorherrschenden Wagner'schen Ästhetik ist er der Konzeption des Musikdramas insofern verpflichtet, als er die Tendenz zum Gesamtkunstwerk in hohem Maße steigerte: Musik und Bühnenbild bestimmten gleichermaßen die Dramaturgie. Im *Fernen Klang*, einer Oper, die das Schicksal eines Künstlers und dessen Verlobter thematisiert, ist zunächst die Musik Agens der ganzen Handlung: der Komponist Fritz nimmt Abschied von Grete, um in der Welt den »fernen Klang« zu suchen und ein großer Künstler zu werden. In der siebten Szene des ersten Akts wird Grete, die Fritz nicht mehr einholen konnte und Selbstmord begehen wollte, von der nächtlichen Natur so bezaubert, dass sie von ihrem Vorhaben abrückt. Beide Stimuli –

der Klang und das Bild – initiieren den Dramenverlauf, an deren Ende die Protagonisten zwar zusammenfinden, Fritz jedoch in Gretes Armen stirbt, nachdem er – in Liebe zu ihr – endlich den »fernen Klang« gefunden hat. Fritz hatte vergeblich versucht, als Komponist Erfolg zu erlangen, Grete war zum Freudenmädchen geworden. Eine rechtzeitige Wiedervereinigung des Paares war an Fritz' Eitelkeit gescheitert, sich mit einem Grafen um Grete zu streiten, der sie ebenfalls begehrte. Besondere Aufmerksamkeit verdient der Beginn des zweiten Akts, der mehrere Vorgänge musikalisch übereinander schichtet und so den Zuschauer mitten in die Illusion des Dramas versetzen soll. In einer Art musiktheatralischer Totale werden verschiedene musikalische Schichten collageartig übereinander geblendet bzw. nacheinander gebracht: venezianische Musik im Bühnenhintergrund, Fernchor auf der Bühne, separater Chor oberhalb der Bühne, Zigeunermusik im Bühnenvordergrund, Stimmen auf anlandenden Gondeln, später dann ein Klavierlied »vom oberen Stockwerke«, der Bühnenchor, Solisten und Orchester. Schreker hat dazu folgende Regieanweisung gegeben: »Die folgenden Szenen sollen sich, ob mehr oder minder verständlich ist gleichgiltig, in lebhafter Weise gespielt und gesprochen werden, den verschiedenen auf die Bühne dringenden Klängen [...] in der Weise vermengen, dass der Zuhörer einen möglichst getreuen Eindruck des Milieus erhält, und beinahe die Empfindung in ihm wachgerufen wird, er befände sich selbst mitten in diesem Treiben.«

Auch Alexander Zemlinskys Schaffen wurde – aus dem gleichen Grund wie dasjenige Schrekers – erst in jüngster Zeit wieder durch Aufführungen zugänglich gemacht. Zemlinsky hat sich musikalisch weniger an Wagner als an Strauss orientiert, vor allem in der harmonischen Gestaltung. Er hat sich weiter als Strauss von tonalen Traditionen entfernt, hat jedoch die Wende zur Atonalität und Zwölftontechnik seines Schülers Arnold Schönberg nicht mitvollzogen, da er die semantischen Implikationen der Tonalität für seine Opernkomposition als unbedingt notwendig erachtete. Seine beiden Einakter *Eine florentinische Tragödie* (Stuttgart 1917) und *Der Zwerg* (Köln 1922) nach Vorlagen Oscar Wildes sind seine bekanntesten Bühnenwerke. Wie schon der Protagonist in seiner frühen Oper *Traumgörge* (komp. 1906) lebt auch der Zwerg in der gleichnamigen Oper (auch als *Der Geburtstag der Infantin* betitelt) in einer Traumwelt. Er glaubt, ein Prinz zu sein, ist in Wahrheit jedoch ein hässlicher Zwerg, der einer spanischen Infantin zum Geburtstag geschenkt wird. Als er mit der Wahrheit konfrontiert wird, stirbt er. Der Zwerg wird als Hauptfigur auch musikalisch hervorgehoben, zum einen mit einer Anzahl charakteristischer Leitmotive, zum anderen verdrängt seine Musik immer mehr diejenige des Geburtstagsfestes und des Hofes, die als kühle, realistische Gegensphäre zur phantastischen Welt des Zwerges gezeichnet ist. Die Konfrontation von Traum und Wirklichkeit war ein beliebtes Thema der Jahrhundertwende vor allem in Wien.

Bei Paul Hindemith zeigt sich der Einfluss Wagners und ebenso eine Kritik an Wagner vor allem in den frühen Werken, die aber auch vom Expressionismus bestimmt sind. Hierzu gehören seine drei Einakter *Mörder, Hoffnung der Frauen*, *Das Nusch-Nuschi* (beide Stuttgart 1921) und *Sancta Susanna* (Frankfurt 1922), die durch ihr übergeordnetes Sujet ein Triptychon bilden. Auf jeweils unterschiedliche Weise wird sinnliches Verlangen thematisiert: in *Mörder, Hoffnung der Frauen* als archetypischer Geschlechterkampf, in *Nusch-Nuschi* als Vergnügen und in *Sancta Susanna* als Konflikt zwischen Sinnlichkeit und Askese. Die Thematik stieß beim Publikum und bei konservativen Kritikern auf größten Widerstand: die Aufführungen würden die Kunststätten entweihen. Dies bezog sich besonders auf *Nusch-Nuschi*, ein absichtlich anspruchsloses buffoneskes »Spiel für burmanische Marionetten« nach einem Text Franz Bleis (1904), in dem literarische und politische Anspielungen enthalten sind. Da sich die Haremsdamen des Kaisers von Burma jede Nacht einen anderen Liebhaber suchen, versucht der Kaiser, diesem Treiben Einhalt zu gebieten, indem er die Liebhaber seiner Frauen entmannen lässt. Skandalös wirkte jedoch nicht der Stoff allein, sondern vor allem die parodistische Versetzung einiger Wagner'scher Motive in die buffonesk-laszive Sphäre. Während Hindemith sich in *Mörder, Hoffnung der Frauen* Wagner'scher Idiomatik noch in nicht-ironischer Weise zur Verdeutlichung paralleler Situationen bedient, dienen tristaneske Motive in *Nusch-Nuschi* der Absage an die metaphysische Überhöhung von Wagners Musikdrama. Das Sehnsuchtsmotiv aus dem *Tristan* klingt am Beginn der Vergnügungsnacht der kaiserlichen Damen an, und in der Szene im Gerichtssaal werden dem Kaiser die Worte König Markes »Wohin nun Treue, da er sie verriet! Wohin nun Ehr und echte Art« in den Mund gelegt – im Anklang an die entsprechende Musik Wagners. Im ausgedehnten, hauptsächlich instrumentalen zweiten Bild, der Vergnügungsnacht, spielt Hindemith auf verschiedene bekannte Opern der Zeit von Strauss, Bizet, Wagner, Puccini, Debussy an, deren Idiomatik vor dem grundlegenden exotischen Kolorit besonders deutlich zum Vorschein kommt. Die Absage an Metaphysik, das Reflektieren von Operntraditionen und die parodistische Verwendung von Zitaten weisen bereits auf die Neue Sachlichkeit bzw. den Neoklassizismus voraus.

Die expressionistische Oper der Wiener Schule (SCHÖNBERG, BERG)

Expressionismus in der Musik verbindet sich im Allgemeinen mit der Wiener Schule, mit den Werken Arnold Schönbergs, Alban Bergs und Anton von Weberns, der allerdings keine Oper schrieb. Die Merkmale des musikalischen Expressionismus werden mit dem neuen Ausdrucks- und Formideal Schönbergs ab 1908 – der Phase der freien Atonalität – gleichgesetzt. Begründet wird diese erst in den 1920er-Jahren getroffene Zuordnung der Musik zum Expressionismus durch die Koinzidenz mit ähnlichen Tendenzen in Kunst und Literatur: die Auflösung traditioneller Gestaltungsmittel sollte Gewohnheiten sprengen und einen umso intensiveren Ausdruck vermitteln. Merkmale expressionistischen Komponierens sind die Atonalität, d. h. die Vermeidung tonaler Harmonik, die mit dem Abrücken von der Gegenständlichkeit in der Malerei in Verbindung gebracht werden kann, die Betonung der Klangfarbe als Pendant zur grellen Farbigkeit expressionistischer Gemälde, die Auflösung der Melodik und der Form sowie extreme Gegensätze in Lautstärke, Rhythmus und Melodik als Entsprechung zu den verzerrten Formen der expressionistischen Malerei.

Schönberg war dem *Blauen Reiter*, der berühmten Münchner Künstlervereinigung unter Franz Marc und Wassilij Kandinsky, eng verbunden. Er schrieb einen seiner wichtigsten Aufsätze, *Das Verhältnis zum Text*, für deren Kunstalmanach (1912), und empfing von dort wesentliche Anregungen. Besonders sein Einakter *Die glückliche Hand* zeigt die Nähe zu Kandinskys Vorstellungen von Bühnenkomposition, die dieser in dem ebenfalls 1912 im Almanach publizierten *Gelben Klang* entwickelt hatte. *Der gelbe Klang* ist eine Bühnenkomposition, die – ohne dass eine zusammenhängende Handlung zugrunde liegt – nur aus verschiedenartigen Konstellationen von Klängen, Farben, d. h. Beleuchtungseffekten, und Figuren besteht, z. B. Riesen, undeutliche Wesen, Menschen in Trikots, Requisiten, z. B. Felsen, ein schiefes Gebäude, die Bewegungen und Veränderungen unterworfen sind.

In *Die glückliche Hand* (Wien 1924; komp. 1913) bilden ebenfalls Beleuchtungseffekte eine wesentliche Konstituente der Oper. Schönberg hat somit nicht nur avantgardistisch komponiert, sondern auch neueste szenische Mittel einbezogen. Indem er Beleuchtungseffekte sowie szenische Aktion genauestens vorschreibt, werden Bestandteile, die in der Operntradition zuvor meist der Aufführung vorbehalten waren, für das Werk konstitutiv. Schönberg sprach im Zusammenhang mit der Einstudierung der *Glücklichen Hand* vom »Musizieren mit den Mitteln der Bühne«: es seien »Gesten, Farben und Licht [...] ähnlich behandelt [...] wie sonst Töne«, mit ihnen werde »Musik« gemacht. Die detaillierten Beleuchtungsvorschriften und szenischen Anweisungen in der Partitur dienen als Mittel, um die Idee des Stücks umso deutlicher darzustellen. Der Einakter thematisiert die Vergeblichkeit irdischen Glücks: der Versuch eines Mannes, eine Frau für sich zu gewinnen, schlägt fehl, obgleich es dem Mann gelungen ist, in einem Geniestreich aus einem Goldklumpen ein Diadem zu schmieden. Die Handlung des Einakters ist auf wenige exemplarische Situationen konzentriert, die im Zusammenwirken von szenischen, optischen, textlichen und musikalischen Gestaltungsmitteln die Hoffnungslosigkeit des Vorhabens des Mannes drastisch verdeutlichen. In der ersten Szene liegt der Mann auf dem Boden der fast finsteren Bühne, ein Fabeltier – quasi als Symbol seiner Niedergeschlagenheit – hat sich in seinem Nacken verbissen; im Hintergrund aus dunkelviolettem Samt schauen aus kleinen Luken 12 grün beleuchtete Gesichter (6 Männer und 6 Frauen), von denen man nur die Augen deutlich sieht. Musikalisches Pendant zu diesen starren Blicken ist ein während der ganzen Szene durchgehaltener ostinater Akkord, über dem sich die Chorstimmen ausbreiten, die den Mann vor der Suche nach irdischem Glück warnen. Am interessantesten ist das Ineinanderwirken der verschiedenen Ebenen in der dritten Szene, wo die Erregung des Mannes nach seinem gelungenen Geniestreich mit allen Mitteln dargestellt wird: Wind erhebt sich und wird zusammen mit der Musik immer stärker, gleichzeitig wird das Licht immer heller und entwickelt verschiedene Farben; der Mann soll seine Bewegungen so durchführen, als gingen die optischen und akustischen Vorgänge von ihm aus, d. h. sie sind Abbild seines seelischen Zustands. An diesen Höhepunkt schließt sich die Ablehnung durch die Frau an, die mit einem anderen Geliebten erscheint und zum Schluss einen Felsblock auf den Künstler stößt; im letzten Bild wiederholt sich dann die Konstellation des ersten Bildes.

Während Kandinsky im *Gelben Klang* radikal mit Herkömmlichem bricht, d. h. vollkommen von Inhaltlichem abstrahiert und nur das Formenspiel betont, stehen bei Schönberg die bühnentechnischen Mittel im Dienst der Handlung, d. h. der dargestellten psychologischen Situation des Mannes, der den für sich schaffenden und von der Welt nicht anerkannten Künstler verkörpert. *Die glückliche Hand* ist – wie *Der ferne Klang* und Hindemiths *Cardillac* – eine Künstleroper.

Die Darstellung einer extremen psychologischen Situation hat Schönberg schon in seinem Monodram *Erwartung* (Prag 1924, komp. 1909) thematisiert – eine Frau sucht im nächtlichen Wald ihren Geliebten, der sie verlassen hat, und findet ihn erschlagen; in *Erwartung* hat er den seelischen Zustand allerdings hauptsächlich mit sehr differenzierten musikalischen Mitteln verwirklicht, die Szenenanweisungen halten sich in den Grenzen des Üblichen. In seiner späteren, jedoch in den 20er-Jahren bereits projektierten Oper *Moses und Aron* (Hamburg 1954) hat Schönberg hingegen noch weitere bühnentechnische Anweisungen festgelegt, so z. B.

die Disposition der Figuren und Gruppen im Raum; sie ist genau einzuhalten, da sie eine der Komposition analoge Struktur bildet. Schönbergs Errungenschaften, die gegenseitige Bedingung sämtlicher Komponenten eines Bühnenwerks, lösen die Idee des Gesamtkunstwerks eigentlich erst richtig ein; sie finden in der zweiten Jahrhunderthälfte in visuell-szenischen Kompositionen und im experimentellen Musiktheater ihre Fortführung.

Bergs außerordentlich erfolgreicher *Wozzeck* (1925) nach Georg Büchners Drama *Woyzeck* (1836) gilt als wichtigste expressionistische Oper. Betrachtet man das Werk unter formalen Aspekten, so könnte man es allerdings eher unter den Neoklassizismus als unter den Expressionismus subsummieren, denn die ganze Oper ist streng formal durchorganisiert und basiert auf herkömmlichen Formmodellen. Jede Szene hat eine großenteils den Formen der Instrumentalmusik entlehnte Gestaltung, wobei Berg die Formen in der Partitur angegeben hat: die fünf Szenen des ersten Akts bestehen aus fünf Charakterstücken, beispielsweise ist die erste Szene eine Suite, die vierte eine Passacaglia; der zweite Akt ist eine Symphonie mit fünf Sätzen; der dritte Akt beruht auf sechs Inventionen. Die vorgeprägten Formen – sie sind bereits Merkmal von Bergs früheren atonalen Kompositionen – beeinträchtigen jedoch keineswegs die expressive Musiksprache der Komposition, sondern dienen zum einen als Rückhalt gegenüber der kompositorischen Freiheit der Atonalität und werden zum anderen im Sinne der dramaturgischen Gestaltung eingesetzt. In der Passacaglia, Variationen über gleich bleibender Melodie des Basses, die die dritte Szene des ersten Akts bestimmt, sind die einzelnen Variationen auf die Gliederung des Dialogs zwischen Doktor und Wozzeck abgestimmt. Doch kann in dem strengen Formgerüst auch ein Pendant zu der Zwangslage gesehen werden, in der sich Wozzeck befindet: er unterwirft sich, um Geld zu verdienen, medizinischen Versuchen, die ihn jedoch an den Rand des Wahnsinns treiben. So ist es bezeichnend, dass in der ersten Variation das Passacaglia-Thema in der Singstimme des Doktors verdoppelt wird, als er vom Willen des Menschen redet, sich die Natur zu unterwerfen. Nicht nur abstrakte Formmodelle wie die Passacaglia, sondern auch geläufige Charaktere prägen die Oper. In der dritten Szene des ersten Akts wird der sich anbahnende Konflikt durch die Militärmusik angedeutet: eine Militärkapelle zieht an Maries Fenster vorüber, sie winkt dem Tambourmajor zu. In der gleichen Szene singt sie für ihr Kind ein Wiegenlied, in dem – eigentlich ganz traditionell – die Vorgeschichte untergebracht wird: sie hat ein uneheliches Kind mit Wozzeck und ist arm; herkömmlicherweise wird die Vorgeschichte in einer Ballade erzählt. Zu erwähnen ist auch der Walzer in der Wirtshausszene des zweiten Akts, wo Wozzeck Marie mit dem Tambourmajor tanzen sieht. Besonders wirkungsvoll ist Tanzmusik im letzten Akt als Kontrast zur Mordszene eingesetzt. Nachdem Wozzeck Marie im Wald erstochen hat, geht er in die Schenke, wo eine Polka auf einem verstimmten Klavier ertönt. Der Szenenwechsel erfolgt bei geschlossenem Vorhang während eines kurzen Zwischenspiels, das mit einem gewaltigen Crescendo auf dem Ton h – der symbolisch für den Tod steht – abgebrochen wird. Die Stimmung in der Schenke wird gestört, als Blut an Wozzecks Arm entdeckt wird.

Wozzeck ist trotz der Verwendung bekannter Formmodelle nicht nur durch seine gestalterischen Mittel eine expressionistische Oper, sondern auch durch die Textvorlage. Der herkömmliche Topos der Eifersuchtsgeschichte, die im Mord endet, erhält ihre Brisanz durch Wozzecks extreme Situation: durch die Versuche des Doktors, denen er sich nur wegen seiner Armut unterziehen muss, hat er Untergangsvisionen, er ist also für seine Tat nicht allein verantwortlich. Sowohl die Gesellschaftskritik als auch die thematisierten Untergangsvisionen sind zusammen mit der Charakterzeichnung Wozzecks für expressionistische Texte typisch. Berg hat den Gehalt des Textes durch seine musikalische Gestaltung optimal verwirklicht. Unter solchen Aspekten kann man auch Hindemiths Einakter *Mörder, Hoffnung der Frauen* und *Sancta Susanna* als expressionistische Opern bezeichnen; Hindemith hat sich zwar nicht nur traditioneller formaler, sondern auch traditioneller stilistischer Modelle bedient, mit diesen jedoch den expressionistischen Gehalt der Dramen aufs Wirkungsvollste zur Geltung gebracht.

Berg hat in seiner zweiten, unvollendeten Oper *Lulu* (Zürich 1937, zweiaktige Fassung; komp. 1928–35) die Tendenzen in *Wozzeck* fortgeführt und sogar um kompositorische Techniken, die Anwendung der Zwölftonmethode, sowie um ein aktuelles Mittel erweitert: er hat das Medium des Films eingesetzt, um die Vorgänge zwischen erster und zweiter Szene des zweiten Akts gestrafft darzustellen. Hier ist das Zentrum des Werks, in dem der Handlungsumschlag stattfindet: Lulu wird verhaftet, da sie einen Liebhaber erschossen hat und wird von der sie begehrenden Gräfin Geschwitz befreit. Wie Schönberg hat Berg hier nicht nur avantgardistisch komponiert, sondern auch neueste Medien eingesetzt.

Die klassizistische Moderne: Neue Sachlichkeit, Neoklassizismus und Zeitoper

(BUSONI, HINDEMITH, KRENEK, WEILL, STRAUSS, STRAWINSKY, BRAND, SCHÖNBERG, MILHAUD, HONEGGER, PROKOFJEW)

Das Datum 1925 markiert eine kulturhistorische Wende: in diesem Jahr wurde die seit 1923 geplante Ausstellung »Neue Sachlichkeit« in Mannheim eröffnet, die eine Abkehr vom Expressionismus bedeutete. Mit der Neuen Sachlichkeit, die zum Epochenbegriff wurde, verbanden sich in der Bildenden Kunst die Kriterien der Gegenständlichkeit, der

Nüchernheit und Emotionsfreiheit, sowie – im Rekurs auf den Verismus und Naturalismus – die Bevorzugung alltäglicher, sogar banaler Themen. Wenn auch die ästhetischen Voraussetzungen und die auf sie bezogenen Werke bereits seit ungefähr 1910 geschaffen wurden, avancierte die Neue Sachlichkeit erst in den 1920er-Jahren zur bestimmenden Richtung. Die Musik war wie die Bildende Kunst durch eine Rückkehr zur bzw. ein Festhalten an der Tonalität, durch die Loslösung von einem metaphysischen Überbau, durch eine Wendung zur Gebrauchsmusik und durch die Tendenz zu primär musikalisch und weniger textlich-dramatisch geprägter Struktur bestimmt. Hinzu kam ein expliziter Rückgriff auf Modelle früherer Epochen, besonders des 17. und 18. Jahrhunderts, der zu der in der Musik geläufigeren Bezeichnung Neoklassizismus führte; sie deckt sich zum Teil mit den Kriterien der Neuen Sachlichkeit, betont jedoch den Aspekt des Rückgriffs auf frühere Musik.

Die Opern, die im Zeichen der Neuen Sachlichkeit bzw. des Neoklassizismus entstanden, sind durch jeweils unterschiedliche Aspekte des Begriffs geprägt. Ferruccio Busoni hatte bereits 1907 auf Mozart als ästhetisches Vorbild verwiesen und 1920 eine »Neue Klassizität« gefordert, die vom Übergewicht textlicher Deutungen absehen und eine absolute Musik schaffen sollte, um die »Heiterkeit wiederzuerobern«. Die Oper sei ein »Spiel«, der Text nur »Vorwand, um Musik zu machen«, »Kürze und Kurzweile« sind gefordert, »kein bedeutsames Stirnrunzeln beim Zuhören: sondern Lächeln und Tränen«. Busonis Äußerungen richteten sich gegen die wagnerische und nachwagnerische Ästhetik, aber auch gegen den italienischen Verismo, da die Oper für ihn keine Widerspiegelung realer Verhältnisse war, sondern eine »Scheinwelt, die das Leben entweder in einem Zauberspiegel oder einem Lachspiegel reflektiert, die bewusst das geben will, was in dem wirklichen Leben nicht zu finden ist.« Die Orientierung am 18. Jahrhundert brachte bei Busoni auch einen Rekurs auf das Wunderbare mit sich, was die Orientierung am Alltäglichen ausschloss. Busoni war einer der Ersten, der zur Nummernoper zurückgekehrt ist. In *Arlecchino oder Die Fenster* (Zürich 1917) und *Turandot* (Zürich 1917) diente die Commedia dell'arte als Vorbild. Die Forderung nach einer eigenständigen musikalischen Gestaltung, die sich nicht zum Sklaven des Textes machte, führte in seiner letzten Oper *Doktor Faust* (Dresden 1925; komp. 1916–24) dazu, dass Busoni den Text nach seinen eigenen Worten »absichtlich lückenhaft, scheinbar fragmentarisch gehalten« hat, um der Musik Raum für eine eigene Entwicklung zu geben. Dazu gehört auch die Verwendung instrumentaler Formen wie beispielsweise die variationsartige Gestaltung in der Beschwörungsszene im Vorspiel II, das dem szenischen Intermezzo zugrundeliegende Rondo und die Tanzsuite im Parma-Bild. Nicht nur Instrumentalformen, sondern auch herkömmliche Formen der Opern werden verwendet wie beispielsweise die Arie der Herzogin in der Parma-Szene, in der sie beschließt, Faust zu folgen, oder die Ballata des Mephistopheles in der Schenken-Szene. Im Vorspiel II ist ein großer Credo-Chorsatz eingearbeitet, der – von draußen hereintönend – einen Gegensatz zur Handlung bildet; Faust hat sich entschlossen, Mephistofeles zu folgen. Herkömmliche Formen werden aber auch wie später oft im Neoklassizismus karikierend eingesetzt. Die Schenkenszene gipfelt in einem Streit zwischen katholischen und protestantischen Studentengruppen, der zum Schluss nicht mehr mit Worten, sondern – fast schon programmatisch den Vorstellungen Busonis entsprechend – mit Musik ausgetragen wird: die Katholiken singen eine Textparodie des Te Deum, die Protestanten setzen empört den Choral *Ein feste Burg ist unser Gott* dagegen. Busoni gehört zu den Wegbereitern der neuen Richtung, lebte jedoch bereits nicht mehr, als Neue Sachlichkeit und Neoklassizismus bestimmend wurden.

Hindemith gilt als einer der wichtigsten Vertreter der neuen Richtung. *Cardillac* (Dresden 1926), eine der bedeutendsten Opern der 20er-Jahre, ist wie Schrekers *Der ferne Klang* und Schönbergs *Die glückliche Hand* eine Künstleroper und betont einen Aspekt, der den Tendenzen der Neuen Sachlichkeit eher zuwider steht: die Absolutheit des Künstlers und des Kunstwerks unabhängig von Funktionen, also die romantische Kunstauffassung. Der Goldschmied Cardillac ist von seinen Kunstwerken und seinem Schaffen so besessen, dass er die Käufer seiner Schmuckstücke ermordet, um sie vor entehrendem Gebrauch zu retten und wieder in seinen Besitz zu bekommen. Dass er der Mörder ist, erfährt das Volk erst am Schluss, und er wird von der aufgebrachten Menge getötet. Die romantische Vorlage, E. T. A. Hoffmanns *Das Fräulein von Scuderi* (1810; als Zwischenglied diente Hindemiths Librettist das Drama Otto Ludwigs von 1860), wird jedoch entscheidend verändert. Während bei Hoffmann Cardillacs Handlungen psychologisch – durch ein pränatales Ereignis – motiviert sind, steht bei Hindemith der ideelle Gehalt im Vordergrund. Cardillac will seine Kunstwerke, die ihm mehr wert sind als das Leben von Menschen, vor Missbrauch schützen. Dafür gibt er sogar sein eigenes Leben auf, denn er stellt sich dem Volk als Mörder erst, als dieses droht, seine Kunstwerke zu zerstören. Am Schluss der Oper erklingt denn auch kein Freudengesang über das Ende der Untaten, sondern Cardillac wird vielmehr apotheotisch verherrlicht: der die Tochter Cardillacs liebende Offizier, der die Handlungen des Goldschmieds begriffen hat, singt die Worte »Es starb ein Held«.

Um Hindemiths Oper trotz der Proklamation romantischer Kunstanschauung unter die Kategorie der Neuen Sachlichkeit zu subsummieren, hat man darauf verwiesen, dass die Musik der Oper das romantische Sujet quasi neutralisiere. Dazu gehöre die sachlich-distanzierte Tonsprache, die durch Rückgriff auf die Form der Nummernoper, durch zum Teil der Instrumentalmusik entlehnte Formmodelle wie Passacaglia und Fuge, durch barockisierenden Stil wie das Fugato in der Ouvertüre sowie durch Musiziertechniken des 18. Jahrhunderts wie die Concerto-Technik bewirkt würden. Richtiger ist jedoch die Feststellung, dass die überkommene Kunstauffassung in den 20er-Jahren nicht einfach über Bord geworfen wurde, sondern für das Selbstverständnis der Komponisten bei aller Hinwendung zur Gebrauchsmusik, zu der Hindemith mit einigen seiner Kammermusiken und Spielmusiken beisteuerte, noch von Bedeutung war und deshalb problematisiert wurde. Hindemiths Vertonung zeigt jedoch, dass die Musiksprache der Neuen Sachlichkeit mit herkömmlichen ästhetischen Kategorien nicht unvereinbar ist. Denn er hat die genannten Mittel gerade zur Textauslegung und damit im Sinne der Idee des Stücks eingesetzt. Dies wird besonders dort deutlich, wo im Blick auf die Vokalform unerwartete Instrumentalformen zugrunde liegen wie Präludium und Fuge im Duett Nr. 10. Die Besessenheit Cardillacs von seinem Schaffen wird dort durch die Gegenüberstellung mit seiner Tochter besonders sinnfällig gemacht. Mordtaten in übergeordneter Weise auf eine Idee zu beziehen, schien Hindemith nach den Erfahrungen des Nationalsozialismus und des Zweiten Weltkriegs nicht mehr möglich; er hat sein Werk 1948 einer Neufassung unterzogen, die erste Fassung verurteilt und deren Aufführung verboten. Sie wurde erst in jüngster Zeit wieder dargeboten. Hindemith hat die Künstlerproblematik noch in zwei weiteren wichtigen Opern, *Mathis der Maler* (Zürich 1938) und *Die Harmonie der Welt* (München 1957), verfolgt.

Die Rückkehr zur Nummernoper, die Aufnahme von Formmodellen und Idiomen früherer Epochen, wie sie die beiden besprochenen Opern aufweisen, ist wesentliches Merkmal der 20er-Jahre. Bedeutung bekam jedoch ein vor allem primär stofflich bedingtes Operngenre: die so genannte Zeitoper. Darunter sind Opern zu verstehen, die in der Gegenwart spielen. Ihre Schauplätze sind die des modernen Lebens wie Bahnhöfe, Aufzüge, familiäre Räume; moderne Requisiten wie Telefon, Grammophon usw. werden verwendet, moderne Medien bei der Inszenierung eingesetzt und Probleme des modernen Lebens thematisiert. Gemäß den Vorstellungen von Musik als Gebrauchmusik wurden entsprechende Nummern wie beispielsweise Tänze aus der zeitgenössischen Unterhaltungsmusik eingefügt, um den Unterhaltungsansprüchen des Publikums zu genügen.

Die erste und wohl berühmteste Zeitoper ist Ernst Kreneks *Jonny spielt auf* (Leipzig 1927). Die verwickelte Handlung dreht sich um die Liebe des Komponisten Max zu der Sängerin Anita, die er gerade in dem Moment trifft, als er sich in den Gletscher stürzen will, und die ihm durch ihre Liebe wieder Lebensmut gibt. Anita wird jedoch auch von dem Jazzgeiger Jonny begehrt, vor dem sie der Geigenvirtuose Daniello schützt. Jonny rächt sich, indem er Daniellos wertvolle Geige mit Anitas Banjo vertauscht. Die Handlung dreht sich im Folgenden um die Intrigen Daniellos und Jonnys, und kulminiert schließlich – nach einigen Verwicklungen im Verhältnis zwischen Anita und Max – im erneuten Diebstahl der Geige, die Jonny wiederum von Anita raubt und schließlich im Gepäck von Max versteckt. Daniello wird Zeuge des Vorgangs, gerät aber unter den einfahrenden Zug, als er Anitas Zofe Yvonne davon abhalten will, Max bei der Polizei zu entlasten. Jonny rettet Max aus den Händen der Polizei, die diesen verhaftet hat, Max entflieht mit Anita im Zug. Jonny bleibt zurück und spielt zum Tanz auf.

Schauplätze des Geschehens sind Anitas Zimmer, ein Hotelkorridor in Paris, ein Bahnsteig, ein Gittertor mit Auto vor dem Vorhang, ein Felsplateau über einem Gletscher. Als moderne Medien sind Film, Lautsprecher und Radio eingesetzt: Filmaufnahmen werden in einzelnen Szenen eingeblendet, z. B. zur Darstellung des Gletschers, der Lautsprecher dient als Mittel des Handlungsumschlags: der vereinsamte Komponist Max will sich abermals in den Gletscher stürzen, hört jedoch aus der Ferne Anitas Stimme über den Hotellautsprecher eine seiner Arien singen und wird zurückgehalten. Radiomusik treibt die Handlung voran: Daniello hört im Radio Jonnys Jazzmusik, erkennt den Klang seiner Geige wieder und alarmiert die Polizei. Die Konzeption der Oper beruht auf dem Gegensatz zwischen dem von der Welt missverstandenen Künstler, der romantischen Idealen nachhängt, und der Bedeutung der erfolgreichen modernen Jazz- und Tanzmusik. Im Unterschied zu Hindemiths *Cardillac* stehen hier für die entgegengesetzen Pole auch verschiedene musikalische Ebenen. Die Szenen mit Max sind in avantgardistischer Tonsprache der ernsten Musik gehalten, dem stehen die Jazz-Stücke Jonnys gegenüber, die – fast schon programmatisch – das Werk berühmt machten und ihm den Namen Jazzoper eintrugen. Die gegensätzlichen Welten werden unmittelbar miteinander konfrontiert in dem aufeinander folgenden Erklingen von Max' Arie und Jonnys Jazzmusik durch den Lautsprecher des Hotels, wobei die Ablösung der Opernarie durch Jonnys Band die Hotelgäste überaus erfreut.

Die antipodische Konstruktion von Kreneks Oper kann als Exemplifizierung seiner Auffassung gedeutet werden: Entwicklungen lösen sich nicht einfach ab, sondern können auch gleichzeitig bestehen. Die neue Sachlichkeit bedeutete für Krenek nicht eine gänzliche Aufgabe von Ideen des 19. Jahrhunderts und des Expressionismus, sondern ein Miteinbezug der älteren Richtung unter veränderten Prämissen. Seine 1926 aufgeführte Oper *Orpheus und Eurydike* nach Oskar Kokoschka ist eine expressionistische Oper, die ebenfalls die Künstlerproblematik thematisiert. Dass Kreneks Position nicht singulär war, hat auch Hindemiths *Cardillac* gezeigt.

Populäre Musikformen nahmen innerhalb der Zeitoper einen immer breiteren Platz ein. Das berühmteste Beispiel hierfür ist Kurt Weills und Bertolt Brechts *Dreigroschenoper* (Berlin 1928), die auf einem berühmten Vorbild aus dem 18. Jahrhundert, *The Beggars Opera* (London 1728) von John Gay und John Christopher Pepusch, basiert. Diese

Für die Beliebtheit der *Dreigroschenoper* von Weill und Brecht spricht, dass das neue Medium des Films sich ihrer annahm. Das Foto zeigt Ernst Busch als Moritatensänger in Georg Wilhelm Pabsts Verfilmung aus dem Jahr 1931

barocke Parodie auf Händels Opern war 1920 in London mit großem Erfolg wiederaufgeführt worden, und weil fortschrittliche Kreise in der in den 1920er-Jahren einsetzenden Händel-Renaissance ein rückschrittliches Moment sahen, schien der Stoff für eine Erfolg versprechende Oper umso geeigneter. Die *Dreigroschenoper* ist vor allem im Hinblick auf die spezifische Aktualisierung, auf ihre Gesellschaftskritik, eine Zeitoper: thematisiert wird die Macht des Geldes, das fast ausschließliche Interesse der Personen am Materiellen, und die Unzulänglichkeit der Verhältnisse, die moralisches Verhalten nicht zulassen. Zur Handlung: Polly, Tochter des Chefs einer Bettlerbande, Peachum, hat zum Entsetzen ihrer Eltern den Chef einer Bande von Straßenbanditen, Macheath (Mackie Messer), geheiratet. Um die Ehe aufzulösen, beschließen die Eltern, Macheath der Polizei auszuliefern. Frau Peachum besticht die Huren von Turnbridge, die Macheath regelmäßig besucht, ihn zu verraten, wozu sich diese für eine entsprechende Geldsumme sofort bereit erklären. Macheath entkommt jedoch aus dem Gefängnis mit der Hilfe Lucys, der Tochter des Polizeichefs Brown, der Macheath bislang immer geschützt hat. Peachum droht jedoch Brown, die Krönungsfeierlichkeiten mit seinen Bettlern zu stören, wenn er Mackeath nicht wieder einfängt. Macheath soll nun nach seiner erneuten Verhaftung gehängt werden, falls nicht 1000 Pfund Bestechungsgeld bezahlt werden, die jedoch keiner aufbringen will: nicht einmal Polly, die nach seiner Verhaftung seine Geschäfte weiterführte, die sich als so lukrativ herausstellen, dass sie an einer Befreiung ihres Ehemannes nicht interessiert ist. Wie schon bei Pepusch wird Macheath jedoch begnadigt, hier wie dort lediglich um des obligatorischen Lieto fine willen. Peachums Ausspruch am Schluss zeugt von der Hoffnungslosigkeit, gegen die Macht der Oberen anzukommen: »Die reitenden Boten des Königs kommen sehr selten. Und die getreten haben, treten wieder. Darum sollte man das Unrecht nicht zu sehr verfolgen.« Die *Dreigroschenoper* hat – wie Pepuschs Oper – gesprochene Dialoge mit musikalischen Einlagen. Die eingängigen und einfachen Songs sind in verschiedenen Idiomen gehalten: neben einer Art klassischer Arie der Lucy (III,2), die allerdings vor der Uraufführung gestrichen wurde, und Stücken mit barocken Techniken wie beispielsweise dem Mittelteil der Ouvertüre, dem Schlusschoral oder dem Morgenchoral Peachums, der der Oper Pepuschs entnommen ist, überwiegen Songs in der Art von Modetänzen, wobei verfremdende Momente die Tonsprache prägen.

Auch Weill hatte vor der *Dreigroschenoper* zunächst expressionistische Werke geschrieben wie *Der Protagonist* (Dresden 1926) bzw. Stilmerkmale der Neuen Sachlichkeit von seinem Lehrer Busoni übernommen. Weills typische Zeitoper mit aktuellem Sujet ist *Der Zar lässt sich photographieren* (Leipzig 1928). In Zusammenarbeit mit Brecht hat er noch weitere Opern komponiert: *Mahagonny* (Baden-Baden 1932), *Aufstieg und Fall der Stadt Mahagonny* (Leipzig 1930) und *Der Jasager* (Berlin 1930). Nach seiner Emigration über Paris in die USA hat Weill noch eine ganze Reihe von Bühnenwerken verfasst, die auf die amerikanischen Verhältnisse zugeschnitten waren.

Als besonders typische Zeitopern gelten Strauss' *Intermezzo* (Dresden 1924), Schönbergs *Von heute auf morgen* (Frankfurt 1930) und Hindemiths *Neues vom Tage* (Berlin 1929). Strauss' und Schönbergs Opern tragen autobiographische Züge, die bewältigte Ehekrisen thematisieren, wobei sich Schönbergs Werk deutlich auf dasjenige von Strauss bezieht: der Streit zweier Ehepartner, der bei Strauss zur Scheidungsdrohung der Ehefrau führt, bei Schönberg eine moderne Ehe mit weiteren Partnern provoziert, endet in der Aussöhnung. Einem neoklassizistischen Opern-Typus folgend, greift Schönberg auf der Basis der Zwölftontechnik auf herkömmliche Formgestaltung (Rezitative und geschlossene Formen) zurück. Im Gegensatz zur ernsthaften Thematisierung des Sujets des Ehealltags in den genannten Opern zieht Hindemith das Thema ins Parodistische. Das frischverheiratete Paar Laura und Eduard will sich nach der Hochzeitsreise aufgrund von Streitigkeiten wieder scheiden lassen, ihr Antrag wird jedoch abgelehnt, da ihnen ein Scheidungsgrund fehlt. Diesen erhoffen sie vom »Büro für Familienangelegenheiten GmbH« zu bekommen, das den jungen, schönen Hermann als Scheidungsgrund vermietet. Beim Scheidungsgrundtermin im Museum – Laura trifft sich mit Hermann und Eduard ertappt sie, wie verabredet, in flagranti – wird Eduard tatsächlich eifersüchtig, zerschlägt eine Venus und landet im Gefängnis. Das revueartige Stück nimmt mit allerhand Gags seinen weiteren Verlauf und endet schließlich mit der showhaften Vermarktung der Streitigkeiten des Paares. Dieses versteht sich in der Zwischenzeit längst wieder, muss aber um der Öffentlichkeitswirkung willen zerstritten bleiben. Parodistische Züge hat nicht nur der Stoff, sondern auch viele musikalische Einzelheiten wie beispielsweise der Ausruf eines Tippfräuleins »Wie schön ist unser Herr Hermann heute Morgen« als Anspielung auf Narraboths leitmotivischen Satz in Strauss' *Salome* »Wie schön ist die Prinzessin Salome heute Nacht«. Ein beim Scheidungstermin dargebotenes Liebesduett (»Duett-Kitsch«) hat eine an das Opernrepertoire des 19. Jahrhunderts angelehnte pathetische Musik zur Grundlage, die durch banale Unterbrechungen karikiert wird. Berühmt wurde die Arie über die Vorzüge der Warmwasserversorgung, die Laura in der Badewanne eines Hotelzimmers singt.

Ebenfalls typisch für eine Zeitoper – wenn auch mit ganz anderem Sujet – ist *Maschinist Hopkins* (Duisburg 1929) von Max Brand. Thematisiert werden Probleme des Industrieproletariats; es steht jedoch nach wie vor eine Liebesgeschichte im Vordergrund. Der Maschinist Bill ist zu Ruhm und Reichtum gelangt, da es ihm gelungen war, mit Hilfe seiner Geliebten Nell, der Frau des Werkmeisters, der bei Bills Tat umkam, die Produktionsgeheimnisse seines Betriebs zu erkunden. Er erwirbt die Fabrik, um sie stillzulegen und die Spuren seiner Tat damit zu beseitigen. Maschinist Hopkins erfährt von der Stilllegung und der Identität des neuen Besitzers und versucht daraufhin, diesen seiner Tat zu überführen und damit die Schließung zu verhindern. Er zwingt Nell zu einem Geständnis und berichtet dies Bill, der darin den Untreuebeweis Nells sieht. Nell wird zur Prostituierten, Bill bringt sie um und sucht Trost bei den Maschinen in der Halle, der ihm jedoch verweigert wird. Als er die Maschinen vernichten will, hindert ihn Hopkins daran. Die Oper schließt mit dem Beginn des Arbeitstages in der Fabrik. Wenn auch der sozialkritische Impuls durch die Überlagerung mit der Liebesgeschichte abgeschwächt wird, so ist *Maschinist Hopkins* doch eines der wenigen Werke, die die Welt der Arbeiter überhaupt thematisieren. Bei allem Realismus ist auch hier Irreales eingebaut, nämlich sprechende Maschinen: im Vorspiel drohen sie dem Menschen, im vierten Bild des dritten Akts verweigern sie Bill ihr Mitleid und weisen somit die Menschen in ihre Schranken zurück.

In Frankreich war die kulturelle Situation in den 20er-Jahren von anderen Prämissen bestimmt als im deutschsprachigen Bereich. Nach der Jahrhundertwende verbanden sich die klassizistischen Tendenzen in der Musik mit dem Ideal eines französischen nationalen Stils, der sich durch Klarheit, Durchsichtigkeit, Eleganz und Rationalität auszeichnete. Ein solcher Stil sollte sich deutlich von der durch Metaphysik und Emotionalität überladenen deutschen Musik des 19. Jahrhunderts, insbesondere derjenigen Richard Wagners, abheben. Durch die Rückwendung zur Klassizität war die Kultur in Frankreich nicht durch den plötzlichen Wechsel bestimmt wie im deutschen Sprachbereich, zumal der Expressionismus nicht existierte. Dennoch ist der Beginn der 20er-Jahre in Frankreich durch ein bedeutendes Ereignis geprägt, die Formierung der Groupe des Six, der u. a. Darius Milhaud und Arthur Honegger angehörten. Milhauds Opernschaffen ist insofern äußerst progressiv, als er in gänzlicher Abhebung von Traditionen des 19. Jahrhunderts die Gattung der Opéra minute schuf, d. h. kurze, nur wenige Minuten dauernde Opern. *Die Entführung der Europa* (Baden-Baden 1927), *Die verlassene Ariadne* (Wiesbaden 1928) und *Der befreite Theseus* (Wiesbaden 1928), alle komponiert für deutsche Bühnen, haben die Dauer von 9, 10 und 6 Minuten. Alle operntypischen Merkmale sind in diesen Miniaturwerken vorhanden, jedoch in extremer Reduktion. Die Opern wurden als Erneuerungsversuche des Musiktheaters betrachtet. Milhaud hatte sich schon in seiner ersten Oper *Les malheurs d'Orphée* (Brüssel 1926), die mit der Dauer von 35 Minuten auch schon kurz war, gegen die

Tradition der Grand opéra und Wagner gewandt: sie ist in 7 knappe Nummern gegliedert, der Klang ist kammermusikalisch, durch die Versetzung in die Camargue und die Vermenschlichung der mythischen Figuren bekommt der Stoff realistische Dimension. Auch die dreiteilige *Orestie* (Berlin 1963; komp. 1923), die – wie weitere Opern – in Zusammenarbeit mit Paul Claudel entstand, ist im Hinblick auf die Fülle des Stoffs relativ kurz. Milhaud ist dann jedoch wieder zu längeren Opern zurückgekehrt (*Christophe Colomb*, Berlin 1930; *Medea*, Antwerpen 1939; *David*, Jerusalem 1954). *Christophe Colomb*, Milhauds bekannteste Oper, ist insofern besonders interessant, als Filmszenen zur Darstellung von Innen- und Außenwelt des Protagonisten eingesetzt werden.

Honegger hat in seinem »Psaume symphonique« *Le roi David* (Lausanne 1921), das in einer ersten Fassung ein Bühnenwerk war und anschließend zum Oratorium umgearbeitet wurde, ebenfalls aufs Minimalste verkürzte Nummern komponiert, die Modelle wie Choral, Marsch, Fanfare, Lamento usw. extrem reduziert darbieten. Oratorienhafte Züge tragen auch weitere Opern Honeggers, so *Judith* (Mézières 1925), die an Gestaltungsweisen des *Roi David* anknüpft, und seine letzte Oper *Jeanne d'Arc au bûcher* (Basel 1938), die zwischen Oper, Oratorium und Schauspiel angesiedelt ist. Das in elf Szenen gegliederte Werk hat sowohl kompakte musikalische Nummern als auch melodramatische Partien (mit rhythmischer Fixierung der Sprechstimmen) und gesprochene Dialoge: nach Claudel, der den Text verfasste, sollte die Musik die Dichtung sogar nur partiell unterstützen. Prägendes Moment sind hier Erzählerrollen, die von den Protagonisten Jeanne und Dominique, dem Gründer des Dominikanerordens, vertreten werden. Wie in der Oper in den 1920er- und 30er-Jahren generell üblich, weist *Jeanne d'arc* eine große stilistische Vielfalt zur Darstellung der verschiedenen dramatischen Ebenen auf. Beispielsweise werden negative Sachverhalte wie die Dunkelheit der ersten Szene durch freie Tonalität oder Polytonalität bzw. auch durch den Reichtum an Dissonanzen dargestellt, positive Sachverhalte wie z. B. der Schluss werden durch Mittel der Tonalität wiedergegeben. Auch buffoneske Szenen mit Jazzelementen kommen vor, so die Gerichtsszene (vierte Szene), in der Tiere über Jeanne d'Arc richten sollen – eine Parodie auf die Priester und Gelehrten.

Igor Strawinsky ist derjenige Komponist, auf dessen Werke zu Beginn der 1920er-Jahre zuerst der Begriff Neoklassizismus angewandt wurde, und der selbst seine *Trois pièces faciles* (1914/15) als erste neoklassizistische Werke betrachtete. Bezeichnendes Merkmal von Strawinskys neoklassizistischen Kompositionen ist die Verfremdung bzw. Karikierung von Modellen, die auch seine Bühnenwerke bestimmen. *L'histoire du soldat / Die Geschichte vom Soldaten* (Lausanne 1918) mit dem Untertitel »lue, jouée, dansée« (›gelesen, gespielt, getanzt‹) ist eigentlich ein Schauspiel mit musikalischen Einlagen, dessen Handlung sowohl erzählt als auch dargestellt wird. Das auf einem russischen Volksmärchen basierende Stück war eigentlich für eine Wanderbühne konzipiert, weshalb die Szenerie den Rahmen einer Jahrmarktsbühne hat. Es handelt von einem Soldaten, der sich auf dem Rückweg in sein Dorf unwissentlich durch den Tausch seiner Geige gegen ein Buch dem Teufel verschrieben hat, in Schwierigkeiten gerät, und trotz schließlichen Sieges über den Teufel ihm dennoch wieder verfällt. Die musikalischen Einlagen sind meist tänzerisch-leichten Charakters, die sich zur karikierenden Darstellung eigneten. Weitere Bühnenwerke Strawinskys führen diesen Zug zur verfremdenden Karikatur fort: *Renard* (Histoire burlesque; Paris 1922), *Mavra* (Opéra bouffe; Paris 1922) und *The Rakes Progress / Die Karriere eines Wüstlings* (Mailand 1951).

Sergej Prokofjew hat bereits in seiner *Symphonie classique* (1916/17) auf klassische Modelle zurückgegriffen und damit Strawinky die Vorherrschaft um den Rang des ersten

Neoklassizisten streitig gemacht. Seine Oper *L'amour des trois oranges / Die Liebe zu den drei Orangen* (Chicago 1921) sollte die Opera buffa wiederbeleben: im Prolog streiten sich Tragödie, Komödie, Lyrisches Drama und Possenspiel um ihre Priorität; sie werden von den Ridicules (den Lächerlichen) verscheucht, die die eigentliche Oper vorbereiten, die für jeden etwas bieten soll. Die Handlung – ein Märchenspiel nach Carlo Graf Gozzi aus dem 18. Jahrhundert – dreht sich zunächst um die Heilung des hypochondrischen Prinzen, der zum Lachen gebracht werden soll, und der sich dann auf die Suche nach den drei Orangen begibt, denen drei Mädchen entsteigen. Die Musik der Oper ist wie in der *Symphonie classique* relativ einfach gehalten, verfügt aber über vielfältige Ausdrucksmöglichkeiten – von jahrmarktartiger Spielmusik (z. B. im Prolog), die durch schwungvolle Rhythmik ausgezeichnet ist, bis zu ernster, fast tragischer Tongebung (z. B. im ersten Bild des ersten Akts bei der Traurigkeit des Königs über die angeblich unheilbare Krankheit seines Sohns). Formal kann man innerhalb der einzelnen, eigentlich durchkomponierten Bilder der Akte auch in sich geschlossene Formen und eher rezitativische Partien unterscheiden. *Die Liebe zu den drei Orangen* ist die berühmteste von Prokofjews Opern, der weitere bekanntere Werke, *Der feurige Engel* (Paris 1954; komp. 1928), *Der Spieler* (Brüssel 1929), *Krieg und Frieden* (Moskau 1945) und *Die Verlobung im Kloster* (Leningrad 1946) folgten.

Musiktheater nach 1945

Tradition und Avantgarde in den ersten beiden Jahrzehnten nach dem Zweiten Weltkrieg

(EGK, ORFF, HARTMANN, LIEBERMANN, EINEM, FORTNER, HENZE, BRITTEN, ZIMMERMANN, NONO)

Die Operngeschichte der zweiten Hälfte des 20. Jahrhunderts unter systematisch-chronologischen Kriterien zu fassen, ist mit Schwierigkeiten verbunden, da unterschiedlichste Richtungen des Musiktheaters nebeneinander bestanden. Als Orientierung können jedoch die jeweils neuesten Strömungen der Avantgarde dienen, die in den folgenden Kapiteln thematisiert werden. Traditionellere Richtungen, die weiter gepflegt wurden, sind im Zusammenhang mit jenem Zeitraum behandelt, in dem die Oper von der Avantgarde noch als überkommene Gattung verworfen wurde. Die Nachkriegsjahre waren in Deutschland einerseits von der avantgardistisch ausgerichteten Darmstädter Schule geprägt, die jeglicher Tradition vollkommen ablehnend gegenüberstand. Andererseits herrschte auf dem Gebiet der Oper eine an der Tradition orientierte gemäßigte Moderne. Wähend die Komponisten der Darmstädter Schule unter der ästhetischen Prämisse einer nicht-ausdrucksvollen Kunst primär Instrumentalmusik schrieben, wurde in der anderen Richtung zunächst die herkömmliche Operntradition fortgeführt.

Komponisten, deren Werke auch während des Nationalsozialismus aufgeführt wurden, wie etwa Werner Egk oder Carl Orff, setzten ihr Opernschaffen fort, wobei die Ereignisse des Zweiten Weltkriegs allenfalls indirekt reflektiert wurden. Orffs Bühnenwerke (darunter *Trionfi*, Mailand 1953; *Comoedia de Christi resurrectione*, München 1956; *Oedipus der Tyrann*, Stuttgart 1959; *Ludus de nato Infante mirificus*, Stuttgart 1960; *De temporum fine comoedia*, Salzburg 1973) sind philosophisch-weltanschaulich geprägt, doch ohne direkten politischen Bezug. Egk hat der *Irischen Legende* (Salzburg 1955) und der *Verlobung in San Domingo* (München 1963) zwar ein sozialkritisches Sujet zugrunde gelegt, dieses jedoch im ersten Werk als Mysterienspiel verkappt; Egk lehnte eine zeitbezogene Deutung im Sinne einer Kritik an unmenschlichen Machtsystemen ab. Im zweiten Werk wurden sie in historische Ferne gerückt; thematisiert wurde, wenn auch mit zeitgenössischer Rahmenhandlung, der Sklavenaufstand von 1803. Hindemith sah sich veranlasst, *Cardillac* (2. Fassung, Zürich 1952) nach den Geschehnissen des Zweiten Weltkriegs umzuarbeiten.

Der zeitgeschichtliche Bezug ist hingegen in einer Reihe von Opern unmittelbar deutlich, die auch musikalisch avantgardistisch – wenn auch nicht mit der Ausschließlichkeit der Darmstädter Schule – komponiert sind. In Karl Amadeus Hartmanns Oper *Simplicius Simplicissimus* (München 1948, szenisch 1949) ist der Bezug zum Zweiten Weltkrieg trotz der während des Dreißigjährigen Krieges stattfindenden Handlung evident, indem ein Sprecher zu Beginn durch die Aufzählung der Zahlen der Toten und Überlebenden auf die Schrecken des Krieges aufmerksam macht; die Musik beruht zum Teil auf dem Idiom der Wiener Schule, ohne jedoch die Tonalität und traditionelle musikalische Formen (Lied, Marsch, Choral u. Ä.) aufzugeben, wobei Zitate aus verschiedenen Epochen eine zeitliche Vielschichtigkeit hervorrufen. Noch deutlicher aktualitätsbezogen ist Rolf Liebermanns *Leonore 40/45* (Basel 1952), in der der Krieg scharf verurteilt und für die Völkerverständigung eingetreten wird; mit der Verwendung von Zwölftonreihen knüpft Liebermann ebenfalls an die Wiener Schule an, tonale und bitonale Ebenen, geschlossene Formen und

Zitate sind jedoch ebenso bestimmend. Diese Verknüpfung von Zwölftontechnik und tonalen Ebenen sowie geschlossenen Formen, die seine Opern unter die gemäßigte Moderne zählen lassen, hat Liebermann auch in weiteren Werken fortgeführt (*Penelope*, Salzburg 1954; *Die Schule der Frauen*, szenisch Salzburg 1957). Unter den politisch engagierten Opern sind ferner Paul Dessaus Werke zu nennen, die zwölftönige Strukturen und volkstümliche Elemente vereinigen (die Brecht-Vertonungen *Die Verurteilung des Lukullus*, Berlin 1951, und *Puntilla*, Berlin 1966; *Lanzelot*, nach Heiner Müller, Berlin 1969). Auch *Dantons Tod* (Salzburg 1948) von Gottfried von Einem kann in politischem Sinne gedeutet werden; die tonale Fixierung, wie sie kurz nach dem Zweiten Weltkrieg durchaus gängig war, prägte seine Opern bis in die 1990er-Jahre (darunter *Der Prozeß* nach Kafka, Salzburg 1953; *Der Besuch der alten Dame* nach Dürrenmatt, Wien 1971; *Tulifant*, Wien 1990; *Luzifers Lächeln*, 1998).

Wolfgang Fortner war einer der wichtigsten Komponisten der unmittelbaren Nachkriegszeit, der sowohl in seinen Werken als auch als Kompositionslehrer eine vermittelnde Funktion zwischen klassizistischer Moderne und der Neuen Musik einnahm. Er lehrte bei den Ferienkursen für Neue Musik in Darmstadt, Henze war einer seiner berühmtesten Schüler. Fortner hat seit Ende des Zweiten Weltkriegs stets die neuesten kompositorischen Entwicklungen – mit Ausnahme des strengen Serialismus – einbezogen und auf eigenständige Weise in sein Schaffen integriert. Seit Ende der 40er-Jahre wandte er in modifizierter Weise die Zwölftontechnik Schönbergs an, in seiner letzten Oper *Elisabeth Tudor* (Berlin 1972) hat er neben seriellen Partien aleatorische, d. h. kompositorisch nicht festgelegte Passagen sowie Collagen und elektronisches Klangmaterial verwandt. *Die Bluthochzeit* (Köln 1957) gilt als eine der wichtigsten Opern der Nachkriegszeit. Textvorlage Fortners ist Federico García Lorcas gleichnamige Tragödie (1933), der sich Fortner zuvor bereits mit einer Bühnenmusik und mit der dramatischen Szene *Der Wald*, die dann als zentrale Szene in die Oper einging, angenähert hatte. Die Handlung ähnelt einem veristischen Drama, dessen Drastik durch die zurückhaltende musikalische Gestaltung jedoch relativiert wird, so dass die Idee des Stückes – die schicksalhafte Verstrickung der Protagonisten – vor der sensationellen Schaulust zur Geltung kommt. Einer Mutter wurden ihr Ehemann und ein Sohn von einem ihrer Familie feindlich gesinnten Bauern ermordet. Ihr einzig verbliebener Sohn möchte nun ausgerechnet die Frau heiraten, die einst mit Leonardo, dem Sohn der verfeindeten Familie, verlobt war. Am Hochzeitstag entführt Leonardo die Braut, der Bräutigam kämpft mit Leonardo einen Zweikampf, in dem beide sterben. Im Zentrum der Oper steht die Mutter, die das Geschehen bereits am Beginn vorausahnt, die Hochzeit schicksalsergeben jedoch nicht verhindert. Die dramaturgische Anlage der Oper ist durch die Handlungskontinuität und die Einteilung in zwei Akte und sieben Bilder konventionell, die kompositorische Faktur beruht auf Zwölftonstrukturen und rhythmischen Mustern, die jedoch nicht streng atonal gehandhabt werden, sondern tonale und volksliedhafte Anklänge aufweisen. Die Textbehandlung reicht von gesprochenen Dialogen über melodramatische Partien zu rezitativartigen Bildungen und ariosen Abschnitten. Die oft ausgedehnten Zwischenspiele basieren zum Teil auf instrumentalen Formen (in der Waldszene beispielsweise spielen die beiden Violinen einen Kanon, das Zwischenspiel zwischen drittem und viertem Bild besteht aus Thema mit Variationen).

Hans Werner Henze stieg im Verlauf der 60er-Jahre zum bedeutendsten deutschen Opernkomponisten auf. Er begann mit seinem Opernschaffen bereits sehr früh (*Das Wundertheater*, Heidelberg 1949; *Ein Landarzt*, Rundfunkfassung 1951, szenisch Köln 1953; *Boulevard Solitude*, Hannover 1952; *Das Ende einer Welt*, Rundfunkfassung 1953, szenisch Frankfurt 1965) und folgte mit seiner vierten

Oper, *König Hirsch* (Berlin 1956 stark gekürzt, ungekürzte Fassung Stuttgart 1985, 2. veränderte Fassung als *Il re cervo oder Die Irrfahrten der Wahrheit*, Kassel 1963), bereits einer veränderten Ästhetik, die einen starken Gegensatz zur sachlich-distanzierten und weitgehend undramatischen Gestaltung seiner früheren Opern bildete. Die hier zugrundeliegende Tragikomödie, Carlo Gozzis *Il re cervo* (1762), ist eigentlich ein Märchen, jedoch mit politischen Implikationen. Ein Statthalter möchte die Krone erlangen und trachtet deshalb dem jungen König, den er in den Wald verbannte, der nun aber zurückkehrt, nach dem Leben. Die Tiere des Waldes, die den König schützen, können die Intrigen des Statthalters vereiteln, der Statthalter kann jedoch trotzdem eine Schreckensherrschaft aufbauen. In Gestalt eines weißen Hirsches kommt der König in die Stadt zurück und wendet alles zum Guten. *König Hirsch* sei weder Märchenoper, noch Traumstück, noch Commedia dell'arte, enthalte jedoch von allem etwas, hat Henze selbst über die Gattungsfrage seiner Oper geäußert. Henze rekurriert dabei – in Distanz zur Avantgarde der 1950er- und 60er-Jahre – auf traditionelle Topoi. Die Eingangsszene beispielsweise stellt eine barocke Sturmszene dar: Scoltarella, die die Gunst des Königs erlangen will, wurde vom Gewitterregen durchnässt, der ihren Aufputz für die Brautschau zerstörte. Italienische Couleur durchzieht die Oper, zum Teil mit Gitarren- und Mandolinenklang. Die Verwendung herkömmlicher Formen wie Arien oder großer Finalszenen hat Henze als außerordentlich bedeutend betont, sie werden allerdings mit Formelementen der Neuen Musik verwirklicht, ohne dass tonale Harmonik oder Melodik ausgeschlossen sind. Insgesamt ist die Oper außerordentlich reich im Einsatz verschiedenster kompositorischer, instrumentatorischer und szenischer Mittel.

Henze, der eigentlich zur Avantgarde zählte, geriet bald ins Kreuzfeuer der Kritik, da er den sachlichen Stil seiner frühen Opern durch einen ›romantisierenden‹ ersetzte; dass die Avantgarde selbst über ein Jahrzehnt später wieder zu ›romantisierenden‹ Tendenzen zurückkehren sollte, war in den 60er-Jahren noch nicht absehbar. Die unorthodoxe Haltung Henzes zeigt sich auch in seinen weiteren Opern. Bislang hat er 16 Bühnenwerke komponiert, darunter *Der Prinz von Homburg* (Hamburg 1960), *Elegie für junge Liebende* (Schwetzingen 1961), *Die Bassariden* (Salzburg 1966), *We Come to the River* (London 1976) *Die englische Katze* (Schwetzingen 1983), *Das verratene Meer* (1992), *Venus und Adonis* (München 1997), *Das Urteil der Kalliope* (1997).

Benjamin Britten war der führende englische Opernkomponist der Nachkriegszeit. Mit seiner ersten Oper, *Peter Grimes* (London 1945), hatte er eine Erneuerung der englischen Musik beabsichtigt, deren »Glanz, Freiheit und Lebendigkeit« seit Purcells Tod geschwunden sei. Die Oper zeigt nicht nur den Einfluss von Purcell, sondern auch von Bergs Oper *Wozzeck*, die den Komponisten sehr beeindruckt hatte. Brittens Musik zu *Peter Grimes* ist tonal, und er hat auch in seinen späteren Opern trotz der Verwendung von Zwölftontechnik die Tonalität nie aufgegeben. Auch noch in seiner letzten Oper, *Death in Venice / Tod in Venedig* (Snape 1973; nach Thomas Mann), arbeitet Britten mit verschiedenen tonalen Ebenen zur Verwirklichung der einzelnen Ausdrucksbereiche der Oper. Progressive Momente dieser letzten Oper sind die Einarbeitung von Zwölftonstrukturen sowie der reiche Einsatz des Schlagzeugs, vor allem des Vibraphons zur Darstellung des Knaben Tadzio (dargestellt durch einen Tänzer), dessen Schönheit die Hauptfigur Aschenbach betört.

Die bedeutendste Oper der Nachkriegszeit ist Bernd Alois Zimmermanns *Die Soldaten* (Köln 1965). Zimmermann fand nicht nur eine Alternative zur Darmstädter Schule einerseits, von der er nicht akzeptiert wurde, und zur gemäßigten Moderne andererseits, für die er zu avantgardistisch komponierte, sondern verstand es auch, bühnentechnische Mittel im Sinne der Aktualisierung seiner Oper einzusetzen und sie somit zum unentbehrlichen Bestandteil der Opernkomposition zu machen. Das Sujet der *Soldaten*, das auf der Komödie von Jakob Michael Reinhold Lenz basiert, hat Zimmermann nicht im Sinne der Lenz'schen Sozialkritik interpretiert, wo der Grund für das tragische Schicksal der Protagonistin in der erzwungenen Ehelosigkeit des Soldatenstandes gesehen wird. Marie Wesener, die mit dem Tuchhändler Stolzius verlobt ist, wird von dem Offizier Desportes verführt, dessen Versprechungen sie gutmütig glaubt. Die Tragödie kulminiert in Desportes Vergiftung durch Stolzius und dessen Selbstmord, sie endet mit dem Zusammentreffen von Wesener und seiner Tochter Marie, die inzwischen zur Hure geworden ist.

Wichtig für Zimmermann waren nicht die sozialkritischen Momente des Textes, sondern das Verwobensein der Personen in ein unentrinnbares Schicksal: »unentrinnbar in eine Zwangssituation, unschuldig mehr als schuldig, die zu Vergewaltigung, Mord und Selbstmord und letzten Endes in die Vernichtung alles Bestehenden führt«. In diesem Sinne wurde die Oper in der Nachkriegssituation aktualisiert: sie endet szenisch mit dem Abwurf einer Atombombe. In der musikalisch-dramaturgischen Anlage der Oper hat Zimmermann seine spezifischen Vorstellungen vom Phänomen der Zeit verwirklicht. Er betrachtet die Zeit nicht als linear verlaufend – von der Vergangenheit über die Gegenwart zur Zukunft, sondern sieht in einer Art räumlichen Vorstellung (»Kugelgestalt der Zeit«) die drei Zeitebenen als Erscheinungsformen eines Erlebniszustandes. Musikalisch wird dies unter anderem durch die Einarbeitung von Zitaten aus verschiedenen Epochen verwirklicht, dramaturgisch durch Simultanszenen, d. h. die gleichzeitige Darstellung zeitlich auseinanderliegender Ereignisse, wozu das Medium des Films eingesetzt wurde. Im ersten Bild des vierten Akts werden Maries Flucht, der Auftrag Desportes, sie zu vergewaltigen, die Suche nach Marie und Stolzius'

Kauf von Rattengift zur Vergiftung Desportes' gleichzeitig dargestellt.

Kompositorisch ist die Oper vollkommen durchstrukturiert. Sie ist auf 12 Zwölftonreihen aufgebaut, wobei jeder Szene eine Reihe zugrundeliegt; die Anfangstöne der Reihen ergeben wiederum eine Zwölftonreihe. Den Szenen liegen traditionelle Modelle zugrunde, die in Anlehnung an Alban Berg verwendet wurden: Strophe, Ciacona, Toccata, Nocturno, Intermezzo, Cappriccio, Corale e Ciacona, Romanza, Capriccio. Zimmermann hat sie ebenfalls im Hinblick auf Bezüge zum Text verwendet. Das Besondere an der bereits bei Berg und Hindemith beliebten Ciacona (Passacaglia) ist, dass hier kein melodisches Modell, sondern ein metrisches zugrunde liegt. Besonders eindrucksvoll ist die letzte Szene gestaltet: zum Zusammentreffen Weseners mit Marie hört man im Hintergrund die Worte eines Feldpredigers, der das Pater noster rezitiert. Nach verklingenden Trommeltönen erscheint szenisch die Atomwolke.

Vor Zimmermanns *Soldaten* wurde Luigi Nonos *Intolleranza 1960* (Venedig 1961) aufgeführt, die zweite wichtige avantgardistische Oper, die nicht nur kompositorische, sondern auch dramaturgische Neuerungen miteinbezieht. Es handelt sich um eine stark politische Oper, die durch politische Ereignisse des Jahres 1960, eine Volksdemonstration gegen eine faschistische Restauration und den aufkommenden Neonazismus in Italien, angeregt wurde. Die Textvorlage bestand aus einer Collage verschiedener Texte, von Angelo Maria Ripellino, von dem die Idee stammt, über Paul Éluard, Wladimir Majakowski und Bertolt Brecht zu dokumentarischen Texten wie Parolen aus Befreiungskriegen und Polizeiverhören diktatorischer Regime. Die Oper hat zwar als Gerüst eine kontinuierliche Handlung, diese wird jedoch von einer Idee getragen und ist somit auf exemplarische Situationen reduziert. Nono verstand Oper generell als »Ideentheater« im Sinne eines politisch engagierten Theaters. Zur Handlung: Ein Bergarbeiter entwickelt, bedingt

Josef Svoboda, Bühnenbildner und Regisseur der Uraufführung von Nonos *Intolleranza 1960* am Teatro La Fenice in Venedig 1960, ließ in seiner Inszenierung auch Collagen von Emilio Vedova projizieren – Nonos Vorstellungen eines politischen Ideentheaters sollte visuell durch Parolen und Zeitungsausschnitte unterstützt werden

durch die Erlebnisse auf der Rückkehr in seine Heimat, politische Initiative. Er gerät in eine Demonstration, wird verhaftet, gefoltert und in ein Konzentrationslager gesteckt, aus dem er entkommen kann. Auf seiner Weiterreise – die durch wechselnde Erfahrungen geprägt ist, deren extremste der Abwurf einer Atombombe ist – gerät er in eine Hochwasserkatastrophe. Er zieht nicht weiter, sondern bleibt, um den Menschen zu helfen. Die Oper beginnt nicht mit einer instrumentalen Ouvertüre, sondern mit einem Chor, der mit einer Art Motto (»Lebendig ist wer wach bleibt«)

auf die Idee der Oper, den Bewusstseinsprozess des Bergarbeiters, verweist.

In der szenischen Konzeption hat Nono Anregungen durch die 1958 von Josef Svoboda in Prag entwickelte Laterna magica erhalten: zur Bühnenaufführung kommen vielfältige Projektionen durch Filme und Dias hinzu. Nono hat sich dieser und noch weiterer Medien bedient, um Bild, Aktion, Sänger, Orchester, Bühnen- und Zuschauerraum miteinander in Beziehung zu setzen. Im Unterschied zur Laterna magica, wo die Projektionen und die Bühnendarstellung zur Einheit verschmelzen sollen, setzte Nono die Medien kontrapunktisch zur Bühnenaktion ein. Die Möglichkeiten der Realisation sind jedoch nicht streng festgeschrieben, sondern können variabel gehandhabt werden.

In seinen folgenden Opern ist Nono jeweils weitere Schritte in Richtung einer Erweiterung des Musiktheaters gegangen. *Al gran sole carico d'amore / Unter der große Sonne von Liebe beladen* (Mailand 1975) liegt keine erzählbare Handlung mehr zugrunde, sondern Bilder, die kämpfende, leidende und sterbende Frauen in revolutionären Situationen und Prozessen thematisieren. *Prometeo* (1984) ist kein Bühnenwerk mehr (als das es ursprünglich intendiert war), sondern eine »Tragedia dell'ascolto« (›Tragödie zum Hören‹), die nur noch mit musikalischen Mitteln verwirklicht wurde; von einer szenischen Disposition bleiben lediglich die im Raum verteilten Klanggruppen.

Experimentelle Formen des Musiktheaters

(CAGE, BLACHER, SCHNEBEL, KAGEL, MADERNA, BERIO, FELDMAN, BUSSOTTI)

In den 1960er-Jahren bildeten sich experimentelle Formen des Musiktheaters aus. Nachdem die Avantgarde die Oper als überkommene Gattung gänzlich abgelehnt hatte, wurden um 1960 musiktheatralische Kompositionen wieder modern. Man versuchte, auf eine vollkommen andere Weise wieder Musiktheater zu schaffen. Wegweisend wurde John Cage, dessen *Water Music* (New York 1952) eigentlich kein Musiktheater im engeren Sinne darstellt, jedoch hinführt auf das Zusammenwirken von optischen und akustischen Dimensionen, wie es in der Neuen Musik in den 1960er-Jahren zunehmend an Bedeutung gewann. In *Water Music* spielen außer der visuellen Aktion auch noch die Aleatorik und der Einsatz von Medien eine bedeutende Rolle: ein Radiogerät wird auf eine bestimmte Frequenz eingestellt (es ertönt das aktuelle Programm zur Zeit der Aufführung – also jedes Mal etwas anderes), die Regelung der Lautstärke ist beliebig. Weitere Aktionen folgen, z. B. das Anschlagen eines siebentönigen Akkords, das Pfeifen mit einer Kinderpfeife, und vor allem das Umschütten von Wasser – eine visuelle und akustische Aktion, das dem Stück seinen Namen gab. Im Prinzip handelt es sich bei *Water Music* um einzelne, isolierte musikalisch-theatralische Handlungen, wie sie später in der experimentellen Musik beliebt wurden. *Water Music* ist sowohl der Wegbereiter des szenischen Komponierens wie des experimentellen Musiktheaters der Avantgarde.

Bereits vor dem eigentlichen experimentellen Musiktheater der 60er-Jahre gab es Versuche, Musiktheater in einer von der Tradition abweichenden Weise zu gestalten. Opern, die mit avantgardistischen Kompositionstechniken und fortschrittlichen Mitteln der Bühne – Einsatz von Medien, Bezug aller theatralisch relevanten Komponenten aufeinander – gestaltet waren, wurden bereits behandelt. Boris Blachers *Abstrakte Oper No. 1* (Mannheim 1953; Text und Idee von Werner Egk) hingegen hat keine Handlung mehr, sondern beruht auf der Darstellung von Grundsituationen des Menschen wie Schmerz, Panik, Liebe, Angst. Zwar hatte bereits Malipiero in seiner *Orpheide* von 1925 Ähnliches vorweggenommen, doch deren einzelne Teile bestehen noch aus abgeschlossenen Szenen. Blachers *Abstrakte Oper No. 1* reiht eine Folge von kurzen Nummern, die im Prinzip auch ohne szenische Realisation auskommen könnten, wäre diese nicht vorgeschrieben. Das szenische Geschehen in »Liebe« beispielsweise soll folgendermaßen dargestellt werden: »Der Tenor bringt eine Schneiderpuppe auf die Bühne und schmückt sie. Der Sopran liebt den Tenor und wird von ihm zurückgewiesen. Zum Schluss der Szene erschießt der Sopran die Schneiderpuppe.« Blacher verzichtet auf verständliche Sprache, d. h. es werden entweder nur Silben gesungen, wie beispielsweise in »Schmerz«, oder Texte, die wenig Sinn ergeben: die Nummer »Verhandlung« ist aus infantilen englischen und russischen Vokabeln gebildet und thematisiert somit eine Konversation, in der die Menschen aneinander vorbei reden. Der Verzicht auf eine Handlung bestimmte das Musiktheater der 1960er-Jahre generell, und Blachers Stück weist bereits auf das »instrumentale Theater« von Kagel voraus.

Beliebtes Mittel in der Neuen Musik der 60er-Jahre war die Visualisierung von Klangerzeugung, die vor allem bei Kagel und Schnebel zum konstitutiven Faktor des Komponierens wird. Klangerzeugung ist nicht mehr Mittel zum Zweck, sondern wird zum primären ästhetischen Faktor einer Komposition erhoben. Dieter Schnebel hat in zahlreichen Kompositionen visuelle Momente als Thematisierung von Klangerzeugung miteinbezogen. In *Visible music I* (1960) beispielsweise spielt ein Instrumentalist nicht nach Noten, sondern nach den Zeichen eines Dirigenten, der sich wiederum im Verlauf des Stücks nach dem Spieler richtet, wobei sich am Schluss beide nur noch Zeichen zuwerfen. *Anschläge-Ausschläge*, szenische Variationen für Flöte, Violoncello, Cembalo (1965), thematisieren das Musikmachen mit allen Vor-, Zwischen- und Endstufen vom Aufstellen der Notenständer bis zum Spiel selbst. Hervorzuheben sind vor allem Schnebels *Maulwerke* (1968–74), in denen die Art der Klangerzeugung der menschlichen Stimme (Mund-,

Kehlkopfbewegungen usw.) auf Monitoren dem Publikum vergrößert dargestellt werden.

Mauricio Kagel hat vor seiner »Antioper« *Staatstheater* (Hamburg 1971) mehrere kürzere szenische Stücke verfasst. Das einaktige »Kammermusikalische Theaterstück« *Sur scène* (Bremen 1962) stellt den Vortrag eines musikprofessorähnlichen Sprechers dar, dessen Reden zwischen Absurdität, Komik und Nonsens changieren, währenddessen ein Pantomime Fliegen fängt, ein Sänger röhrt und drei Musiker verschiedene Instrumente spielen. Die einzelnen, heterogenen Momente – Sprache (Sprecher), vokale Musik (Sänger), Gestik (Mime), instrumentale Musik (Instrumentalisten) und Tonband – werden collageartig übereinander geschichtet. In *Antithese*, einem Spiel für einen Darsteller mit elektronischen und öffentlichen Klängen (Köln 1963), sind die Aktionen des Darstellers genauestens festgelegt: er hantiert mit einer Sammlung von elektroakustischen Geräten aller Art und Baujahre (z. B. er putzt, zerstört und prüft sie, er spielt sie ab). Geräusche und Reaktionen des Publikums werden miteinbezogen, in das Bühnengeschehen integriert: sie werden während der Vorstellung auf Tonband aufgenommen und dann abgespielt. *Match* für drei Spieler (Berlin 1965) thematisiert – ähnlich wie Schnebels im selben Jahr entstandene *Anschläge-Ausschläge* – ganz explizit das gestische und musizierende Verhalten der Spieler, das in der Partitur genauestens vorgeschrieben ist.

Kagels *Staatstheater* (Hamburg 1971) kombiniert die verschiedenen, zuvor erprobten Elemente des experimentellen Musiktheaters in einem 100 Minuten dauernden Stück. Es besteht aus verschiedenen Sätzen, die teilweise simultan, aber auch nacheinander aufgeführt werden können; die Kombination und Auswahl ist den Interpreten überlassen, die Aleatorik spielt also eine große Rolle. Innerhalb der einzelnen Sätze sind wiederum freie Kombination und Auswahl möglich. In *Ensemble* für sechzehn Stimmen beispielsweise sind 16 einzelne Partien für traditionelle Stimmfächer notiert (z. B. Sopran 1: Königin der Nacht, Sopran 4: Lyrischer Sopran, Tenor 1: Tenorbuffo usw.), deren Kombination, Reihenfolge und Auswahl der Anzahl der Stimmen frei ist. Es soll lediglich »größtmöglichste Durchsichtigkeit gewahrt bleiben«. Den Stimmen sind nur Silben, kein verständlicher Text, unterlegt. In der szenischen Realisation sitzen die Sänger in den für ihre Rollen charakteristischen Kostümen aus dem Opernrepertoire im Halbkreis auf der Bühne, die Aktionen im Einzelnen sollen aus einem anderen Satz, *Saison*, entnommen werden. Dies ist wiederum ein Satz, der aus Einzelaktionen (Betonung des Visuellen) in nicht festgelegter Reihenfolge besteht. Kagel hat für die spezielle Art seines Musiktheaters, die von der traditionellen Oper gänzlich abweicht, den Terminus »instrumentales Musiktheater« geprägt.

Ähnliche Wege geht auch Bruno Maderna in *Hyperion* (Venedig 1964). Das auf Handlung verzichtende Stück beruht auf einer Idee, die jedoch nicht – wie beispielsweise in Nonos *Al gran sole* – eine politische oder weltanschauliche, sondern eine kompositionstechnische ist: thematisiert wird die Vermittlung von phonetischer und semantischer Dimension von Sprache. Auch hier wird das Moment der Klangerzeugung zum hauptsächlichen Faktor, der jedoch zum traditionellen Moment des Klangresultats in dialektischen Bezug gesetzt wird.

Wichtige Stationen im experimentellen Musiktheater der 60er-Jahre sind auch die Kompositionen Luciano Berios. *Passaggio / Durchgang*, eine »Messa in scena per soprano, due cori e strumenti« (Mailand 1963), ist zwar insofern noch relativ traditionell, als ein inhaltliches Moment im Vordergrund steht: sechs Stationen auf dem Lebensweg einer Frau, die gedemütigt wird, werden in nicht-kontinuierlicher Handlung dargestellt. Hinterfragt werden soll das herkömmliche illusionistische Theater und sein passives Publikum. Um das Publikum zu aktivieren, hat Berio die Trennung von Bühne und Zuschauerraum zu überwinden versucht, indem der Chor im Publikum platziert wurde. Damit sollten quasi die Zuhörer selbst dargestellt werden, deren Reaktionen wiedergeben werden. *Laborintus II* (Brüssel 1968) hat hingegen ein kompositionstechnisches Problem als Thema, den Prozess der Angleichung von Musik und Sprache. *Opera* (1. Fassung Santa Fe 1970, 2. Fassung Florenz 1977) liegt wiederum eine konkrete Idee zugrunde: thematisiert wird das Sterben, wofür drei Sujets als Grundlage dienen: die Orpheus-Sage, der Untergang der Titanic als Thematisierung menschlichen Versagens und verschiedene Aspekte menschlichen Sterbens in einer Spezialklinik. Das Stück soll laut Berio »eine Meditation, einen Traum und ein wenig auch ein ›morality play‹ über das Thema des Endes« darstellen.

Nochmals andere Wege geht Morton Feldman in *Neither* (Rom 1977). Die einzige Oper des durch Cage beeinflussten Komponisten beruht auf einem Text von Samuel Beckett von nur 16 Zeilen und thematisiert ähnlich wie Schönbergs *Erwartung* quasi die vollkommene Ereignislosigkeit in einer Art innerem Monolog. Feldmans Musik bildet ein Äquivalent zur Atmosphäre des Textes. Zu erwähnen ist schließlich Sylvano Bussottis (geb. 1931) *Lorenzaccio* (Venedig 1972). Auf der Grundlage von Alfred Mussets Drama (1834) hat Bussotti eine große Anzahl verschiedenster Texte verarbeitet und somit bereits im Libretto mehrere zeitliche und räumliche Schichten des Handlungsablaufs geschaffen, um die Totalität der mit dem Stoff verbundenen Assoziationen darzustellen.

Tendenzen der 1970er- und 1980er-Jahre: Neue Einfachheit, Neue Romantik, Reflexion der Tradition, Minimal Music

(RIHM, TROJAHN, BOSE, MÜLLER-SIEMENS, PENDERECKI, LIGETI, REIMANN, KAGEL, BERIO, CAGE, GLASS, REICH, ADAMS)

Während die 1960er-Jahre von der Suche nach ständig neuen Formen des Musiktheaters geprägt waren, fand nach 1970 eine gegenteilige Entwicklung statt: eine Rückwendung zu Traditionen, zu herkömmlichen Gattungen und Stilen, zur tonalen Harmonik, vor allem zum Ausdrucksprinzip des 19. Jahrhunderts bahnte sich an, ohne dass die Errungenschaften der Avantgarde ganz aufgegeben wurden. Eine solche Rückwendung hatte es in der Musikgeschichte des 20. Jahrhunderts schon einmal gegeben, nämlich mit dem Neoklassizismus und der Neuen Sachlichkeit in den 20er-Jahren. Der Unterschied ist jedoch evident: in der Neuen Sachlichkeit wollte man sich vom Prinzip des Ausdrucks befreien, während die neue Richtung der 70er-Jahre vor allem das Ausdrucksprinzp auf ihr Banner schrieb. Grund hierfür war, dass die Neue Musik aus ihrer Isolation herausgeführt, dass wieder ein breiteres Publikum angesprochen werden sollte. Dabei waren die meisten kompositorischen Mittel eigentlich nicht neu, sondern bestimmten bereits die gemäßigtere Richtung der Oper der zweiten Jahrhunderthälfte. Henze hatte sich beispielsweise schon sehr früh von einem trockenen und sachlichen Stil abgewandt und auch herkömmliche Formen und Topoi in seinen Opern gebraucht. Das Wesentliche an der Neuen Einfachheit war jedoch, dass sie sich als betont avantgardistisch verstand im Sinne einer Ablösung von seriellen und experimentellen Kompositionstechniken der Jahrzehnte zuvor.

Der Begriff »Neue Einfachheit« wurde in einer Sendung

im Westdeutschen Rundfunk geprägt, in der Werke von Wolfgang Rihm, Manfred Trojahn, Detlev Müller-Siemens und Hans-Jürgen von Bose vorgestellt wurden, und zielte auf publizistische Breitenwirkung, um unter dem Aspekt der Einfachheit Kompositionen Neuer Musik dem Konzertpublikum wieder nahe zu bringen. Der Begriff wurde später verworfen, da er kaum der Verschiedenheit der Werke der genannten Komponisten gerecht wurde und deren Musik so einfach nun auch wiederum nicht ist. Bezeichnend für die neue Richtung, die dann auch als »Neue Romantik« bezeichnet wurde, sind vor allem die Merkmale des Traditionsbezugs und des Ausdrucksprinzips.

Wolfgang Rihm, der wichtigste Komponist der Gruppierung, studierte bei Stockhausen und Klaus Huber und brachte somit alle Voraussetzungen auch einer theoretischen Reflexion über die Situation der Neuen Musik mit sich, die in zahlreichen Schriften ihren Niederschlag fand. Seiner zweiten Oper, *Jakob Lenz* (Hamburg 1979), liegt zwar wieder eine äußere Handlung zugrunde, wesentlich ist jedoch der innere Ablauf. Lenz hat eine psychopathische Persönlichkeitsstruktur, deren Zerfall das Thema der Oper ist. Die Musik ist begleitend oder illustrierend eingesetzt, der Vokalpart des Lenz changiert vom Singen über den Sprechgesang bis zum Sprechen. Zum Teil wird auf tradierte Formen zurückgegriffen (Sarabande, Ländler, Ansätze zu Arienformen), tonale und atonale Harmonik sind gleichermaßen bestimmend, die Musik ist von hoher Ausdruckshaftigkeit geprägt, um den Inhalt bestmöglichst zur Wirkung zu bringen. Auch in der *Hamletmaschine* (Mannheim 1987) nach Heiner Müller hat der Protagonist, der mit sich selbst und dem Gesellschaftssystem, in dem er lebt, nicht zurechtkommt, eine psychopathische Persönlichkeitsstruktur. Hamlet, zunächst versehen mit den Epitheta des Helden aus Shakespeares Tragödie, wird als marxistischer Intellektueller dargestellt, der jedoch das marxistische System nicht dulden kann. Daraus erwächst eine gespaltene Identität –

Hamlet tritt in drei Gestalten auf – sowie die Unfähigkeit, zu handeln; er kann weder Rache üben, noch die Dinge aus der Distanz betrachten. Hamlet bekommt jedoch eine Gegenspielerin, Ophelia, die im Unterschied zur Person bei Shakespeare als starke Frau dargestellt wird; bei Shakespeare wird sie wahnsinnig, weil Hamlet ihren Vater ermordet, und ertrinkt im Fluss, bei Müller und Rihm hat »der Fluss sie nicht behalten«. Sie sinnt auf Rache am Unrecht, das Frauen zuteil wird, und ist dennoch keine Siegerin: die letzte Szene spielt auf dem Grund des Ozeans zwischen den »Trümmern der Gesellschaft«, wo sie, im Rollstuhl sitzend, von zwei Männern mit Mullbinden eingewickelt wird. Die Oper besteht aus fünf Teilen – »Familienalbum«, »Das Europa der Frau«, »Scherzo«, »Pest in Buda / Schlacht um Grönland«, »Wildharrend / in der furchtbaren Rüstung / Jahrtausendende« – die verschiedenste Schichten kombinieren: das Drama Shakespeares, die Emanzipation der Frau, die Beziehung zwischen Ophelia und Hamlet, die Erinnerung an den ungarischen Aufstand von 1956. In »Familienalbum« werden quasi Bilder aus der Vergangenheit der Hamlet-Figur Shakespeares aufgezeigt: Hamlet steht allein an der Küste vor den Ruinen Europas; Hamlets Vater wird beerdigt; dessen Mörder nimmt die Witwe, Hamlets Mutter, zur Frau; Hamlet setzt sich mit dem toten Vater und der Mutter auseinander; er will aus Verzweiflung an seinem Schicksal sich seiner eigenen Existenz entziehen. Demgegenüber zeigt das zweite Bild die Gegenfigur Ophelia als kämpferische Frau. Wie bereits Heiner Müllers Text enthält auch Rihms Musik zahlreiche Zitate, darunter Händel-Parodien, Zitate aus Bachs *h-Moll-Messe* und Wagners *Tristan und Isolde* ebenso wie Anspielungen auf Formen wie Trauermarsch, Choral, Arioso, Danse macabre, Big-Band-Musik und sogar Rap-Song. Ebenso kommt das Tonband zum Einsatz. Auch für seine *Hamletmaschine* hat Rihm eine äußerst expressive Musik komponiert.

Manfred Trojahn zählt unter anderen Hans Werner Henze zu seinen Vorbildern, der ja schon sehr früh auf Operntraditionen rekurierte. Trojahns Texte kreisen oft um das Problem der Entfremdung, so auch die Handlung von *Enrico* (Schwetzingen 1991; Text nach Luigi Pirandello, 1922). Während eines Karnevalumzugs stürzt Enrico vom Pferd und bildet sich fortan ein, der von ihm dargestellte Heinrich IV. zu sein. Jahre später soll er durch Konfrontation mit der Wirklichkeit geheilt werden, indem ihm Personen gegenübergestellt werden, die vor seinem Sturz mit ihm in engem Kontakt standen. In Wahrheit ist er jedoch längst geheilt und spielt seine Rolle nur noch. Zum Schluss sticht er allerdings den Rivalen im Kampf um seine damalige Geliebte nieder; so muss er, um nicht bestraft zu werden, für immer den Geisteskranken und seine Rolle spielen. Die Oper rekurriert auf die traditionelle Einteilung in Nummern und auf die Figurenkonstellation der Opera buffa des 18. Jahrhunderts. Die musikalische Gestaltung besteht aus einer sehr reduzierten Orchesterstruktur, die Singstimmen sind überwiegend rezitativisch gehalten, Enricos Partie reicht vom Sprechen bis zur lyrischen Kantilene. Trojahn hat sowohl Teile aus eigenen Werken eingearbeitet, als auch zitathafte Anspielungen auf Rossini (*L'Italiana in Algeri*), Puccini (*Gianni Schicchi*), Ravel, Strauss und (im A-capella-Quartett der Diener) sogar Weill eingebracht. Im Unterschied zu Rihms oft drastischer Musik ist der Ausdruck bei Trojahn in dieser Oper oft ins Esoterische zurückgenommen. Der Gebrauch unterschiedlicher Idiome zeigt sich in *Was ihr wollt* (München 1998; nach Shakespeare) noch deutlicher, wo Anklänge an Monteverdi und Purcell, aber auch an Strauss durchklingen; der Orchestersatz ist satter und klangvoller als in *Enrico*.

Hans-Jürgen von Boses Opern tendieren unter Einbezug einer Vielzahl stilistischer Ebenen zum bunten Spektakel, wie besonders in *Schlachthof 5* (München 1996) deutlich wird. Der für die Oper proklamierte Unterhaltungsanspruch, eine dezidierte Absage an Prinzipien der ehemaligen Avantgarde, wird durch das geballte Aufgebot verschiedenster Mittel jedoch wieder in Frage gestellt. Boses erste Oper, *Die Leiden des jungen Werther* (Schwetzingen 1986), schließt sich durch eine psychogrammatische Durchleuchtung des Protagonisten an die Stoffe Rihms wie teilweise auch an dessen Musik (*Lenz*) an. Detlev Müller-Siemens hat in seiner Oper *Die Menschen* (Mannheim 1990) nach Walter Hasenclevers expressionistischem Drama durch die Komposition starker Gegensätze auch musikalisch auf expressionistisches Komponieren Bezug genommen.

Unabhängig von der genannten Komponistengruppe um Wolfgang Rihm hat sich Krysztof Penderecki in den 1970er-Jahren einem romantischen Idiom zugewandt. *Die Teufel von Loudun* (Hamburg 1969) sind noch ganz von der avantgardistischen Tonsprache der 60er-Jahre geprägt: die Komposition bewegt sich im Grenzbereich zwischen Klängen und Geräuschen, ist mit verfremdeten Instrumental- und Vokalklängen, mit Cluster- und Glissandotechniken gearbeitet. *Paradise lost / Das verlorene Paradies* (Chicago 1978) hat hingegen eine Wende zu einer romantischen Phase vollzogen, die zum Teil auf nachwagnerischer Chromatik basiert. *Die schwarze Maske* (Salzburg 1986) zeigt dann eine breite Palette kompositorischer Möglichkeiten aus verschiedenen Schaffensperioden, die von Klängen der 60er-Jahre bis zu romantisierenden Momenten reichen. Der Stoff nach Gerhard Hauptmann spielt in einem nur wenig vom Dreißigjährigen Krieg betroffenen reichen Bürgermeisterhaus in einer schlesischen Stadt, wo während eines Festmahls die ehemaligen Untaten der Frau des Bürgermeisters, vor allem die Ermordung des Herzogs von Geldern, nach und nach von der »schwarzen Maske« aufgedeckt werden und schließlich alle sterben müssen. *Ubu Rex* (München 1991) ist hingegen der Versuch, nach den vorangegangenen ernsthaften Stoffen die Gattung der Opera buffa mit Alfred Jarrys *Roi Ubu* (Paris 1896) wiederzubeleben.

Wie verhielt sich die ehemalige Avantgarde zu den Strömungen der 70er-Jahre? Sie hielt zunächst noch an ihren ehemaligen Prämissen fest; spätestens in den 80er-Jahren zeigt sich in ihren Kompositionen der Einfluss der neuen Richtung, wenn auch nicht in gleicher Ausprägung wie in der jüngeren Generation, sondern meist in Form eines äußerst reflektierten Rückgriffs auf Tradition.

Diese Entwicklung ist sich im Bereich des Musiktheaters besonders deutlich. Die Oper erfuhr in den 1980er-Jahren unter den Komponisten der Avantgarde einen unglaublichen Aufschwung, der vor dem Hintergrund der gänzlichen Verwerfung der Gattung nach 1945 geradezu erstaunlich anmutet. Und gerade die Komponisten des experimentellen Musiktheaters wandten sich Formen der Oper zu, die in verstärkter Weise wieder an der Tradition orientiert waren.

György Ligeti ist bereits 1978 in *Le grand macabre* nach experimentellen Versuchen von *Aventures & Nouvelles Aventures* (Stuttgart 1966) wieder zu den traditionellen Momenten Handlung und Textverständlichkeit zurückgekehrt. Er bezeichnete das Mittel der Silbenkomposition, das in *Aventures* konstituierend war, als inzwischen verschlissen. Der tragikomische Stoff nach Michel de Ghelderode (das Thema ist ein Weltuntergang, der misslingt) wurde im Rekurs auf Alfred Jarrys absurdes Theater gewählt, das als Ausweg aus dem Dilemma gesehen wurde, dass avantgardistisches Theater in ein »akustisches Kinorequisit« ausarten könne. Das Absurde sollte quasi das Wunderbare der Oper des 18. Jahrhunderts ersetzen. Auch bei Ligeti findet sich eine große Bandbreite verschiedenster klanglicher Mittel.

Eine der anerkanntesten Opern ihrer Zeit ist Reimanns *Lear* (1978; Text von Claus Henneberg nach Shakespeares Tragödie). Reimann rekurriert auf Traditionen weniger in der Tonsprache, die auf Kompositionstechniken der 60er-Jahre basiert, als in der Singstimmenbehandlung, im Verhältnis von Text und Musik sowie im Aufbau: die Geschichte vom alternden König Lear, der sein Reich seinen zwei ältesten intriganten Töchtern vermacht, die ihn aus dem Haus vertreiben, wird als kontinuierliche Handlung, die in Szenen und zwei Teile gegliedert ist, vertont. Die Musik unterstreicht die szenischen Vorgänge im Detail durch eine breite Palette verschiedenartiger Klangschattierungen, die die Möglichkeiten der im Prinzip spätromantischen Orchesterbesetzung, die durch Schlagwerk bereichert ist, voll ausschöpft: prägend sind changierende Klänge, deren Spektrum unter Verwendung von Vierteltönen von mehrtönigen Akkorden bis zu Clusterbildungen wie in der Sturmszene (I,3) reicht. Die Gestaltung der darüberliegenden Singstimmen, deren Text stets deutlich zu verstehen ist, variiert von reinem Sprechen (Narr) über tonhöhenfixierten Sprechgesang (König Lear zu Beginn), rezitativartiges Singen und ariosen Tonfall (größter Teil der Singstimmenpartien) zu koloraturartigen Passagen (bei den Überredungskünsten der älteren Töchter); die Stimmfächer sind konventionell. Wie in der herkömmlichen Oper gibt es neben den Solopartien Ensembles, Duettpartien und Chorabschnitte. Das Generalthema der Oper ist laut Reimann »die Isolation des Menschen in totaler Einsamkeit, der Brutalität und Fragwürdigkeit allen Lebens ausgesetzt«.

Mauricio Kagels Lieder-Oper *Aus Deutschland* (Berlin 1981), in der die deutsche Romantik reflektiert und analysiert wird, ist als eine – allerdings mit spezifischen Theatermitteln verwirklichte – Reaktion auf die romantisierenden Tendenzen der 70er-Jahre zu deuten. Sie basiert auf Gedichten der Romantik, die bereits als Lieder vertont wurden. Der Inhalt dieser Texte wird in 27 Bildern visualisiert, wobei Orte, Gegenstände und Personen oft verfremdet werden. Kontrapunktisch hierzu wird eine weitere Spielebene eingesetzt, bestehend aus Passanten, die in Kostümen des Biedermeier das Geschehen als Außenstehende mitverfolgen. Das Orchester konstituiert sich im Wesentlichen aus Schlaginstrumenten und Klavier bzw. verstimmtem Klavier oder Flügel, die Sänger sind Personen aus den romantischen Gedichten (z. B. Leiermann), hinzu kommt ein stark besetzter Chor. Kagel hat in seinem Bühnenwerk auf äußerst vielschichtige Weise das Phänomen Romantik, das zur Identifikation verführt, aber von avantgardistischer Seite zur Distanz zwingt, in dieser Ambivalenz darzustellen vermocht.

In Luciano Berios *Opera* waren die experimentellen Züge bereits nicht mehr so ausgeprägt wie in seinen vorangehenden Bühnenwerken. In *Un re in ascolto / Ein König horcht* (Salzburg 1984) findet verstärkt Operntradition in reflektierter Weise Eingang. Dem Stück liegt wieder eine Handlung zugrunde, die allerdings stark auf die Idee konzentriert ist, wie Berio selbst zusammenfasst: »Geschildert werden die Erlebnisse eines Königs (Prospero), der horchend von dem sich rings um ihn anhäufenden Unheil erfuhr und ohnmächtig dem schrittweisen Zerfall seines Reiches und seiner Macht beiwohnte.« Es handle sich um keine Oper, sondern um »die Analyse einer Situation und die Darstellung eines Abschieds«. Berio hatte dafür den Ausdruck »Metaoper« geprägt, die mit Möglichkeiten des zeitgenössischen Musiktheaters spielt. Der Theaterdirektor Prospero steht im Mittelpunkt, der im zweiten Teil in die Figur des Königs Prospero übergeht. Die Handlung changiert ständig zwischen Realität und Schauspiel: Prospero sitzt zu Beginn in seinem Büro und träumt von einem idealen Theater, während nebenan die Proben zu Shakespeares *Sturm* beginnen. Sie werden von Alltäglichkeiten des Theaters bestimmt: verschiedene Sänger singen vor, die Szenerie wird ausprobiert, der Theaterdirektor streitet sich mit dem Regisseur, in den Pausen und zum Teil auch während der Proben herrscht Chaos. Am Ende fühlt Prospero sich schwach und ahnt seinen nahen Tod. Der zweite Teil hat den sterbenden Prospero zum Thema, der im Fieberwahn Ariel und seine Geister ruft. Verschiedene Personen – der Chor, Prosperos Gattin, ihr Advokat, eine Krankenschwester, ein Doktor – streiten sich, wie Prospero zu helfen sei. Prospero wird schließlich auf einen Königsthron gesetzt, bekommt einen Königsmantel und wird so zur Hauptfigur der geprobten Handlung. Solisten und Chor bestreiten die Totenwache. Die Protagonistin singt einen Abschiedsgesang auf Prospero. Die Umstehenden legen ihre Kostüme ab und verlassen die Bühne. Prospero bleibt allein zurück und stirbt. Die Oper weist eine Gliederung in Abschnitte auf, die sich zum Teil nach konventionellen Gattungen richten, jedoch weder formal auf diese zurückgehen noch voneinander getrennt sind: Aria, Duetto, Concertato, Serenata, Audizione. Avantgardistisch im Sinne der 60er-Jahre ist nach wie vor die Musiksprache.

Selbst John Cage ist in *Europeras* der Tendenz der Zeit gefolgt, die Oper in traditionellem Sinne zu restaurieren. Als er von der Frankfurter Oper den Auftrag zu einem Bühnenwerk erhielt, wurde ein Stück erwartet, das eine »irreversible Negation der Oper« bedeutet. Cage hat jedoch wider allen Erwartungen ein Stück verwirklicht, das eher als apotheotische Verherrlichung der Oper angesehen werden kann. In *Europeras* singen Sänger Arien aus der Opernliteratur, jedes Orchestermitglied spielt unabhängig von den anderen Auszüge aus Partituren des 18. und 19. Jahrhunderts, Kostüme und Dekor sind aus alten Enzyklopädien genommen, Bühnenhandlung und Requisiten wurden aus einem Lexikon gewählt, die im Programm gedruckten Zusammenfassungen stammen aus alten Opernprogrammen. Von den ehemaligen experimentellen Versuchen sind die aleatorischen Momente geblieben: die Interpreten können ihr Material selbst auswählen, und das Ganze ist als Collage konzipiert, in der Handlung, Beleuchtung, Bühnenausstattung, Gesang und Orchestermusik relativ unabhängig voneinander ablaufen. Cage hat fünf Versionen von *Europeras* zusammengestellt, wobei *Europeras 1* und *Europeras 2* (Frankfurt 1987) sowie *Europeras 3* und *Europeras 4* (London 1990) jeweils zusammen aufgeführt werden sollen. *Eu-*

roperas 5 (Buffalo 1991) ist eine reduzierte Version für eine kleinere Besetzung für nur zwei Sänger mit eigenem Konzept. Der erste Sänger soll den zweiten auswählen. Jeder singt sechs selbstgewählte Arien aus dem Standardrepertoire der Opernliteratur zu festgelegten Zeiten und an bestimmten Stellen der Opernbühne. Die Begleitung erfolgt durch einen Pianisten, der sechs verschiedene, von Liszt bearbeitete Operntranskriptionen spielt und zu einem vorgeschriebenen Zeitpunkt beginnt. Das Klavier wird zum Teil normal gespielt, zum Teil in dem von Cage so benannten »shadow playing«, bei dem die Tasten eben noch berührt werden, d. h. es erklingen nur noch zufällig einzelne Töne. Eine weitere Schicht bildet ein Victrola-Grammophon, das sechs verschiedene historische Opernaufnahmen abspielt. Auch visuelle Momente sind eingebaut: jeder Sänger trägt irgendwann im Ablauf eine Tiermaske, ein Fernsehgerät wird zu verschiedenen Zeitpunkten ein- und ausgeschaltet.

In den 1970er-Jahren entstand noch eine weitere Richtung der Neuen Musik, die Minimal Music, die als spezifisch eigene Richtung der amerikanischen Musik sich von der europäischen zu distanzieren trachtete. Sie war beeinflusst durch nicht-westliche Musiktraditionen, durch die Musik Indiens und Afrikas. Ihr Merkmal sind ständig wiederholte Muster (repetitive Pattern), deren Strukturen sich nur ganz allmählich ändern, im Prinzip eine Art meditative Musik, die vollkommen andere Zeitstrukturen aufweisen als diejenigen westlicher Musik. Die wichtigsten Komponisten der 70er-Jahre sind La Monte Young, Terry Riley, Steve Reich und Philip Glass.

Glass hatte Mitte der 60er-Jahre indische Musik studiert und mit einem indischen Sitarvirtuosen zusammengearbeitet. Zu diesem Zeitpunkt verwarf er seine früheren Arbeiten und begann mit repetitiven Pattern zu komponieren. *Einstein on the Beach* (1976), *Satyagraha* (Stuttgart 1980) und *Echnaton* (Stuttgart 1984) sind seine wichtigsten Opern. *Satyagraha* mit dem Untertitel »M. K. Gandhi in Südafrika«

behandelt den gewaltlosen Kampf um die politischen Rechte der indischen Einwanderer in Südafrika. Es handelt sich im Prinzip um eine historische Oper mit genauen Schauplatzangaben und Hinweisen auf die historischen Fakten, auf die sich die jeweils darzustellenden Situationen beziehen. Die verschiedenen Ebenen des Bühnenwerks verwirklichen jeweils einzelne Aspekte der Idee. Der in Sanskrit gesungene Text (nach der *Bhagavadgita*) vermittelt – sofern die Übersetzung beigelegt wird – die religiös-philosophische Idee des Werks, Bühnenbild und szenische Aktion zeigen die Anwendung der Lehre: Tolstoi, Tagore und King, die jeweils einen Akt lang auf einer Pyramide stehend präsent sind, sind die geistigen Repräsentanten der Idee. Die Musik bildet keine illustrative Schicht, sondern eine eigenständige Komponente. Die Länge der jeweiligen Pattern ist unterschiedlich: manchmal liegt einem ganzen Bild, manchmal nur einem Solo- oder Ensemblegesang ein Pattern zugrunde. In der Oper sind verschiedene historische Schichten gleichzeitig kombiniert und den Darstellern manchmal gleichzeitig zwei verschiedene Funktionen zugeteilt.

In den 80er-Jahren wurde davon abgegangen, Minimal music als durchgehende Konstante in einem Werk einzusetzen. Glass hat noch einige weitere Opern komponiert (u. a. *The Fall of the House of Usher*, Cambridge 1988; *The Voyage*, New York 1992; *Die Ehen zwischen den Zonen 3, 4, 5*, 1997), die jedoch auf das Formenrepertoire der früheren Opern zurückgreifen. Steve Reich schrieb in den 90er-Jahre *The Cave* (Wien 1993) und *Hindenburg* (1997).

In jüngster Zeit ist vor allem John Adams mit seinen Opern *Nixon in China* (Houston 1987), *The Death of Klinghofer* (Brüssel 1991) und *I Was Looking At the Ceiling And Then I Saw the Sky* (1998) hervorgetreten. *Nixon in China* thematisiert fünf Tage des Nixon-Besuchs in China im Jahre 1972. Das eigentlich seriös gemeinte Sujet weist im Zusammenhang mit der Musik zahlreiche Karikaturen auf,

Die Uraufführung von Adams *Nixon in China* inszenierte Peters Sellars 1987 an der Oper in Houston – in der zweiten Szene des zweiten Akts singt Madame Mao eine Propaganda-Arie, während sich um sie herum Szenen der Unterdrückung abspielen

zumal wenn Nixons ernsthafte Reflexionen (»News have a kind of mystery«) Einschläge rhythmisch mitreißender Popularmusik aufweisen, oder die pathetische Musik der Ankunft in China mit realistisch-alltäglichem Dialog konfrontiert wird. Adams kompositorisches Verfahren beruht auf der allmählichen Anhäufung mehrerer repetitiver Schichten, die somit von einfachen, tonalen Mustern zu komplexen atonalen Vorgängen gesteigert werden.

Der Ausgang des Jahrhunderts

(HÖLZSKY, LACHENMANN, MATTHUS, CARTER, SCHNEBEL, STOCKHAUSEN, NEUWIRTH)

Bedenkt man, dass die Oper nach dem Zweiten Weltkrieg bei der Avantgarde verpönt war, so zeigt sich fünfzig Jahre später am Ausgang des Jahrhunderts ein erstaunliches Bild. Nicht nur die radikalsten Avantgardisten trugen zu dem Genre bei, sondern auch die Anzahl der neu entstandenen Opern ist gewaltig: in den 90er-Jahren gab es über 500 Uraufführungen. Die Bühnenwerke weisen ein breites Spektrum an Möglichkeiten auf, angefangen von der Fortentwicklung der Tendenzen der 60er-Jahre bis zur Wiederaufnahme traditioneller Opernkomposition oder riesigen Spektakelstücken. Welche Werke letztlich im Repertoire bleiben oder in zukünftiger Zeit wiederbelebt werden, wird sich erst zeigen. So seien hier schlaglichtartig einige Opern der bekanntesten Komponisten unter dem Aspekt behandelt, die Bandbreite an Möglichkeiten der Opernkomposition heute aufzuzeigen.

Adriana Hölszky ist eine der interessantesten zeitgenössischen Komponistinnen. Sie hat die Gattung des Musiktheaters in differenzierter Weise reflektiert. Sie studierte in Bukarest und in Stuttgart Komposition bei Milko Kelemen. Ihre erste Oper *Bremer Freiheit* (München 1987) mit dem Untertitel »Ein Singwerk auf ein Frauenleben« basiert eigentlich auf einem feministischen Stoff. Es handelt sich um die Geschichte der Geesche Gottfried, die im Lauf ihres Lebens eine ganze Reihe Menschen vergiftet hatte und schließlich überführt wurde. Auf dem Bremer Marktplatz erinnerte ein so genannter Spuckstein an sie: jeder, der darauf spuckte, gab seine Verachtung kund. Die Handlung besteht aus einzelnen Stationen; die erste Station bringt überdeutlich die Erklärung für Geesches Taten: sie wird von ihrem betrunkenen Mann und dessen betrunkenen Freunden gedemütigt und vergewaltigt, daraufhin vergiftet sie ihren Mann. Die weiteren Stationen zeigen auf, dass Geesche nun alle Personen umbringt, die ihr in irgendeiner Weise im Wege stehen: ihre Mutter, weil sie ihr vorwirft, unverheiratet mit einem Mann zusammen zu leben; ihre Kinder, weil sich ihr zweiter Mann über deren Lärm beschwert; ihren zweiten Mann, weil er sie beschimpft; ihren Bruder, weil er ihr die Geschäfte aus der Hand nehmen und einen neuen Mann aufdrängen möchte, zum Schluss ihre Freundin Luisa. Schließlich werden ihre Taten aufgedeckt, und sie muss sterben. Hölszky wollte jedoch nicht den feministischen Zug betont wissen, sondern wichtig war ihr die kompositorische Idee, für die der Text quasi nur Anregung sein soll: die Oper gehört tendenziell der Richtung des instrumentalen Musiktheaters an. Der Zuhörer soll nicht durch die Handlung, sondern durch die vielfältigen klanglichen Geschehnisse im Zusammenwirken mit der optischen Wirkung des Bühnenbilds mitgerissen werden. Die verschiedenen Mittel des Theaters – Klang, Handlung, Szenenbild, Licht – werden im Sinne der Konzeption gebraucht. Die Instrumentalisten werden als Bühnenelemente eingesetzt (ein Klarinettist kann wie ein Stuhl sein) und umgekehrt bekommen Requisiten klangliche Funktion (z. B. Besen oder Ketten). Auch die Lichtregie ist vorgeschrieben: das Licht wechselt nach jeder der 9 Phasen des Stücks, gleichzeitig nehmen die Instrumentalisten eine andere Stellung auf der Bühne ein. Die Musik ist durch den Einsatz verschiedenster Klanggruppen sehr variationsreich gestaltet: es wechseln Kammerensemble, A-capella-Chor, Sprechchor, großes Orchester, Zupforchester, Perkussionsorchester, Soli usw.

In Hölszkys nächster Oper *Die Wände* (Wien 1995; nach *Les Paravents* von Jean Genet) werden »Klangwände« komponiert, die die in sich geschlossenen Bilder voneinander trennen. Zwischen den Bildern 9/10 und 11/12 gibt es beispielsweise A-capella-Wände, bestehend aus 72 Vokalisten, von denen die Hälfte life singt, die andere Hälfte vom

Tonband abgespielt wird. Zum Schluss verschwinden die Sänger und nur noch das Medium Tonband bleibt übrig. Hier deutet sich das Thema der nächsten Oper bereits an, nämlich die Entthronung der Gesangsoper: *Der unsichtbare Raum / Tragödia* (Bonn 1997) basiert auf theatralisch-musikalischen Klangräumen, die ohne Sänger zu realisieren sind; die Funktion der Sänger übernimmt das Instrumentalensemble, indem die Instrumentalisten gemischte Spiel- und Vokaltechniken benutzen. Das ganze Stück besteht darin, dass ein Instrumentalensemble aus 18 Spielern aus dem Orchestergraben heraus eine Stunde lang zu einem feststehenden Bühnenbild spielt mit Geräuschen, Klängen, Musikfetzen, Live-Elektronik und Tonband. Der Raum wird im Verlauf verschieden ausgeleuchtet, so dass immer wieder ein anderes Requisit in den Vordergrund rückt und somit der Eindruck der Veränderung evoziert wird. Ungewöhnlich war auch die Entstehung der Oper. Komposition, Libretto und Bühnenbild wurden unabhängig voneinander konzipiert. Der Text, eine Thematisierung tragischer Zustände, sollte nach Hölszky nirgendwo erscheinen und auch nicht direkt die Komposition beeinflussen. Festgelegt wurde lediglich die Zeitstruktur; der Regisseur hatte nur dieses Material und bekam die Partitur erst kurz vor der Aufführung zu sehen. Im *Aufstieg der Titanic* (Graz 1997), in der der Untergang des Schiffes in Beziehung gesetzt wird zum Untergang der Operette, sind wieder Singstimmen zur Realisierung der Idee eingesetzt. Hölzskys neueste Oper ist *Giuseppe e Sylvia*, uraufgeführt 2000 in Stuttgart.

Helmut Lachenmann hat nur eine, aber äußerst wichtige Oper komponiert, die eine lange Entstehungszeit hatte. *Das Mädchen mit den Schwefelhölzern* (Hamburg 1996) ist ein Bühnenwerk mit kritischem Impuls, das keinerlei Zugeständnisse an das Opernpublikum im Sinne einer dramaturgisch wirkungsvollen Gestaltung macht. Im Prinzip wird der Anspruch der 60er-Jahre aufrecht erhalten, durch ungewöhnliche kompositorische und visuelle Mittel neue Hörgewohnheiten bzw. ein Hinhören überhaupt zu fordern. Lachenmann hat musikalisch seine seit den 60er-Jahren entwickelte individuelle Klangsprache weitergeführt, die auf Geräuschen und verfremdeten Tönen basiert und die der Musik inhärente Intentionalität bricht. Diese, sehr direkte Klangsprache zu verfolgen, fordert vom Zuhörer ein hohes Maß an Konzentration. Das Orchester ist nicht nur im Orchestergraben, sondern auch auf der Bühne und in den Logen platziert, um eine differenzierte Klanglichkeit und einen räumlichen Effekt zu erzielen. Das als Herausforderung an den Opernbesucher konzipierte Stück ist eine Ausnahmeerscheinung im Musiktheater der 90er-Jahre.

Siegfried Matthus hingegen gehört zu den Komponisten, die nach einer Phase der Auseinandersetzung mit der musikalischen Avantgarde Oper wieder im traditionellen Sinn verstehen. Matthus hat sich in den 70er-Jahren auf Gestaltungsweisen der klassisch-romantischen Tradition rückbesonnen. Seine ersten Opern stammen aus dem Beginn der 60er-Jahre, seine jüngste, *Farinelli oder die Macht des Gesangs* wurde 1998 in Karlsruhe uraufgeführt. Dazwischen sind Werke wie *Der letzte Schuß* (Berlin 1967), *Die Weise von Liebe und Tod des Cornets Christoph Rilke* (Dresden 1985), *Judith* (Berlin 1985), *Graf Mirabeau* (Essen 1989) und *Desdemona und ihre Schwestern* (Schwetzingen 1992) zu nennen. *Farinelli oder Die Macht des Gesangs* ist ein äußerst bühnenwirksames Stück, das Matthus selbst als Belcanto-Oper bezeichnete. Sujet ist das Leben des berühmten Kastraten Farinelli, allerdings mit einer Rahmenhandlung, die die heilende Wirkung seines außerordentlichen Gesangs auf den depressiven König Philipp V. von Spanien thematisiert, an dessen Hofe Farinelli angestellt ist. Die Musik zeichnet sich vor allem durch die Nachkomposition berühmter Arien nach historischen Vorbildern mit diversen Anklängen und Zitaten aus, bringt aber auch zur Darstellung des Wahnsinns des Königs entsprechend progressive Klänge und fügt bei Rekursen auf Farinellis Kindheit Kinderlieder mit entsprechend kindhafter Begleitung (Kochtopf als Trommel usw.) ein. Durch die Vielfalt der Mittel, den Abwechslungsreichtum und die Kreation eines neuen Belcanto (Farinelli wird von einem Altus gesungen) hat Matthus eine Oper in herkömmlichem Sinne als ein theatralisch wirkungsvolles Bühnenwerk auf der Basis der kompositorischen Mittel einer gemäßigten Moderne geschaffen.

What next? (Berlin 1999) ist die einzige Oper von Elliott Carter (geb. 1908), die als ein Opus summum seines Œuvre betrachtet werden kann. Die Textvorlage von Paul Griffith vermittelt zwischen Realität und Absurdem: fünf Erwachsene und ein Kind sind nach einem Unfall zusammen, und können sich scheinbar nicht erinnern, was zuvor war, wie alles geschehen ist, und in welchem Verhältnis sie zueinander stehen. Hilfe bleibt ihnen versagt, bis sie zum Schluss von Straßenarbeitern hinausgeführt werden. Jede Person spricht quasi für sich, ohne in Kommunikation mit der anderen Person zu treten. Thema der Oper ist zum einen die Identitätsfindung der Personen und zum anderen die Kommunikationsfähigkeit bzw. -unfähigkeit. Diese Themen werden auch in der Musik selbst verwirklicht, die laut Carter »zentrales Element der Bühnenproduktion« zu sein hat. Der musikalische Beginn der Oper kann im Sinne der Identitätsfindung interpretiert werden: aus einem Geräusch konstitutiert sich zunächst Bewegung in unbestimmten Tonhöhen, dann Klang und schließlich erklingen bestimmte Tonhöhen. Beim Einsatz der Gesangspartien vollzieht sich Ähnliches, indem zunächst Zischlaute gesungen werden, die sich zu Vokalen und schließlich zur Sprache formen. Die einzelnen Nummern des Librettos sind durch Mittel der Instrumentalmusik verknüpft. Carter hat die Errungenschaften seiner Instrumentalmusik auf die Gattung der Bühnenkomposition übertragen.

Auf Dieter Schnebels szenisch-visuelle Kompositionen wurde bereits eingegangen. Vor seiner Oper *Majakowskis Tod – Totentanz* (Leipzig 1998) hat er als wichtiges Zwischenglied *Jowaegerli* (Baden-Baden 1983) geschrieben, eine »szenische Kantate«, die das Thema Vergänglichkeit in komplexen zeitlich mehrschichtigen Dimensionen thematisiert. Das Stück besteht aus einer Folge ineinander verschränkter Bilder, keiner fortlaufenden Handlung, und verwendet alle von ihm selbst geschaffenen instrumentalen und vokalen Innovationen, wobei Musik über optische Vorgänge vermittelt wird. *Majakowskis Tod* – eine Oper über den russischen Schriftsteller Wladimir Majakowski – thematisiert die Schwierigkeiten eines exzentrischen, aber politisch engagierten Dichters, auf dessen Werke das Publikum mit Unverständnis reagiert. Die Oper beginnt mit der Aufzählung biographischer Daten Majakowskis, die musikalisch kommentiert werden in avantgardistischer Klangsprache, oft jedoch unter Verwendung semantischer Idiome als Hinweis auf bestimmte Inhalte. Die drei großen Szenen der Oper – »A Letzter Kampf, B Abschied, C Vermächtnis und Tod« – zeigen markante Situationen. Beispielsweise wird eine Dichterlesung vorgeführt, die die Reaktion des Publikums klanglich realistisch veranschaulicht: Diskussionen werden geführt, Majakowski wird beschimpft, Tröten ertönen als Zeichen des Missfallens. Die musikalische Gestaltung basiert hier auf einem rhythmisch gesprochenen Text Majakowskis, prosahaften Einwürfen der Zuhörer und einer klanglichen Schicht, die vom alltäglichen Geräusch (Klatschen, Gemurmel) zum avantgardistisch auskomponiertem Satz reicht. Die beiden Teile der Oper können getrennt – als Kammeroper und Ballett-Oratorium (Totentanz) – oder zusammen als Opernfragment und Nachspiel aufgeführt werden.

Olga Neuwirth ist eine der jüngeren Komponistinnen, die bereits auf die Aufführung einiger Bühnenwerke zurückblicken kann. Sie hat bei Nono und Lachenmann sowie am Pariser IRCAM studiert. *Bählamms Fest* (Wien 1999) nach dem surrealistischen Schauspiel Leonora Carringtons (1940) ist ein Stück, in dem Alpträume und Ängste der Psyche aufscheinen, die in Klang übersetzt werden. Die Musik Neuwirths rekuriert auf verschiedenste Idiome der Neuen Musik, die jedoch individuell geformt werden.

Als Ausblick soll Karlheinz Stockhausens gigantischer Zyklus *Licht* erwähnt werden, dessen Entstehungszeit sich von den 1970er-Jahren bis ins dritte Jahrtausend erstreckt. Die Konzeption sieht sieben abendfüllende Opern vor, die nach den Tagen der Woche benannt sind: *Donnerstag aus Licht* (Mailand 1981), *Samstag aus Licht* (Mailand 1984), *Montag aus Licht* (Mailand 1988), *Dienstag aus Licht* (Leipzig 1993), *Freitag aus Licht* (Leipzig 1996). Von *Mittwoch aus Licht* und *Sonntag aus Licht* wurden Ausschnitte aufgeführt. Den Opern liegt eine aus drei Melodien zusammengesetzte »Superformel von Licht« zugrunde, die die musikalische Substanz des ganzen Opernzyklus bildet. Die drei Melodien stehen für die drei Protagonisten des Zyklus: Luzifer, Michael und Eva. Aus der Struktur der Superformel wird zudem das musikalische Material, die szenische Struktur und die Dauer der sieben Opern abgeleitet. Die Texte stammen größtenteils von Stockhausen selbst. Inhaltlich ist der immense Zyklus als eine Interpretation der Welt intendiert, und Stockhausen hat in die Handlungen seiner Opern verschiedenste Ideen eingearbeitet, die mit dem Material von Mythen, Märchen, Religionen aus allen Kulturen der Erde verwirklicht werden. Die Personen sind nicht psychologisch, sondern als Träger von Ideen konzipiert. Das immense Opus summum soll eine umfassende Deutung der Welt in allen ihren kulturellen, religiösen und weltanschaulichen Aspekten darstellen. Wie in vielen avantgardistischen Opern sind sämtliche Komponenten des Musiktheaters aufs Genaueste festgelegt: Tanz, Aktionen, Gesten, Farben, Kostüme, Requisiten, Bühnenaufbau und Beleuchtung stehen in strukturellem Bezug zur kompositorischen Faktur. Ging die Verbindung von Visuellem und Musikalischem bei den Avantgardisten zwar von den szenischen Kompositionen der 60er-Jahre aus, als kompositorische Strukturen – bei

Stockhausens *Samstag aus Licht* wurde 1984 im Palazzo dello Sport in Mailand uraufgeführt, das Bühnenbild schuf Gae Aulenti. Die dritte Szene zeigt »Luzifers Tanz« – der dem Grab entstiegene Luzifer erscheint als hoher Stelzenmann und lässt ein Orchester als riesiges Menschengesicht erscheinen, dessen verschiedene Gesichtsteile (bestehend aus 10 Instrumentalisten) Tänze ausführen

Stockhausen vor allem in *Originale* (1961) – durch Visuelles verdeutlicht wurden, so kann man im Bezug aller Komponenten aufeinander ebenso die radikale Verwirklichung einer opernspezifischen Konzeption, der Idee des Gesamtkunstwerks sehen. Insofern hat auch der berühmteste Avantgardist nach dem Zweiten Weltkrieg, Stockhausen, ein Bühnenwerk geschaffen, das eine Tradition der Oper weiterführt.

Literaturhinweise

Nachschlagewerke

Knaurs großer Opernführer. Das aktuelle Repertoire in Wort und Bild. Hrsg. von Thomas Steiert. München 1999.
The New Grove Dictionary of Opera. Hrsg. von Stanley Sadie. 4 Bde. London 1992.
Pipers Enzyklopädie des Musiktheaters. Hrsg. von Carl Dahlhaus und dem Forschungsinstitut für Musiktheater der Universität Bayreuth unter der Leitung von Sieghart Döhring. 7 Bde. München/Zürich 1986–97.
Reclams elektronisches Opernlexikon. Die umfassendste und aktuellste Datenbank auf CD-ROM. Von Rolf Fath. Stuttgart/Berlin 2001.
Reclams Lexikon der Opernwelt. Von Rolf Fath. 6 Bde. Stuttgart 1998.
Reclams Opern- und Operettenführer.Von Rolf Fath und Anton Würz. Stuttgart 1997.
Stieger, Franz: Opernlexikon. 11 Bde. Tutzing 1975–82.

Oper und Operngeschichte

Einzelnen Werken widmen sich folgende monographische Reihen: Cambridge Opera Handbooks (Cambridge), L'avant-scène. Opéra (Paris), rororo Opernbücher (Reinbek) sowie Bände der »Serie Musik« bei Piper/Schott bzw. Atlantis/Schott.

Abert, Anna Amalie: Geschichte der Oper. Kassel 1994.
Bermbach, Udo: Wo Macht ganz auf Verbrechen ruht. Politik und Gesellschaft in der Oper. Berlin/Hamburg 1997.
Bermbach, Udo (Hrsg.): Der schöne Abglanz. Stationen der Operngeschichte. Berlin/Hamburg 1992.
– Oper im 20. Jahrhundert. Entwicklungstendenzen und Komponisten. Stuttgart 2000.

Bermbach, Udo / Konold, Wolfgang: Oper von innen. Produktionssbedingungen des Musiktheaters. Hamburg 1993
Bianconi, Lorenzo / Pestelli, Giorgio: Geschichte der italienischen Oper. Bd. 4: Die Produktion. Struktur und Arbeitsbereiche. Laaber 1990. Bd. 5: Die Oper auf der Bühne. Laaber 1991. Bd. 6: Theorien und Techniken. Bilder und Mythen. Laaber 1992.
Blumröder, Christoph von: Musiktheater der achtziger Jahre. In: Die Musik der achtziger Jahre. Hrsg. von Ekkehard Jost. Mainz 1990. S. 30–46.
Clément, Catherine: Die Frau in der Oper. Besiegt, verraten und verkauft. München 1994.
Cook, Susan C.: Opera for a New Republic. The Zeitopern of Krenek, Weill, and Hindemith. Ann Arbor 1988.
Döhring, Sieghart / Henze-Döhring, Sabine: Oper und Musikdrama im 19. Jahrhundert. Laaber 1997. (Handbuch der musikalischen Gattungen. 13.)
Gerhard, Anselm: Die Verstädterung der Oper. Paris und das Musiktheater des 19. Jahrhunderts. Stuttgart/Weimar 1992.
Gerhartz, Leo Karl: Oper. Aspekte der Gattung. Laaber 1983.
Gier, Albert: Das Libretto. Theorie und Geschichte einer musikoliterarischen Gattung. Darmstadt 1998.
Grout, Donald Jay / Williams, Hermine Weigel: A Short History of Opera. New York ³1988.
Illustrierte Geschichte der Oper. Hrsg. von Roger Parker. Stuttgart 1998.
Murata, Margaret: Operas for the Papal Court. Ann Arbor 1981.
Neues Handbuch der Musikwissenschaft. Hrsg. von Carl Dahlhaus. Bd. 4–7. Laaber 1980–87. [Zur Musik des 17.–20. Jahrhunderts.]
Operngeschichte in einem Band. Hrsg. von Hermann Scharnagl. Berlin 1999.
Reininghaus, Frieder: Musiktheater am Ende des 20. Jahrhunderts. In: Geschichte der Musik im 20. Jahrhundert. 1975–2000. Hrsg. von Helga de LaMotte-Haber. Laaber 2000. S. 99–130.
Rosand, E.: Opera in Seventeenth-Century Venice. Berkeley 1991.
Schneider, Herbert / Wiesend, Reinhard (Hrsg): Die Oper im 18. Jahrhundert. Laaber 2001. (Handbuch der musikalischen Gattungen. 12.)
Schreiber, Ulrich: Opernführer für Fortgeschrittene. Eine Geschichte des Musiktheaters. Bd. 1: Von den Anfängen bis zur französischen Revolution. Kassel [u. a.] 1988. Bd. 2: Das 19. Jahr-

hundert. Kassel [u. a.] 1991. Bd. 3: Das 20. Jahrhundert I. Von Verdi und Wagner bis zum Faschismus. Kassel [u. a.] 2000.

Schwartz, Manuela: Wagner-Rezeption und französische Oper des Fin de siècle. Sinzig 1999.

Strohm, Reinhard: Die italienische Oper im 18. Jahrhundert. Wilhelmshaven 1979.

Wagner, Hans-Joachim: Fremde Welten. Die Oper des italienischen Verismo. Stuttgart 1999.

Wagner, Heinz: Das große Handbuch der Oper. Wilhelmshaven ^{3}1999.

Walter, Michael: „Die Oper ist ein Irrenhaus". Sozialgeschichte der Oper im 19. Jahrhundert. Stuttgart/Weimar 1997.

Wolff, Hellmuth Christian: Oper. Leipzig 1968. (Musikgeschichte in Bildern. IV.1.)

Oper im Internet

OperaGlass: http://rick.stanford.edu/opera/main.html [Umfassender Opern-Server für das WWW; informiert detailliert u. a. über Libretti, Quellentexte, Aufführungsgeschichte und Inhalte; Diskographien, Bilder und Links ergänzen das übersichtlich strukturierte Angebot].

Aria Database: http://www.aria-database.com/ [Leitet über eine einfache Suchmaske zu über 10 000 Opernarien im Originaltext und in englischen Übersetzungen, Rollen, Handlungen; dem Nutzer steht überdies eine Sammlung von MIDI-Files von Opernarien und Ensembles zur Verfügung].

OperaBase: http://www.operabase.org/en/ [Informiert über mehr als 140 aktuelle Opernfestivals in aller Welt; eine Suchmaschine erschließt das umfangreiche Archiv zu über 80 000 Opernaufführungen seit 1996; die Datenbank enthält überdies Informationen zu Sängern, Rollen, Dirigenten und Produzenten; Links führen zu Rezensionen, Biographien und Diskographien und direkt zum *Grove Dictionary of Opera* mit Inhaltsangaben zu 2000 Opern und 5800 Biographien].

Verzeichnis der Abbildungen

Register der Werke, Personen und Sachbegriffe

Zur Autorin

ELISABETH SCHMIERER studierte Schulmusik mit Leistungsfach Komposition/Musiktheorie in Stuttgart, anschließend Musikwissenschaft in Kiel, wo sie 1989 mit einer Dissertation über die Orchesterlieder Gustav Mahlers promoviert wurde. 1996 Habilitation an der Technischen Universität Berlin mit einer Arbeit über die Tragédies lyriques Niccolò Piccinnis. Sie war wissenschaftliche Mitarbeiterin am musikwissenschaftlichen Institut der Universität Kiel und an der Hochschule der Künste Berlin, außerdem Stipendiatin der Deutschen Forschungsgemeinschaft. Vertretungen von Professuren an der Hochschule der Künste Berlin und an den musikwissenschaftlichen Instituten der Universität Marburg und Erlangen. Zur Zeit Lehrtätigkeit an der Technischen Universität Berlin und an der Musikhochschule Essen-Werden sowie musikpublizistische Tätigkeit.

Veröffentlichungen: *Die Orchesterlieder Gustav Mahlers* (1991), *Töne – Farben – Formen. Über Musik und die Bildenden Künste* (Hrsg., 1996), *Die Tragédies lyriques Niccolò Piccinnis* (1999); diverse Aufsätze über französische Musikgeschichte, Klassizistische Moderne, Liedgeschichte, Oper.

Handbücher zur Musik

Reclams *Ballettführer* H. Regitz, O. F. Regner, H.-L. Schneiders) 749 Seiten. 32 Abbildungen

Reclams *Chormusik- und Oratorienführer* (W. Oehlmann) 627 Seiten. Rd. 357 Notenbeispiele

Reclams *Jazzführer* (C. Bohländer, K. H. Holler, C. Pfarr) 563 Seiten. 64 Abbildungen. Mit Notenbeispielen

Reclams *Kammermusikführer* (A. Werner-Jensen, L. Finscher, W. Ludewig, K. H. Stahmer) 1168 Seiten. 560 Notenbeispiele

Reclams *Klaviermusikführer* (W. Oehlmann, C. Bernsdorff-Engelbrecht, K. Billing, W. Kaempfer) Bd. 1: Frühzeit, Barock und Klassik. 815 Seiten. Rd. 700 Notenbeispiele. – Bd. 2: Von Franz Schubert bis zur Gegenwart. 1064 Seiten. Rd. 560 Notenbeispiele

Reclams *Konzertführer* Orchestermusik. (K. Schweizer, A. Werner-Jensen) 1140 Seiten. Rd. 366 Notenbeispiele

Reclams *Liedführer* (W. Oehlmann) 1024 Seiten. 470 Notenbeispiele

Reclams *Musicalführer* (C. B. Axton, O. Zehnder) 663 Seiten. 31 Abbildungen. 2 Pläne

Reclams *Musikinstrumentenführer* Die Instrumente und ihre Akustik. (E. Briner) 699 Seiten. Mit Zeichnungen

Reclams *Opern- und Operettenführer* (R. Fath, A. Würz) 1196 Seiten. 64 Bildtafeln

Reclams *Orgelmusikführer* (V. Lukas) 463 Seiten. 635 Notenbeispiele

---

Philipp Reclam jun. Stuttgart

Musikfachbücher und Dokumente

IN RECLAMS UNIVERSAL-BIBLIOTHEK

Francis Carr: *Mozart und Constanze.* Übersetzt und herausgegeben von Dietrich Klose. 266 S. Mit 28 Abbildungen. UB 8280

Das ABC der Musik. Von Imogen Holst. 222 S. Mit 164 Notenbeispielen und 30 Abbildungen. UB 8806

Kurt Johnen: *Allgemeine Musiklehre.* 143 S. Mit zahlreichen Notenbeispielen. UB 7352

Kleines Wörterbuch der Musik. Von Malte Korff. 252 S. Mit 107 Abbildungen und 72 Notenbeispielen. UB 9770

Kleines Wörterbuch des Tanzes. Von Horst Koegler. 131 S. Mit 24 Zeichnungen. UB 9769

Wolfgang Amadeus Mozart: *Briefe.* Ausgewählt und herausgegeben von Stefan Kunze. 448 S. Mit 22 Abbildungen. (Geb.)

Das Reclam Buch der Musik. Von Arnold Werner-Jensen unter Mitarbeit von Franz Josef Ratte und Manfred Ernst. 514 S. Mit 289 Abbildungen und 57 Notenbeispielen.

Elisabeth Schmierer: *Kleine Geschichte der Oper.* 292 S. Mit 19 Abbildungen. UB 18154

Richard Wagner: *Briefe.* Ausgewählt und herausgegeben von Hans-Joachim Bauer. 607 S. Mit 21 Abbildungen. UB 5658 – *Oper und Drama.* Herausgegeben und kommentiert von Klaus Kropfinger. 548 S. UB 8207

Philipp Reclam jun. Stuttgart

Musikanthologien

Über Bach
Herausgegeben von Eckhart Kleßmann
355 Seiten. 12 Abbildungen

Über Beethoven
Herausgegeben von Paul Fiebig
337 Seiten. 11 Abbildungen

Über Brahms
Herausgegeben von Renate Hofmann und Kurt Hofmann
324 Seiten. 16 Abbildungen

Über Mozart
Herausgegeben von Dietrich Klose
326 Seiten. 8 Abbildungen

Über Schubert
Herausgegeben von Georg Braungart und Walther Dürr unter Mitarbeit von Michael Kohlhäufl
310 Seiten. 12 Abbildungen

Über Verdi
Herausgegeben von Günter Engler
251 Seiten. 19 Abbildungen

Über Wagner
Herausgegeben von Nike Wagner
379 Seiten. 38 Abbildungen

Über Musik
Herausgegeben von Eckhart Kleßmann
343 Seiten.